구속사의 관점에서 본

잠언 파노라마

유도순 지음

머릿돌

구속사의 관점에서 본
구약성경 파노라마
잠언

초판 1쇄 발행 2009년 08월 09일
초판 3쇄 발행 2017년 04월 25일

지은이 유도순
펴낸이 유효성
펴낸곳 도서출판 머릿돌

등록번호 제17-240호
등록일자 1997년 5월 20일
주소 경기도 성남시 분당구 구미로 100
Mobile. 010-94728327
http://cafe.daum.net/gusoksa
E-mail yoodosun@hanmail.net / yoohs516@hanmail.net

총판 기독교출판유통
경기도 고양시 일산동구 장대길 74-6
(031) 906-9191

ISBN : 978-89-87600-54-3 (03230)

* 정가는 뒷표지에 있습니다.
* 잘못되거나 파손된 책은 구입하신 서점에서 교환하여 드립니다.

머리말

“잠언”하면 어떤 선입관이 있습니까?
격언, 명언들의 모음이라는 인상입니다.
그렇지가 않습니다.
잠언에는 “여호와”라는 호칭이 87번이나 등장하여,
“여호와 경외로 시작하여”(1:7),
“여호와와 경외로 마치는”(31:30)는 구조입니다.

그리고 먼저 원론(1-9장)을 말씀한 후에,
상론(10-31장)을 말씀합니다.
이는 사도 바울이 로마서에서 먼저 교리(1-11장)를 말씀한 후에,
“그러므로” 하고 윤리(12-16장)를 말씀하는 것과 같은 구도(構圖)입니다.

원론부분(1-9장)에는,
“내 아들아” 하는 말이 19번, “지혜”가 31번, “음녀”가 7번 등장합니다.
그리하여 사랑하는 “아들”을 중심으로,

"지혜와, 음녀"가 쟁탈전을 벌이는 구도입니다.
이런 쟁탈전은 에덴에서 실패한 것을,
사탄에게 시험을 당하신 그리스도께서 회복시켜 놓으셨고,
이제도 우리의 삶 가운데 끊임없이 재연이 되고 있는 것입니다.

어떻게 하면 음녀의 유혹에 넘어가지 않게 되는가?
그래서 10-31장의 상론(詳論)이 주어진 것이요,
그러므로 "잠언"은 현대교회에 더욱 적실성이 있습니다.
잠언을 통해서 승리하는 교회와 성도들이 되시기를 기원합니다.

우리교회
원로목사 유 도 순

목차

목차

잠언 파노라마

주제 : 여호와를 경외하는 것이 지식의 근본이다

"잠언" 하면 어떤 선입관을 갖게 되는가? 격언집이나 명언집이라는 것입니다. 그런데 "잠언"에 "여호와"라는 호칭이 무려 87번이나 등장한다면 형제는 놀라지 않으시겠습니까? "여호와"라는 호칭은 "하나님"이라는 말과도 달라서 "언약, 구속" 등과 결부된 칭호로 이는 잠언서가 일반 격언과는 다르다는 차별화를 나타냅니다. 그리고 "여호와 경외"도 19번이나 나타나는데, 잠언서는 "여호와를 경외하는 것이 지식의 근본이라"(1:7) 하고 시작하여, 중간쯤에서 "여호와를 경외하는 것은 사람으로 생명에 이르게 하는 것이라"(19:23) 말씀하고, "고운 것도 거짓되고 아름다운 것도 헛되나 오직 여호와를 경외하는 여자는 칭찬을 받을 것이라"(31:30) 하고 마치는 구조(構造)입니다. 이 주제는 시편(시 111:10)과, 욥기(욥 28:28)의 중심주제이기도 하고, 전도서에서도 결론을 맺기를, "일의 결국을 다 들었으니 하나님을 경외하고 그 명령을 지킬지어다 이것이 사람의 본분(本分)이니라"(전 12:13) 말씀합니다.

잠언서는 서두(序頭)에서 기록목적(1-6)을 밝히고 있는데, "이는 지혜와 훈계를 알게 하며 명철의 말씀을 깨닫게 하기"(2) 위해서라고 말씀합니다. 이를 더욱 요약을 하면 "지혜(智慧)와 훈계"(訓戒)가 되는데, "지혜"가 "여호와 경외"와 결부된 신학적인 의미를 함축하고 있다면, "훈계"는 실천윤리라 할 수가 있습니다. 이런 맥락에서 잠언서는 크게 두 부분(1-9장, 10-31장)으로 나눌 수가 있는데 1장-9장이 "지혜"를 알게 하는 원리적인 말씀이라면, 10장-31장은 "훈계"를 알게 하는 상론(詳論)입니다.

먼저 원리적인 1-9장의 구도를 파악해야만 잠언을 올바로 접근할 수가 있습니다. 1-9장 안에는 "내 아들아" 하고 부르는 것이 19번이나 나옵니다. 그리고 "지혜"라는 말이 31번, "음녀 또는 이방 계집"이라는 말도 합해서 12번 등장을 합니다. 그러면 "내 아들, 지혜, 음녀"가 어떤 상관관계(相關關係)가 있는가? "사랑하는 아들"을 가운데 놓고 지혜와, 음녀가 자기 소유(所有)를 만들려고 대결(對決)을 하는 구도임을 유념해야만 합니다. 동일한 구조(構造)가 욥기에도 등장합니다. 욥을 가운데 놓고 하나님과 사탄이 대결하는 구도입니다. 그리고 이런 영적 싸움은 에덴에서 시작하여 이제도 계속되고 있다는 점에서 욥기나 잠언서가 우리에게 적실성이 있는 것입니다.

그리하여, "지혜가 길거리에서 부르며 광장에서 소리를 높이며 훤화하는 길머리에서 소리를 지르며 성문 어귀와 성중에서 소리를 발하여 가로되 너희 어리석은 자들은, 나의 책망을 듣고 돌이키라 보라 내가 나의 신(神)을 너희에게 부어주며 나의 말을 너희에게 보이리라"(1:20-23) 하고 초청(招請)을 합니다.

그런가하면 음녀도, "자기 집 문에 앉으며 성읍 높은 곳에 있는 자리에 앉아서 자기 길을 바로 가는 행객을 불러 이르되 무릇 어리석은 자는 이리로 돌이키라, 도적질한 물이 달고 몰래 먹는 떡이 맛이 있다"(9:

13-17) 하고 유혹을 하고 있습니다. 음녀의 유혹에 걸려든 어리석은 소년 하나를 보여주기까지 하는데, "여러 가지 고운 말로 혹하게 하며 입술의 호리는 말로 꾀므로 소년이 곧 그를 따랐으니 소가 푸주로 가는 것 같고 미련한 자가 벌을 받으려고 쇠사슬에 매이러 가는 것과 일반이라 필경은 살이 그 간을 뚫기까지에 이를 것이라"(7:21-23) 합니다.

그렇다면 어떻게 하면 "음녀"의 유혹에 빠지지 않게 되는가? "지혜를 얻으며 명철을 얻으라 내 입의 말을 잊지 말며 어기지 말라 지혜를 버리지 말라 그가 너를 보호하리라 그를 사랑하라 그가 너를 지키리라 지혜가 제일이니 지혜를 얻으라"(4:5-7) 하고, "지혜"를 얻어야 한다고 말씀합니다. "지혜"를 얻게 되면, "여호와 경외하기를 깨달으며 하나님을 알게 되리니(2:5), 지혜는 얻는 자에게 생명나무라 지혜를 가진 자는 복되도다"(3:18) 합니다.

이제 잠언서에 65회 이상 등장하는 "지혜"가 무엇인가 하는 신학적(神學的)인 말씀을 드릴 수가 있게 되었습니다. "지혜"를 어떻게 정의하느냐에 따라 잠언서를 해석하는 분기점(分岐點)이 됩니다. 그러므로 "지혜"가 잠언을 올바로 해석하는 열쇠가 되는 것입니다.

먼저 유념해야할 점은 하나님의 계시는 점진적(漸進的)이라는 점입니다. "원복음"이라 하는 첫 복음은, "여자의 후손"(창 3:15)이라는 한 점(點)으로 나타납니다. 그 여자의 후손이, "아담 → 셋 → 노아 → 셈 → 아브라함 → 이삭 → 야곱 → 유다지파 → 다윗의 자손"으로 오시게 될 것으로 메시아언약이 구체화(具體化)되어 갑니다. 하나님은 다윗에게, "내가 네 몸에서 날 자식을 네 뒤에 세워 그 나라를 견고케 하리라, 네 집과 네 나라가 네 앞에서 영원히 보전되고 네 위(位)가 영원히 견고하리라"(삼하 7:12, 16) 하고 언약을 세워주셨습니다. 이런 언약 하에서 태어난 자식이 잠언서를 기록한 "솔로몬"이요, 하나님은 그에게 여호와의 사랑하는 자라는 "여디디아"(삼하 12:25)라는 이름을 하사하셨는데, 솔로몬은 궁극적인 다윗의 자손으로 오실 그리스도에 대한 예표의 인물이었던 것입니다.

이러한 솔로몬에게 하나님께서 베푸신 선물이 무엇인가? "내가 네 말대로 하여 네게 지혜롭고 총명한 마음을 주노니 너의 전에도 너와 같은 자가 없었거니와 너의 후에도 너와 같은 자가 일어남이 없으리라"(왕상 3:12) 한 "지혜"(智慧)입니다. 이점에서 "너와 같은 자가 전에도 없었고 후에도 없으리라" 하심은, 솔로몬에게 주신 지혜가 특별한 "지혜"임을 의미하는데 솔로몬은 이 지혜를 받아서 "잠언, 전도서, 아가서" 등을 기록했던 것입니다.

그러면 솔로몬은 받은 "지혜"로 누구를 증거했는가? 이점이 잠언서에 나타나는데, "여호와께서 그 조화의 시작 곧 태초에 일하시기 전에 나(지혜)를 가지셨으며 만세전부터 상고부터 땅이 생기기 전부터 내가 세움을 입었나니"(8:22-23) 한, 태초부터 계신 "지혜"입니다. "내가 그 곁에 있어서 창조(創造)자가 되어 날마다 그 기뻐하시는 바가 되었으며"(8:8-30) 한 창조주 되시는 지혜입니다. 그러면 만세전부터 상고(上古)부터 계셨으며, 창조자시오, "내가 나의 신(神)을 너희에게 부어주며 나의 말을 너희에게 보이리라"(1:23) 하는 "지혜"가 누구를 가리키는가는 분명해지는 것입니다. 그 지혜는 그리스도이십니다. 솔로몬은 받은 지혜로 "그리스도"를 증거한 것입니다.

하나님은 다윗에게는 메시아를, "언약"으로 계시해주셨고, 솔로몬에게는 "지혜"로 계시해주셨던 것입니다. 그리하여 태초부터 있던 "지혜"가 솔로몬 시대에 꽃이 피었다가, "아이가 자라며 강하여지고 지혜(智

慧)가 충족(充足)하며 하나님의 은혜가 그 위에 있더라"(눅 2:40) 하고 그리스도로 성취(열매)가 되었던 것입니다. 그러므로 주님은, "심판 때에 남방 여왕이 일어나 이 세대 사람을 정죄하리니 이는 그가 솔로몬의 지혜로운 말을 들으려고 땅 끝에서 왔음이어니와 솔로몬보다 더 큰 이가 여기 있느니라"(마 12:42) 하고 말씀하십니다. "남방 여왕"이, 이 세대 사람을 정죄하리라 한 것은 그가 솔로몬을 찾아왔기 때문이 아니라, 하나님께서 그에게 주신 "지혜" 곧 그리스도를 찾아왔기 때문이라는 의미인 것입니다. 그런데 자기 땅에 오매 자기 백성들은 배척하고 있기 때문에 정죄(定罪)하리니 하시는 것입니다. "솔로몬보다 더 큰 이가 여기 있느니라"는 뜻이 무엇인가? 요한은 "말씀이 육신이 되어 우리 가운데 거하시매"(요 1:14) 하고 증거했다면, 주님은 "지혜가 육신이 되어 너희 중에 있느니라" 하고 말씀하신 셈입니다.

이 "지혜"는 선지자를 통해서 미리 예언하신 바입니다. "이새의 줄기에서 한 싹이 나며 그 뿌리에서 한 가지가 나서 결실할 것이요 여호와의 신 곧 지혜(智慧)와 총명의 신(神)이요 모략과 재능의 신이요 지식과 여호와를 경외하는 신이 그 위에 강림하시리니"(사 11:1-2) 한 예언의 성취였던 것입니다. 이점이 사도 바울을 통해서 밝게 증거되는데, "그리스도는 하나님의 능력이요 하나님의 지혜니라"(고전 1:24) 하고 분명하게 증거합니다. 또한 예수 그리스도는, "하나님께로서 나와서 우리에게 지혜(智慧)와 의로움과 거룩함과 구속(救贖)함이 되셨으니"(고전 1:30) 하고 말씀합니다. 좀 더 확실하게, "그러나 우리가 온전한 자들 중에서 지혜를 말하노니 이는 이 세상의 지혜가 아니요 또 이 세상의 없어질 관원의 지혜도 아니요 오직 비밀한 가운데 있는 하나님의 지혜(智慧)를 말하는 것이니 곧 감취었던 것인데 하나님이 우리의 영광을 위하사 만세 전에 미리 정하신 것이라"(고전 2:6-7) 합니다.

바울은 "이 세상 지혜(고전 1:20, 2:6)와, 하나님의 지혜"(고전 1:21, 2:7)를 대조해서 말씀하는데 어찌하여 "이 세상 지혜를 미련한 것"이라 하는가? "이 세상 지혜"는 필요할 뿐만이 아니라, 우리는 이 세상 지혜 속에서 살아가고 있습니다. 그런데 왜 "멸하고, 폐하고, 없어질 것이고, 미련한 것"이라 하는가? 인간이 안고 있는 궁극적인 문제에 대한 해답(解答), 즉 구원(救援)을 주지 못하기 때문입니다. 그러면 "하나님의 지혜"가 어떻게 우리에게 "능력과 구원"을 줄 수가 있는가? 오직 그리스도의 구속을 통해서입니다. 이것이 하나님 속에 감추었던 지혜였던 것입니다.

이런 맥락에서 시편이나 잠언서에는 "의인(義人)과, 악인"(惡人)이란 말이 참으로 많이 등장합니다. 의인은 없나니 하나도 없다고 말씀하는데 이 많은 의인들은 어디서 나온 자들인가? 이점에서 인식해야할 점은 "관계성"(關係性)입니다. 하나님께서 사람을 하나님의 형상대로 지으셨다는 것은 하나님과 바른 관계, 교제의 관계로 지으셨다는 의미입니다. 그랬던 관계가 죄가 들어옴으로 말미암아 단절(斷絕)이 되고 불화한 관계가 된 것입니다.

그러므로 구원계획이란 하나님과의 관계를 회복하는 역사입니다. 이런 맥락에서 "의인"이라 함은 하나님과의 관계가 회복된 사람을 가리키고, 악인이라 함은 회복되지 못한 단절된 상태를 가리키는 것입니다. 왜냐하면 단순히 단절만 된 것이 아니라 악한 자가 왕 노릇하는 사망의 진영에 소속이 되어 있기 때문입니다. 그래서 "악인"이란 불신자를 가리키는 말입니다. 이런 맥락에서 잠언서의 대부분의 말씀들은, "의인과 악인, 생명 길과 사망의 길" 등 두 부류, 두 진영의 대조로 되어 있습니다.

두 길, 두 부류의 대결(對決)이 극명하게 나타나는 곳이 9장입니다. "지혜가 그 집을 짓고 일곱 기둥을 다듬고 짐승을 잡으며 포도주로 혼합하여 상을 갖추고 그 여종을 보내어 성중 높은 곳에서 불러 이르기를 무릇 어리석은 자는 이리로 돌이키라"(9:1-4) 하고 잔치에 초대(招待)를 하고 있습니다. 이는 주님의 천국잔치 비유를 연상케 하는 복음초청인 것입니다.

그런가하면 "미련한 계집이 떠들며, 자기 길을 바로 가는 행객을 불러 이르기를 무릇 어리석은 자는 이리로 돌이키라 또 지혜 없는 자에게 이르기를 도적질한 물이 달고 몰래 먹는 떡이 맛이 있다" 하고 유혹을 합니다. 그리고 9장은 "오직 어리석은 자는 죽은 자가 그의 곳에 있는 것과 그의 객들이 음부의 깊은 곳에 있는 것을 알지 못하느니라"(9:18) 하고 마치고 있습니다.

그러므로 잠언서에서도 "대저 그들의 구속자는 강하시니"(23:11) 한 "구속자"와, "인자(仁慈)와 진리(眞理)로 인하여 죄악이 속하게 되고"(16:6) 하는 속죄교리를 대하게 되는 것입니다. 또한 잠언서를 통해서도, "나를 사랑하는 자들이 나의 사랑을 입으며 나를 간절히 찾는 자가 나를 만날 것이니라"(8:17) 한 그리스도를 만나야만 하고, "너는 사망으로 끌려가는 자를 건져주며 살육을 당하게 된 자를 구원"(24:11) 하라 하시는 복음이 증거되어야만 하는 것입니다.

그러므로 1-9장에 나타난 원론(原論)에 확고해야만 10-31장에서 말씀하는 각론(各論)에 충실할 수가 있는 것입니다. 어찌하여 잠언들이 필요한 것인가? 유혹하는 "음녀"가 있기 때문입니다. 이를 신약적으로 말한다면, "근신하라 깨어라 너희 대적 마귀가 우는 사자같이 두루 다니며 삼킬 자를 찾나니 너희는 믿음을 굳게 하여 저를 대적하라"(벧전 5:8-9)는 말씀이 됩니다.

잠언들을 살펴보면 해설해야만 알 수 있는 그런 내용들이 아닙니다. 또한 몰라서 실천을 못하는 것들도 아닙니다. 잠언들은 "이는 우리가 유치원 때 다 배웠다"는 그런 내용들입니다. 그런데 어찌하여 실천하지를 못하는 것인가? 원인은 왜 이런 삶을 살아야하는가 하는 당위성(當爲性), 즉 원리에 확고하지 못하기 때문입니다. 기독교 윤리는, "그리스도의 사랑이 우리를 강권하시는도다"(고후 5:14) 한, 사랑의 줄에 이끌려 사는 삶, 곧 복음이 이끄는 삶입니다.

끝으로 잠언은 근 3천 년 전에 주어진 말씀입니다. 이 잠언이 신약의 성도들에게는 어떻게 적용이 되는가 하는 적용의 문제입니다. 이를 직선적(直線的)으로 적용을 하는 것이 교훈적인 입장인데 이는 성경을 "점들의 모음"인양 단편적으로 보기 때문입니다. 성경은 창세기로부터 계시록까지 연결되어 있는 선(線)입니다. 이를 구속사(救贖史)라고 말하는데 구약성경은 "곧 내게 대하여 증거하는 것이로다"(요 5:39) 하신대로 그리스도에 초점이 맞춰져 있습니다. 그러므로 구약성경이 신약의 성도들에게 적용이 되기 위해서는 그리스도께서 담당하신 "십자가"라는 프리즘을 통과해서 신약의 성도들에게 적용이 될 때에 빛을 발하게 되는 것입니다. 예를 들어 구약의 제사제도가 그리스도의 속죄사역을 통해서 적용될 때에 단 번에 성취가 되어서 이제는, "너희는 너희 것이 아니라 값으로 산 것이 되었으니 그런즉 너희 몸으로 하나님께 영광을 돌리라(고전 6:20), 너희 몸을 하나님이 기뻐하시는 거룩한 산제사로 드리라"(롬 12:1) 하고 적용이 된다는 말씀입니다.

이런 맥락에서 잠언의 말씀이 모든 성도들에게 주어진 훈계이지만 특히 목회자들에게 주어진 "목회서신"과 같은 경계라는 점입니다. "네 양떼의 형편을 부지런히 살피며 네 소떼에 마음을 두라"(27:23) 하십니다. 이런 경우 바울은, "하나님께서 어찌 소들을 위하여 염려하심이냐" (고전 9:9) 하고 묻고 있습니다. 그러므로 "충성(忠誠)된 사자는 그를 보낸 이에게 마치 추수하는 날에 얼음냉수 같아서 능히 그 주인(主人)의 마음을 시원케 하느니라(25:13), 악한 사자는 재앙에 빠져도 충성된 사신(使臣)은 양약이 되느니라"(13:17) 하고, "충성된 종"에 대해서 거듭 말씀하십니다. 또한 "먼 땅에서 오는 좋은 기별은 목마른 사람에게 냉수 같으니라"(25:25) 합니다. 목회자란 보냄을 받은 사신들입니다. 참으로 충성된 사신들이 되어서 "좋은 기별"을 전해드림으로 주님의 마음을 시원케 해드려야 하는 것입니다.

반면 "내가 증왕에 게으른 자의 밭과 지혜 없는 자의 포도원을 지나며 본즉 가시덤불이 퍼졌으며 거친 풀이 지면에 덮였고 돌담이 무너졌기로 내가 보고 생각이 깊었다"(24:30-32) 하고 말씀합니다. 우리의 포도원이 이와 같지 않기를 바랍니다. 그래서 "게으른 자는 그 부리는 사람에게 마치 이에 초 같고 눈에 연기 같으니라"(10:26) 합니다. 주님은 달란트 비유에서 이와 같은 종을 "게으르고 악한 종아" 하십니다. 잠언서를 통해서 우선적으로 목회자인 우리들이 각성을 해야 할 것입니다.

잠언 1장 개관도표

주제 : 여호와를 경외하는 것이 지식의 근본이다

지혜 있는 자와 미련한 자 (1-9)

1 다윗의 아들 이스라엘 왕 솔로몬의 잠언이라
2 ① **이는 지혜와 훈계를 알게 하며 명철의 말씀을 깨닫게 하며**
3 ② **지혜롭게, 의롭게, 공평하게, 정직하게 행할 일에 대하여 훈계를 받게 하며**
4 어리석은 자로 슬기롭게 하며 젊은 자에게 지식과 근신함을 주기 위한 것이니
5 **지혜 있는 자는** 듣고 학식이 더할 것이요 명철한 자는 모략을 얻을 것이라
6 잠언과 비유와 지혜 있는 자의 말과 그 오묘한 말을 깨달으리라
③
7 **여호와를 경외하는 것이 지식의 근본이어늘**
미련한 자는 지혜와 훈계를 멸시하느니라
8 내 아들아 네 아비의 훈계를 들으며 네 어미의 법을 떠나지 말라
9 이는 네 머리의 아름다운 관이요 네 목의 금사슬이니라

악한 자가 꾈지라도 (10-19)

10 ④ **내 아들아 악한 자가 너를 꾈지라도 좇지 말라**
11 그들이 네게 말하기를 우리와 함께 가자 우리가 가만히 엎드렸다가
사람의 피를 흘리자 죄 없는 자를 까닭 없이 숨어 기다리다가
12 음부 같이 그들을 산채로 삼키며 무덤에 내려가는 자 같게 통으로 삼키자
13 우리가 온갖 보화를 얻으며 빼앗은 것으로 우리 집에 채우리니
14 너는 우리와 함께 제비를 뽑고 우리가 함께 전대 하나만 두자 할지라도
15 ⑤ **내 아들아 그들과 함께 길에 다니지 말라 네 발을 금하여 그 길을 밟지 말라**
16 대저 그 발은 악으로 달려가며 피를 흘리는데 빠름이니라
17 무릇 새가 그물 치는 것을 보면 헛일이겠거늘
18 그들의 가만히 엎드림은 자기의 피를 흘릴 뿐이요 숨어 기다림은 자기의 **생명을 해할 뿐이니**
19 무릇 이를 탐하는 자의 길은 다 이러하여 자기의 **생명을 잃게 하느니라**

지혜의 초청과 두 종말 (20-33)

20 ⑥ **지혜가 길거리에서 부르며 광장에서 소리를 높이며**
21 훤화하는 길 머리에서 소리를 지르며 성문 어귀와 성중에서 그 소리를 발하여 가로되
22 너희 어리석은 자들은 어리석음을 좋아하며 거만한 자들은 거만을 기뻐하며
미련한 자들은 지식을 미워하니 어느 때까지 하겠느냐
23 ⑦ **나의 책망을 듣고 돌이키라 보라 내가 나의 신을 너희에게 부어주며** 나의 말을 너희에게 보이리라
24 내가 부를지라도 너희가 **듣기 싫어하였고** 내가 손을 폈지라도 **돌아보는 자가 없었고**
25 도리어 나의 모든 교훈을 **멸시하며** 나의 책망을 **받지 아니하였은즉**
26 ⑧ **너희가 재앙을 만날 때에** 내가 웃을 것이며 **너희에게 두려움이 임할 때에** 내가 비웃으리라
27 너희의 두려움이 광풍 같이 임하겠고 너희의 재앙이 폭풍 같이 이르겠고
너희에게 근심과 슬픔이 임하리니
28 그 때에 너희가 나를 부르리라 그래도 내가 대답지 아니하겠고
부지런히 나를 찾으리라 그래도 나를 만나지 못하리니
29 ⑨ **대저 너희가 지식을 미워하며 여호와 경외하기를 즐거워하지 아니하며**
30 **나의 교훈을 받지 아니하고 나의 모든 책망을 업신여겼음이라**
31 그러므로 자기 행위의 열매를 먹으며 자기 꾀에 배부르리라
32 어리석은 자의 퇴보는 자기를 **죽이며** 미련한 자의 안일은 자기를 **멸망시키려니와**
33 오직 나를 듣는 자는 안연히 **살며** 재앙의 두려움이 없이 **평안하리라**

1장

여호와를 경외하는 것이 지식의 근본이다

[7]여호와를 경외하는 것이 지식의 근본이어늘 미련한 자는 지혜와 훈계를 멸시하느니라.

잠언서에는 "여호와"라는 호칭이 87번이나 등장하는데 저는 매 장마다 이를 놓치지 않도록 상기시킬 것입니다. 왜냐하면 잠언들이 세상 "격언"과 같은 것이 아니라, 하나님 아버지께서 자녀들에게 하나님의 자녀답게 살아가라고 주신 훈계임을 놓치지 않게 하기 위해서입니다. 1장에는 "여호와"의 칭호가 2번(7, 29) 등장하는데 중심점은, "여호와를 경외하는 것이 지식의 근본이라"는데 있습니다. "경외"(敬畏)란 공경심에서 우러나오는 거룩한 두려움을 가리킵니다. 이런 의미에서 대부분의 잠언들은 상반(相反)된 "두 부류, 두 길, 두 가지 생활방식" 등을 대조(對照)하여 보여주고 있습니다.

도표를 보시면 "여호와를 경외하는 것이 지식의 근본이라"를 중심으

회 정도 나오는데, 훈계하는 "아버지"가 1차적으로는 솔로몬이지만 궁극적으로는 하나님 아버지께서 자녀들에게 하시는 말씀인 것입니다. 또한 "지혜"라는 말이 65회 이상 등장하는데 잠언이 말씀하는 "지혜"는 철학적인 지혜가 아니라, "여호와, 아버지, 지혜"가 동격(同格)으로 되어 있는 인격적인 지혜입니다. 그러니까 잠언은 아버지가 아들에게, 지혜가 군중들에게, 여호와가 백성들에게 하시는 훈계라는 말씀입니다. 그리하여 "지혜가 길거리에서 부르며 광장에서 소리를 높이며"(20) 하고 초청하는 지혜요, "나의 책망을 듣고 돌이키라 보라 내가 나의 신을 너희에게 부어주며"(23) 하는 인격적인 지혜입니다.

ⓜ 그런가하면 "지혜가 너를 음녀에게서 말로 호리는 이방 계집에게서 구원하리니"(2:16) 한 "음녀, 또는 이방 계집"이라는 말도 20회 정도 등장합니다. 그러므로 잠언서 1장-9장의 구도(構圖)는 "아들"을 가운데 놓고 그를 소유하기 위한 "지혜와, 음녀"의 대결(對決) 구도로 되어 있습니다. 이점을 망각하거나 무시하게 되면 잠언이 격언집이나 명언집이 되고 맙니다. 이것이 현재의 경향이기도 합니다. 왜 이렇게 되느냐 하면 성경을 점들이 모인 것처럼 단편적(斷片的)으로 보기 때문입니다. 구속사(救贖史)라는 "선"(線)으로 보게 되면 잠언서에서 벌어지고 있는 두 진영(陣營) 간의 대결이, "너의 후손도 여자의 후손과 원수가 되리니"(창 3:15) 하고 선언하신 "원복음"으로부터 시작이 되어, 지금도 치열하게 벌어지고 있는 영적 싸움임을 깨닫게 되는 것입니다. 어찌하여 이러한 분리와 싸움이 시작이 되었는가? "한 사람으로 말미암아 세상에 죄가 들어왔기"(롬 5:12) 때문입니다.

ⓑ 그러므로 잠언서에는 "길"이라는 말이 자주 등장하는데, 1-3장 안에만도 21번이나 등장합니다. 길은 오직 두 길 뿐인데 "의인의 길과, 악인의 길"(4:14, 18), "지혜자가 가는 길과, 미련한 자가 가는 길"입니다. 이것이 주님이 말씀한바 "좁은 길과, 넓은 길"인데, 모든 사람들은

지금 두 길 중 어느 한 길을 가고 있는 것이며, 영생과 멸망으로 통하는 길입니다. 인간이 안고 있는 본질적인 문제가 무엇인가? 잠언서는 이에 대한 해답을 가르쳐줄 것입니다.

첫째 단원(1-9) 지혜 있는 자와 미련한 자

㉠ "다윗의 아들 이스라엘 왕 솔로몬의 잠언이라"(1), 이것이 잠언서의 표제입니다. 전도서도, "다윗의 아들 예루살렘 왕 전도자의 말이라"(전 1:1) 합니다. 이를 통해서 잠언의 저자가 솔로몬임을 알 수가 있는데, 이는 저자(著者)가 누군가를 밝히는 일반적인 의미만은 아닌 것입니다. 만일 이를 위해서라면 "솔로몬의 잠언이라" 하는 것만으로도 충분한 것입니다. 왜냐하면 솔로몬은 무명(無名)한 사람이 아니라 예루살렘 성전을 건축한 자요, "잠언 3000을 말하였고 노래 1005"이나 지은 사람으로, 스바 여왕이 그의 지혜를 구하러 찾아올 만큼 천하가 다 아는 "유명(有名)한 왕이었기 때문입니다.

㉡ "솔로몬"이란 "평강"이라는 뜻으로 하나님의 특별한 사랑을 받고 태어난(삼하 12:24) 그리스도를 예표하는 인물(人物)입니다. "다윗의 아들 이스라엘 왕"이라는 말씀을 구속사의 맥락에서 보면 어떻게 되는가? 하나님께서 다윗에게, ㉮ "내가 네 몸에서 날 자식을 네 뒤에 세워 그 나라를 견고케 하리라"(삼하 7:12) 하고 언약하신 "다윗의 아들"이요, ㉯ 그리고 천사가 마리아에게 "하나님께서 그 조상 다윗의 위(位)를 저에게 주시리니 영원히 야곱의 집에 왕 노릇하실 것이며"(눅 1:33) 한 "이스라엘의 왕"이신 그리스도를 가리키는 말이 되는 것입니다. 주님은 말씀하십니다. "심판 때에 남방 여왕이 일어나 이 세대 사람을 정죄하리니 이는 그가 솔로몬의 지혜로운 말을 들으려고 땅 끝에서 왔음이어

니와 솔로몬보다 더 큰 이가 여기 있느니라"(마 12:42). 그러므로 우리는 잠언서를 통해서도 그리스도의 "복음초청과, 책망과, 교훈과, 경고"를 들어야만 하는 것입니다.

① "이는 지혜와 훈계를 알게 하며 명철의 말씀을 깨닫게 하며"(1) 하십니다.

㉠ "지혜와 훈계를 알게 하며" 했는데, "지혜(智慧)와, 훈계"(訓戒)가 어떻게 다른가? 7절에서도 "지혜와 훈계를 멸시하느니라" 하고 구분(區分)을 지어 말씀하고 있습니다. "지혜"(智慧)가 하나님을 아는(2:5) 진리(眞理)라면, "훈계"(訓戒)는 하나님의 자녀답게 살아가는 윤리(倫理)라고 말할 수가 있습니다.

② 그래서 "지혜롭게, 의롭게, 공평하게, 정직하게, 행할 일에 대하여 훈계를 받게 하며, 어리석은 자로 슬기롭게 하며 젊은 자에게 지식과 근신함을 주기 위한 것이니"(3-4) 합니다. 여기서 2절과 3절의 강조점이 다른 것을 발견하게 되는데, 2절은 "알게 하며, 깨닫게 하며"에 중점이 있고, 3절은 "행할 일"에 강조점이 있습니다. 그러니까 2절이 믿음을 강조하고 있다면 3절은 행함입니다. 믿음이란 "알고, 깨닫는" 지적(知的)인 인식이 선행되어야만 합니다. 이것이 "지혜"입니다. 그런 후에 "행함"이 따라야만 하는 것입니다. 이것이 "훈계"입니다. "지혜와 훈계"가 조화를 이루게 될 때에 온전한 신앙인격이 되는 것입니다.

③ 그러므로 "지혜 있는 자는 듣고 학식이 더할 것이요"(5상) 한 "지혜 있는 자"와, "미련한 자는 지혜와 훈계를 멸시하느니라"(7하) 한 "미련한 자"로 갈라지게 되는 것입니다.

㉠ "미련한 자"가 누군가? 잠언서에는 "지혜로운 자와, 미련한 자"를 계속적으로 대조(對照)하여 보여주고 있습니다. 지혜로운 자가 "여호와를 경외하는 자"라면 "미련한 자"는 이를 멸시하는 불신자(不信者)를 가리킵니다. 어찌하여 불신자를 "미련한 자"라 하는가? 본질적인 문제에

대한 해답은 구하지 않고, "하루살이" 같은 삶을 추구하기 때문입니다.

㉡ 그래서 "여호와를 경외하는 것이 지식의 근본이어늘 미련한 자는 지혜와 훈계를 멸시하느니라"(7) 하는 것입니다. 다시 강조합니다만 "여호와 경외"가 잠언서에만 20회 정도 등장합니다. "지혜, 훈계, 명철, 의롭게 공평하게 정직하게"(2-3), 그 외에 많은 권면이 있다하여도 "여호와 경외" 속에 다 들어있는 것입니다. 그러므로 잠언서는 "여호와 경외"라는 이 한 가지 방도를 가르치기 위해서 기록이 되었다 해도 과언이 아닙니다. 여기까지가 잠언서의 기록목적입니다.

㉢ 이렇게 말씀한 후에 첫 권면이, "내 아들아 네 아비의 훈계를 들으며 네 어미의 법을 떠나지 말라 이는 네 머리의 아름다운 관이요 네 목의 금사슬이니라"(8-9) 합니다. 어찌하여 "듣고, 떠나지 말아야" 하는가? 그 이유를 둘째 단원에서 말씀합니다.

둘째 단원(10-19) 악한 자가 꾈지라도 좇지 말라

④ "내 아들아 악한 자가 너를 꾈지라도 좇지 말라"(10) 한 "악한 자"가 있기 때문입니다.

㉠ "내 아들아 네 아비의 훈계를 들으며"(8)가 첫 권면이라면, "내 아들아 악한 자가 꾈지라도 좇지 말라"는 10절은 첫 경계(警戒)입니다. 흔히 지혜문학이라고 말하는 잠언 서두(序頭)에 "악한 자"가 등장하는 것을 유념하시기를 바랍니다. 또한 "음녀"라는 말이 10번 정도 등장하는데 1차적으로는 창녀를 가리킨다 하여도 궁극적으로는 "대저 음녀의 입술은 꿀을 떨어뜨리며 그 입은 기름보다 미끄러우나"(5:3) 한 인류의 조상을 유혹한 자요, "아들"을 유혹하는 사탄을 가리키는 것입니다. 잠언은 일반적인 교훈이 아니라 사랑하는 아들을 음녀의 유혹에 빼앗기지

않게 하려는 "선한 싸움"인 것입니다.

ⓛ "그들이 네게 말하기를 우리와 함께 가자 우리가 가만히 엎드렸다가 사람의 피를 흘리자 죄 없는 자를 까닭 없이 숨어 기다리다가 음부 같이 그들을 산채로 삼키며 무덤에 내려가는 자 같게 통으로 삼키자 우리가 온갖 보화를 얻으며 빼앗은 것으로 우리 집에 채우리니 너는 우리와 함께 제비를 뽑고 우리가 함께 전대 하나만 두자 할지라도"(11-14),

⑤ "내 아들아 그들과 함께 길에 다니지 말라 네 발을 금하여 그 길을 밟지 말라"(15) 합니다.

㉠ 이점을 시편에서는, "복 있는 사람은 악인의 꾀를 좇지 아니하며 죄인의 길에 서지 아니하며 오만한 자의 자리에 앉지 아니하고"(시 1:1) 라고 말씀합니다. 시편 1편 안에도 "의인과 악인, 의인의 길과 악인의 길", 두 부류(部類), 두 길이 있습니다. 이처럼 기록한 기자는 달라도 하시는 말씀이 같은 것은 한 성령의 감동하심으로 말씀하고 있기 때문입니다.

ⓛ "대저 그 발은 악으로 달려가며 피를 흘리는데 빠름이니라 무릇 새가 그물 치는 것을 보면 헛일이겠거늘 그들의 가만히 엎드림은 자기의 피를 흘릴 뿐이요 숨어 기다림은 자기의 생명을 해할 뿐이니 무릇 이를 탐하는 자의 길은 다 이러하여 자기의 생명을 잃게 하느니라"(16-19) 합니다. 악인이 달려가고 있는 길이 어떤 종말(終末)에 이르게 되는가? "생명(生命)을 잃게 한다"고 말씀합니다. "그 집은 사망(死亡)으로, 그 길은 음부(陰府)로 기울어졌나니(2:18) 합니다. 그래서 "악한 자가 꾈지라도 좇지 말라" 하는 것입니다. 잠언서의 주제를 파악하게 되었습니까? 다음 단원에서 더욱 분명하게 깨닫게 될 것입니다.

셋째 단원(20-33) 지혜의 초청과 두 종말

⑥ "지혜가 길거리에서 부르며 광장에서 소리를 높이며"(20),

㉠ "지혜"(智慧)가 부르고 있습니다. ㉮ "길거리"에 서서 어디론가 바삐 걸어가고 있는 행인들을 향해서, ㉯ "광장"(廣場) 높은 층계 위에 서서, 광장에 모여 서성거리고 있는 군중(群衆)을 향해서 "소리를 높여" 외치고 있습니다. 그러므로 잠언의 "지혜"는 철학서적 속에 있는 그런 지혜가 아닙니다. "훤화하는 길머리에서 소리를 지르며, 성문 어귀와 성중에서 그 소리를 발하는"(21) 복음전도자의 외치는 소리인 것입니다. 무엇이라고 외치고 있는가?

㉡ "너희 어리석은 자들은 어리석음을 좋아하며 거만한 자들은 거만을 기뻐하며 미련한 자들은 지식을 미워하니 어느 때까지 하겠느냐"(22) 합니다. 이사야 선지자의 외치는 소리를 들어보십시오. "너희가 어찌하여 매를 맞으려고 더욱더욱 패역하느냐 온 머리는 병들었고 온 마음은 피곤하였으며 발바닥에서 머리까지 성한 곳이 없이 상한 것과 터진 것과 새로 맞은 흔적뿐이어늘 그것을 짜며 싸매며 기름으로 유하게 함을 받지 못하였도다"(사 1:5-6) 합니다. 전도자는 책망만 하는 것이 아니라,

⑦ "나의 책망을 듣고 돌이키라 보라 내가 나의 신을 너희에게 부어주며 나의 말을 너희에게 보이리라"(23) 하고 치료책을 제시합니다.

㉠ 이 말씀은 세 마디로 되어 있는데,

㉮ 첫째는, "책망을 듣고 돌이키라", 즉 회개하라는 것이고,

㉯ 둘째는, "나의 신(神)을 너희에게 주겠다"는 말씀입니다. 이는 "성령"을 가리킵니다. 이점은 오순절 후에 행한 베드로의 첫 설교의 결론이기도 한데, "너희가 회개하여 각각 예수 그리스도의 이름으로 세례를 받고 죄 사함을 얻으라 그리하면 성령을 선물로 받으리니"(행 2:38)

합니다.

㉰ 셋째는, "나의 말을 너희에게 보이리라", 전해줄 말씀이 있기 때문이라는 것입니다. 그러면 어찌하여 "나의 신", 즉 성령을 부어주겠다 하시는가? 그것은 분명합니다. "성령으로 아니하고는", "여호와 경외", 즉 "누구든지 예수를 주시라 할 수가 없고"(고전 12:3), 잠언의 삶을 살아갈 수가 없기 때문입니다.

㉡ 이 말씀은 잠언서에서 초청하고 있는 전도자의 신원(身元)을 밝혀주고 있는 결정적(決定的)인 단서가 되는데, "나의 신을 너희에게 부어주며" 하고 말씀을 할 수 있는 분은 솔로몬이 아닙니다. "이새의 줄기에서 한 싹이 나며 그 뿌리에서 한 가지가 나서 결실할 것이요 여호와의 신 곧 지혜와 총명의 신이요 모략과 재능의 신이요 지식과 여호와를 경외하는 신이 그 위에 강림하시리니"(사 11:1-2) 한 "그리스도"이심이 드러납니다. 그러니까 잠언서에서 말씀하는 "지혜"는 지혜와 총명의 신이 그 위에 임한 "그리스도시라"는 결론에 이르게 되는 것입니다. 사도 바울도, "그리스도는 하나님의 능력이요 하나님의 지혜니라"(고전 1:24) 하고 말씀합니다.

㉢ 그런데 저들의 반응은 어떠했는가? "내가 부를지라도 너희가 듣기 싫어하였고 내가 손을 펼지라도 돌아보는 자가 없었고 도리어 나의 모든 교훈을 멸시하며 나의 책망을 받지 아니하였은즉"(24-25) 합니다. 이는 주님이 오셨을 당시 문자적으로 이런 반응을 보였던 것입니다. 이 점을 호세아 선지자는, "선지자들이 저희를 부를수록 저희가 점점 멀리하고, 내 팔로 안을지라도 내가 저희를 고치는 줄을 저희가 알지 못하도다"(호 11:2, 3) 합니다. 그러면 저들의 종말(終末)은 어찌 된다고 말씀하는가?

⑧ "너희가 재앙을 만날 때에 내가 웃을 것이며 너희에게 두려움이 임할 때에 내가 비웃으리라"(26) 합니다.

㉠ "너희의 두려움이 광풍 같이 임하겠고 너희의 재앙이 폭풍 같이 이르겠고 너희에게 근심과 슬픔이 임하리니 그 때에 너희가 나를 부르리라 그래도 내가 대답지 아니하겠고 부지런히 나를 찾으리라 그래도 나를 만나지 못하리니"(27-28) 하십니다. 최대의 "두려움과 재앙"이 무엇인가? 그것은, "땅의 임금들과 왕족들과 장군들과 부자들과 강한 자들과 각 종과 자주자가 굴과 산 바위틈에 숨어 산과 바위에게 이르되 우리 위에 떨어져 보좌에 앉으신 이의 낯에서와 어린양의 진노에서 우리를 가리우라 그들의 진노의 큰 날이 이르렀으니 누가 능히 서리요" (계 6:15-17) 하고 부르짖을 최후심판(最後審判)입니다. 왜 이런 일을 당하게 되는가?

⑨ "대저 너희가 지식을 미워하며 여호와 경외하기를 즐거워하지 아니하며 나의 교훈을 받지 아니하고 나의 모든 책망을 업신여겼기"(29-30) 때문이라는 것입니다.

㉠ 여기서도 구분(區分)이 나타납니다. ㉮ "지식(知識)을 미워하며 여호와 경외하기를 즐거워하지 않았다"는 것은 복음진리를 믿지 않았다는 뜻이요, ㉯ "교훈을 받지 아니하고 나의 모든 책망을 업신여겼음이라" 한 것은 회개하지 않았다, 나아가 하나님의 말씀대로 살지를 않았다는 뜻이 됩니다.

㉡ "그러므로 자기 행위의 열매를 먹으며 자기 꾀에 배부르리라 어리석은 자의 퇴보는 자기를 죽이며 미련한 자의 안일은 자기를 멸망시키려니와 오직 나를 듣는 자는 안연히 살며 재앙의 두려움이 없이 평안하리라"(31-33) 합니다. 이 말씀 안에는 "나를 듣는 자와, 미련한 자"의 두 종말이 명백하게 나타나는데 하나는, ㉮ "죽음과, 멸망"하는 길이요, 다른 하나는, ㉯ "살며, 평안"한 길입니다. "대저 의인의 길은 여호와께서 인정하시나 악인의 길은 망하리로다"(시 1:6), "이는 그 마지막이 사망임이니라, 이 마지막은 영생이라"(롬 6:21, 22) 한, 마지막이 다릅니

다. 어찌하여 이렇게 갈라지게 되는가? 이유는 단 한 가지 "지혜자의 초청"을 거부했기 때문입니다. "여호와를 경외하는 것이 지식의 근본"임을 망각했기 때문입니다.

⑩ 묵상해보겠습니다.

㉠ 잠언서의 기록목적에 대해서,

㉡ 잠언서의 주제에 대해서,

㉢ 잠언서에 등장하는 두 부류, 두 길, 두 종말이라는 구도에 대해서.

잠언 2장 개관도표

주제 : 여호와 경외하기를 깨달으며 알게 되리니

지혜를 예비하시는 하나님

1-9

1 ① 내 아들아 네가 만일
나의 말을 받으며 — 나의 계명을 네게 간직하며
2 네 귀를 지혜에 기울이며 네 마음을 명철에 두며
3 지식을 불러 구하며 명철을 얻으려고 소리를 높이며
4 은을 구하는 것 같이 그것을 구하며 감추인 보배를 찾는 것 같이 그것을 찾으면

5 여호와 경외하기를 깨달으며 하나님을 알게 되리니

6 ② 대저 여호와는 지혜를 주시며 지식과 명철을 그 입에서 내심이며
7 그는 정직한 자를 위하여 완전한 지혜를 예비하시며 행실이 온전한 자에게 **방패가 되시나니**

8 ③ **대저 그는** 공평의 길을 **보호하시며** 그 성도들의 길을 **보전하려 하심이니라**
9 그런즉 네가 **공의와 공평과 정직 곧 모든 선한 길을 깨달을 것이라**

지혜가 너를 지켜 구원하리라

10-22

10 곧 **지혜가**
④ 네 마음에 들어가며 **지식이 네 영혼에 즐겁게 될 것이요**
11 근신이 **너를 지키며** 명철이 **너를 보호하여**
12 ⑤ 악한 자의 길과 패역을 말하는 자에게서 **건져내리라**
13 이 무리는 정직한 길을 떠나 어두운 길로 행하며
14 행악하기를 기뻐하며 악인의 패역을 즐거워하나니
15 그 길은 구부러지고 그 행위는 패역하니라
16 ⑥ 지혜가 또 너를
음녀에게서 말로 호리는
이방 계집에게서 구원하리니
17 그는 소시의 짝을 버리며
그 하나님의 언약을 잊어버린 자라
18 **그 집은 사망으로, 그 길은 음부로 기울어졌나니**
19 ⑦ 누구든지 그에게로 가는 자는
돌아오지 못하며 또 생명 길을 얻지 못하느니라
20 ⑧ 지혜가 너로
선한 자의 길로 **행하게 하며** 또 의인의 길을 **지키게 하리니**
21 대저 정직한 자는 **땅에 거하며** 완전한 자는 땅에 **남아 있으리라**
22 ⑨ 그러나 악인은
땅에서 끊어지겠고 궤휼한 자는 땅에서 뽑히리라

으라 그러면 찾을 것이요"(마 7:7) 하신 주님의 산상보훈입니다. 은을 구하는 것같이, 보배를 찾는 것같이 지혜와 지식을 구하고 찾으면, 여호와 경외를 깨달으며 하나님을 알게 되리라 하십니다.

㉢ 그러나 "은을 구하고, 보배는 찾으면서 지혜의 말씀, 지식의 말씀"은 구하지 않고 찾지 않기 때문에 깨닫지를 못하는 것입니다. "내 눈을 열어서 주의 법의 기이한 것을 보게 하소서"(시 119:18) 하고 간구하면서, "사슴이 시냇물을 찾기에 갈급함같이 내 영혼이 주를 찾기에 갈급하니이다(시 42:1), 내가 주의 계명을 사모하므로 입을 열고 헐떡였나이다"(시 119:131) 해보십시오. "지혜가 네 마음에 들어가며 지식이 네 영혼에 즐겁게 될"(10) 것입니다. 그리하여 "지키시고, 보호하시며, 건져내시고, 구원하여주실" 것입니다.

첫째 단원(1-9) 지혜를 예비하시는 하나님

첫째 단원의 중심점은 "그는 정직한 자를 위하여 완전한 지혜를 예비하신다"(7)는데 있습니다. 그렇다면 하나님이 예비하신 "완전한 지혜"는 무엇인가?

① "내 아들아 네가 만일 나의 말을 받으며 나의 계명을 네게 간직하며"(1), 1-4절의 구조는 "…하면, …되리라" 하는 구조(構造)입니다.

㉠ 이는 신앙원리(原理)가 되는 중요한 말씀인데 이를 간추리면,

㉮ 나의	말을	받으며
㉯ 나의	계명을 네게	간직하며
㉰ 네 귀를	지혜에	기울이며
㉱ 네 마음을	명철에	두며

㉤	지식을 불러	구하며
㉥	명철을 얻으려고	소리를 높이며
㉦	은을	구하는 것 같이 그것을 구하며
㉧	감추인 보배를	찾는 것 같이 그것을 찾으면,

ⓛ "여호와 경외하기를 깨달으며 하나님을 알게 되리니"(5) 하십니다. 다른 지름길은 없습니다. 반면 예외(例外)도 없습니다. 누구든지 이렇게 하기만 하면 "깨닫고 알게" 된다는 말씀입니다. 그러므로 여기서 말씀하는 "나의 말, 계명, 지혜, 명철, 지식"이란 단순한 교훈이 아니라 "오직 비밀한 가운데 있는 하나님의 지혜를 말하는 것이니 곧 감취었던 것인데 하나님이 우리의 영광을 위하사 만세 전에 미리 정하신 것이라"(고전 2:7) 한 하나님의 구원계획 곧 복음이라 할 수가 있습니다.

ⓒ 이렇게 하면 어떻게 되는가? "여호와 경외하기를 깨달으며 하나님을 알게 되리니"(5) 합니다. 주님은, "영생은 곧 유일하신 참 하나님과 그의 보내신 자 예수 그리스도를 아는 것이니이다"(요 17:3) 하십니다. 하나님 경외는, "하나님을 알고, 그의 보내신 자 예수 그리스도를 아는" 만큼 성숙해지는 것입니다. 그러므로 사도 바울도 "하나님을 알게 하시고"(엡 1:17) 하고 간구하면서, "지식에 넘치는 그리스도의 사랑을 알아 그 넓이와 길이와 높이와 깊이가 어떠함을 깨달아 하나님의 모든 충만하신 것으로 너희에게 충만하게 하시기를 구하노라"(엡 3:18-19) 합니다. 이렇게 사모하는 모든 사람에게 말입니다. 우리가 믿는 하나님은, "우리의 온갖 구하는 것이나 생각하는 것에 더 넘치도록 능히 하실 이"(엡 3:20)라고 말씀합니다.

② 그러므로 본문도 강조하기를, "대저 여호와는 지혜를 주시며 지식과 명철을 그 입에서 내심이며 그는 정직한 자를 위하여 완전(完全)한 지혜(智慧)를 예비(豫備)하시며"(6-7상) 합니다.

㉠ 2장은 하나님을 경외하는 자를, "정직한 자, 행실이 온전한 자(7), 성도들"(8)이라고 말씀합니다. 그러면 하나님께서 "성도들"을 위하여 "예비하신 완전한 지혜"(7, 3:21)가 무엇인가? "오직 비밀한 가운데 있는 하나님의 지혜를 말하는 것이니 곧 감취었던 것인데 하나님이 우리의 영광을 위하사 만세 전에 미리 정하신 것이라 이 지혜는 이 세대의 관원이 하나도 알지 못하였나니 만일 알았더면 영광의 주를 십자가에 못 박지 아니하였으리라 기록된바 하나님이 자기를 사랑하는 자들을 위하여 예비(豫備)하신 모든 것은 눈으로 보지 못하고 귀로도 듣지 못하고 사람의 마음으로도 생각지 못하였다 함과 같으니라"(고전 2:7-9)한 "그리스도"입니다.

③ 그리고 말씀하시기를 하나님은, "행실이 온전한 자에게 방패가 되시나니 대저 그는 공평의 길을 보호하시며 그 성도들의 길을 보전하려 하심이니라"(7하-8) 하십니다.

㉠ 우리의 "방패(防牌)가 되시어서, 보호(保護)하시며, 보전(保全)하시는" 분은 그리스도이십니다. 주님은 말씀하십니다. "내가 저희에게 영생을 주노니 영원히 멸망치 아니할 터이요 또 저희를 내 손에서 빼앗을 자가 없느니라"(요 10:28).

㉡ "그런즉 네가 공의와 공평과 정직 곧 모든 선한 길을 깨달을 것이라"(9) 하는 것입니다. 첫째 단원을 요약을 한다면 여호와 하나님이 해주시는 일은 성도들을 위하여, "완전한 지혜를 예비하시는 것"이고, 성도들인 우리가 해야 할 일은 이를 "구하고, 찾는" 일입니다. 이것이 "여호와는 지혜를 예비하신다"는 의미입니다.

둘째 단원(10-22) 지혜가 너를 지켜 구원하리라

둘째 단원은 하나님이 예비하신 "완전한 지혜"가 성도들을 어떻게 보호해주시는가에 있습니다.

④ "곧 지혜가 네 마음에 들어가며 지식이 네 영혼에 즐겁게 될 것이요"(10) 합니다.

㉠ 먼저 구조(構造)를 깨닫는 일이 전체를 파악하는데 도움이 됩니다. 첫째 단원의 주체(主體)는 하나님이십니다. "여호와, 하나님(5), 여호와(6), 그는(7), 대저 그는"(8) 하고 하나님이 주체인데, "그는 정직한 자를 위하여 완전한 지혜를 예비하시는" 하나님으로 계시되어 있습니다.

㉡ 그런데 둘째 단원의 주체는 하나님이 예비하신 "지혜"(智慧)임을 인식하는 것이 중요합니다. ㉮ "지혜가 네 마음에 들어가며(10), ㉯ 지혜가 또 너를 음녀에게서(16), ㉰ 지혜가 너로 선한 자의 길로 행하게 한다"(20) 하고 말씀합니다. 그러니까 첫째 단원이 하나님이 행해주실 일을 말씀했다면 둘째 단원은 "지혜"가 행해줄 일을 말씀하고 있는 것입니다.

㉢ 그러면 지혜가 하시는 최우선의 일이 무엇인가?

㉮ "곧 지혜가 네 마음에 들어가며", 이것이 우선적인 일입니다. 하나님이 예비하신 "완전한 지혜"가, "네 마음에 들어갈 때" 비로소 효험이 있게 되는 것입니다. 이는 "누구든지 내 음성을 듣고 문을 열면 내가 그에게로 들어가 그로 더불어 먹고 그는 나로 더불어 먹으리라"(계 3:20) 하신 거듭남을 의미합니다. 지혜가 이성적(理性的)인 지혜를 가리킨다면 "머리에 들어가며" 했을 것입니다. 얼마나 명백한 진리인가!

㉯ 그리하여 "지식이 네 영혼에 즐겁게 될 것이요"(10),

㉰ "근신이 너를 지키며 명철이 너를 보호하여"(11),

⑤ "악(惡)한 자의 길과 패역을 말하는 자에게서 건져내리라"(12) 하십니다. 그러면 이렇게 행해주실 "지혜"가 누군가 하는 것은 명백하다 하겠습니다. 하나님께서 사랑하는 자들을 위하여 예비해 놓으신 "그리스도"이십니다. 그래서 "지혜는 얻는 자에게 생명나무라(3:18), 지혜가 제일이니 제혜를 얻으라"(4:7) 하는 것입니다.

㉠ 2장에서도 "악한 자(12)와, 악인"(22)이 등장하는데 이에 대한 분별이 필요합니다. ㉮ "악한 자"는, "내 아들아 악한 자가 너를 꾈지라도"(1:10) 한 악의 세력을 가리킵니다. 이를 16절에서는 "음녀"라고 표현하고 있습니다. "그 집은 사망으로, 그 길은 음부로 기울어졌나니"(18) 한데서 "악한 자, 음녀"의 정체가 더욱 드러납니다. ㉯ 그러나 "악인"이란, "악인은 땅에서 끊어지겠고"(22) 한 악한 자를 추종(追從)하는 불신자를 가리키는 말입니다.

⑥ 그러면 우리의 "마음에 들어온" 지혜가 하는 일이 무엇인가? "지혜가 또 너를 음녀에게서, 말로 호리는 이방 계집에게서 구원하리니"(16) 하십니다. 그러니까 "지혜와, 음녀"라는 두 세력이 대결(對決)하는 구도입니다. 이 대결이 성경 마지막 책까지 이어지고 있는데 계시록 17장에는 "음녀"가 4번(계 17:1, 5, 15, 16)이나 등장하면서, "그의 심판은 참되고 의로운지라 음행으로 땅을 더럽게 한 큰 음녀를 심판하사 자기 종들의 피를 그의 손에 갚으셨도다"(계 19:2) 하고 심판을 당하게 되는 것입니다.

⑦ 그러므로 "누구든지 그에게로 가는 자는 돌아오지 못하며 또 생명 길을 얻지 못하느니라"(19) 합니다.

㉠ 2장 안에는 "길"이라는 말이 11번이나 나옵니다. 이를 요약을 하면 "성도들의 길과(8) 악한 자의 길(12), 생명의 길과(19) 사망의 길"(18)입니다. 그러므로 1장에서는 악한 자를 따라가고 있는 자들을 향해서, "나의 책망을 듣고 돌이키라"(1:23) 하고 "지혜"가 외치고 있는 것입

니다.

⑧ 2장은 "두 부류, 두 길, 두 종말"을 대조해서 보여줌으로 마치고 있는데, "지혜가 너로 선한 자의 길로 행하게 하며 또 의인의 길을 지키게 하리니(20), 대저 정직한 자는 땅에 거하며 완전한 자는 땅에 남아 있으리라"(21) 하고, "선한 자의 길, 의인의 길"을 말씀합니다.

⑨ "그러나 악인은 땅에서 끊어지겠고 궤휼한 자는 땅에서 뽑히리라"(22) 합니다. 21-22절 안에는 ㉮ "정직한 자와 악한 자, 완전한 자와 궤휼한 자", ㉯ "거할 자와 끊어질 자, 남아 있는 자와 뽑힐 자" 등이 대조되어 있습니다. 모든 사람들은 이 두 길 중 어느 한 길을 가고 있는 것입니다. 이것이 하나님이 예비하신 완전한 지혜가 "네 마음에 들어가며, 너를 지켜 구원하리라"는 의미입니다.

⑩ 묵상해보겠습니다.

㉠ 여호와 경외와 하나님을 아는 방도에 대해서,

㉡ "하나님이 예비하신 완전한 지혜"에 대해서,

㉢ 완전한 지혜가 우리에게 행해주시는 일이 무엇인가에 대해서.

잠언 3장 개관도표

주제 : 여호와를 의뢰하는 자와 지혜를 얻는 자의 복

너는 범사에 그를 인정하라

1-12

1 ① **내 아들아 나의 법을 잊어버리지 말고** 네 마음으로 나의 명령을 **지키라**

2 (그리하면) 그것이 너로 장수하여 많은 해를 누리게 하며 평강을 더하게 하리라

3 **인자와 진리로 네게서 떠나지 않게 하고** 그것을 네 목에 매며 **네 마음 판에 새기라**

4 (그리하면) 네가 하나님과 사람 앞에서 은총과 귀중히 여김을 받으리라

5 너는 마음을 다하여 **여호와를 의뢰하고 네 명철을 의지하지 말라**

6 ② **너는 범사에 그를 인정하라**

(그리하면) 네 길을 지도하시리라

7 스스로 **지혜롭게 여기지 말지어다** 여호와를 경외하며 **악을 떠날 지어다**

8 이것이 네 몸에 양약이 되어 네 골수로 윤택하게 하리라

9 ③ **네 재물과** 네 소산물의 **처음 익은 열매로 여호와를 공경하라**

10 (그리하면) 네 창고가 가득히 차고 네 즙틀에 새 포도즙이 넘치리라

11 ④ 내 아들아 **여호와의 징계를 경히 여기지 말라** 그 꾸지람을 싫어하지 말라

12 대저 여호와께서 그 사랑하시는 자를 징계하시기를

마치 아비가 그 기뻐하는 아들을 징계함 같이 하시느니라

지혜는 얻는 자에게 생명나무라

13-26

13 **지혜를 얻은 자와 명철을 얻은 자는 복이 있나니**

14 ⑤ 이는 **지혜를 얻는 것이** 은을 얻는 것보다 낫고 그 이익이 정금보다 나음이니라

15 **지혜는 진주보다 귀하니** 너의 사모하는 모든 것으로 이에 비교할 수 없도다

16 그 우편 손에는 장수가 있고 그 좌편 손에는 부귀가 있나니

17 그 길은 즐거운 길이요 그 첩경은 다 평강이니라

18 ⑥ **지혜는 그 얻은 자에게 생명 나무라** 지혜를 가진 자는 복되도다

19 여호와께서는 지혜로 땅을 세우셨으며 명철로 하늘을 굳게 펴셨고

20 그 지식으로 해양이 갈라지게 하셨으며 공중에서 이슬이 내리게 하셨느니라

21 내 아들아 **완전한 지혜와 근신을 지키고** 이것들로 네 눈 앞에서 떠나지 않게 하라

22 그리하면 **그것이 네 영혼의 생명이 되며** 네 목에 장식이 되리니

23 네가 네 길을 **안연히 행하겠고** 네 발이 거치지 아니하겠으며

24 네가 누울 때에 **두려워하지 아니하겠고** 네가 누운즉 네 잠이 달리로다

25 너는 창졸간의 두려움이나 악인의 멸망이 임할 때나 두려워하지 말라

26 대저 **여호와는 너의 의지할 자이시라** 네 발을 지켜 걸리지 않게 하시리라

의인의 집과 악인의 집

27-35

27 ⑦ **네 손이 선을 베풀 힘이 있거든** 마땅히 받을 자에게 베풀기를 아끼지 말며

28 **네게 있거든** 이웃에게 이르기를 **갔다가 다시 오라 내일 주겠노라 하지 말며**

29 네 이웃이 네 곁에서 안연히 살거든 그를 모해하지 말며

30 사람이 네게 악을 행하지 아니하였거든 까닭 없이 더불어 다투지 말며

31 포학한 자를 부러워하지 말며 그 아무 행위든지 좇지 말라

32 대저 패역한 자는 여호와의 미워하심을 입거니와 정직한 자에게는 그의 교통하심이 있으며

33 ⑧ **악인의 집에는** 여호와의 저주가 있거니와 **의인의 집에는** 복이 있느니라

34 진실로 그는 **거만한 자를** 비웃으시며 ── **겸손한 자에게** 은혜를 베푸시나니

35 **지혜로운 자는** 영광을 기업으로 받거니와 **미련한 자의** 현달함은 욕이 되느니라

3장

여호와를 의뢰하는 자와 지혜를 얻는 자의 복

[18]지혜는 그 얻은 자에게 생명나무라 지혜를 가진 자는 복되도다.

3장에는 "여호와"라는 호칭이 8번(5, 7, 9, 11, 12, 26, 32, 33)이나 등장합니다. 이점을 계속적으로 지적하고 있는 것은 잠언의 근거를 "여호와 경외"에 두게 하기 위해서입니다. 본상은 크게 두 가지 주제로 되어 있는데 첫째는, "여호와를 의뢰하라"(5)는 말씀이고, 둘째는 "지혜를 얻는 자는 복이 있나니"(13) 한 축복입니다. 이를 문맥적으로 본다면 1장에서는, "여호와를 경외하는 것이 지식의 근본이라"(1:7)는 명제와 같은 말씀을 하고, 2장에서는 "여호와 경외하기를 깨닫는"(2:5) 비결을 말씀하고는 3장에서는, "여호와를 경외하는 자"가 어떤 복을 받게 되는가를 말씀하는 문맥이라고 말할 수가 있습니다.

도표를 보시면 첫째 단원의 "여호와를 의뢰하고 네 명철을 의지하지 말라"를 중심으로, ① "나의 법을 잊어버리지 말고 명령을 지키라", ② "너는 범사에 그를 인정하라", ③ "네 재물과 소유물로 여호와를 공경하라", ④ "여호와의 징계를 경(輕)히 여기지 말라" 합니다. 둘째 단원의 "지혜를 얻는 자의 복"을 중심으로, ⑤ "지혜를 얻는 것이 정금보다 나음이라", ⑥ "지혜는 얻는 자에게 생명나무라", ⑦ "선을 베풀 힘이 있으면, 내일 주겠노라 하지 말라" 하시면서, ⑧ "악인의 집에는 저주가 있거니와 의인의 집에는 복이 있느니라" 하고 대조함으로 마치고 있습니다. 이를 세 단원으로 나누어 상고하겠습니다.

첫째 단원(1-12) **너는 범사에 그를 인정하라**
둘째 단원(13-26) **지혜는 얻는 자에게 생명나무라**
셋째 단원(27-35) **의인의 집과 악인의 집의 대조**

주제(主題) : 여호와를 의뢰하는 자와 지혜를 얻는 자의 복

㉠ 첫째 단원에서는 "여호와를 의뢰하고 네 명철을 의지하지 말라" 말씀하고, 둘째 단원에서는, "지혜를 얻는 자가 복이 있다"(13, 18) 하고 말씀을 합니다. 그러니까 "여호와를 의뢰하는 것과, 지혜를 얻는 것"은 둘이 아니라 하나라는 말씀이 됩니다. "…하라, 그리하면…되리라" 하는 구조(構造)인데 이런 패턴이 4번(2, 4, 6, 10)이나 반복이 됩니다.

㉡ 그러면 어떤 복을 받게 되는가? 한마디로 "지혜는 얻는 자에게 생명나무라(18), 네 영혼의 생명이 되며"(22) 하고, "생명"을 얻게 된다고 말씀합니다. 여기서 잠언서가 말씀하는 지혜가 무엇인가가 더욱 밝히 드러나는데, "생명나무"는 곧 그리스도인 것입니다.

㉢ 그러므로, "네게 있거든 이웃에게 이르기를 갔다가 다시 오라 하지 말라" 하고 말씀합니다. 형제에게 있는 것이 무엇인가? 하나님이 예

비하신 "완전한 지혜"입니다. "얻는 자에게 생명나무"라 한 영원한 생명입니다. 베드로가, "내게 있는 것으로 네게 주노니"(행 3:6) 한 예수 그리스도입니다. 그런데 "갔다가 다시 오라 내일 주겠노라" 할 것입니까? 이번 성탄절에 주겠노라 하시겠습니까? 주님은 "내가 오늘 네 집에 유하여야 하겠다(눅 19:5), 오늘 네가 나와 함께 낙원에 있으리라"(눅 23:43) 하고, "오늘" 주겠다 말씀하십니다.

첫째 단원(1-12) 너는 범사에 그를 인정하라

① "내 아들아 나의 법을 잊어버리지 말고 네 마음으로 나의 명령을 지키라"(1)

㉠ "그리하면 그것이 너로 장수하여 많은 해를 누리게 하며 평강을 더하게 하리라"(2) 하십니다. 도표에 표시된 대로 2-10절 안에는 4번의 "그리하면…되리라"하는 말씀이 있습니다. 첫 번째 "그리하면" 누리게 될 복이 "장수와 평강"입니다. 이점에서 잠언서에서 말씀하는 축복들이 육적인 것만이 아닌 것이 드러납니다. 왜냐하면 경건한 그리스도인들이 반드시 "장수"(長壽)하는 것은 아니기 때문입니다.

㉡ "인자와 진리로 네게서 떠나지 않게 하고 그것을 네 목에 매며 네 마음 판에 새기라"(3) 합니다. ㉮ "인자(仁慈)와 진리"(眞理)라는 말은, "우리가 그 영광을 보니 아버지의 독생자의 영광이요 〈은혜(恩惠)와 진리(眞理)〉가 충만하더라"(요 1:14)는 말과 같은 뜻으로 복음에 대한 요약이라 할 수가 있습니다. ㉯ 2:10절에서는 "지혜가 네 마음에 들어가며" 했는데 한걸음 더 나아가, "인자와 진리로 네 마음 판에 새기라" 합니다. 하나님은 말씀하십니다. "그 날 후에 내가 이스라엘 집에 세울 언약은 이러하니 곧 내가 나의 법을 그들의 속에 두며 그 마음에

기록하여 나는 그들의 하나님이 되고 그들은 내 백성이 될 것이라"(렘 31:33, 히 8:10, 10:16). 우리에게 주신 새 언약(言約)은 돌비에 기록이 되어 있는 것이 아니라 "마음에 들어와, 마음 판"에 기록이 되어야 하는 것입니다.

㉢ 목회현장에서 느끼게 되는 가장 난제는 "인자와 진리"가 성도들의 "마음 판"에 새겨지는 것이 얼마나 어려운 일인가 하는 점입니다. 마음 판에 새겨진 여부는 "육신의 소욕과, 성령의 소욕" 중 어느 소욕을 따르느냐로 나타나게 됩니다. 즉 마음과 생각이 누구에 의하여 지배를 받느냐로 나타난다는 말씀입니다.

㉣ "그리하면 네가 하나님과 사람 앞에서 은총과 귀중히 여김을 받으리라"(4) 합니다. 두 번째 "그리하면" 주어질 복이 무엇인가? "하나님과 사람 앞에서 은총과 귀중히 여김을 받는" 축복입니다. 형제가 이와 같이 되시기를 기원합니다.

② 그런 후에 본 장의 중심주제인, "너는 마음을 다하여 여호와를 의뢰하고 네 명철을 의지하지 말라"(5)는 말씀을 하십니다.

㉠ 첫째는 "여호와를 의뢰(依賴)하는 것"입니다. 이는 믿는 것을 가리킵니다. 즉 "너를 믿지 말고, 하나님만을 믿으라"는 뜻입니다. 그러면 여호와 의뢰의 구체적인 뜻이 무엇인가? "너는 범사에 그를 인정하라"(6상) 하십니다. "인정하라"는 말을 달리 표현을 하면 "의탁하라, 맡기라"는 뜻입니다. 그래서 16:3절에서는 "너의 행사를 여호와께 맡기라 그리하면 너의 경영하는 것이 이루리라" 말씀하고, 본문에서는 "그리하면 네 길을 지도하시리라"(6하) 하는 것입니다. 세 번째 "그리하면" 주어질 복이 무엇인가? "네 길을 지도하시리라" 한 인도입니다.

㉡ 사도 바울은 순교를 앞두고 기록한 마지막 서신에서, "또 이 고난을 받되 부끄러워하지 아니함은 나의 의뢰한 자를 내가 알고 또한 나의 의탁(依託)한 것을 그 날까지 저가 능히 지키실 줄을 확신함이라"(딤

후 1:12) 하고 고백합니다. 바울은 자신의 영혼을 미쁘신 하나님께 의탁을 하고 순교의 잔을 마시려는 것입니다. 하나님을 의뢰한다는 사람은 많이 있습니다. 믿음이 있는 양 큰소리치는 사람들도 많이 있습니다. 그러나 범사에 그를 인정하고 모든 행사를 "맡기는" 사람은 많지가 않은 것입니다.

㉢ 믿는다는 것이 어째서 어려운가? 의탁하는 것이 어렵기 때문입니다. 이는 하루아침에 되는 것이 아닙니다. "형제들아 우리가 아시아에서 당한 환난을 너희가 알지 못하기를 원치 아니하노니 힘에 지나도록 심한 고생을 받아 살 소망까지 끊어지고 우리 마음에 사형선고를 받은 줄 알았으니", 어찌하여 바울을 이렇게까지 내어버려 두셨는가? "이는 우리로 자기를 의뢰하지 말고 오직 죽은 자를 다시 살리시는 하나님만 의뢰하게 하심이라"(고후 1:8-9) 합니다. 그래서 "스스로 지혜롭게 여기지 말지어다 여호와를 경외하며 악을 떠날 지어다 이것이 네 몸에 양약이 되어 네 골수로 윤택하게 하리라"(7-8) 합니다.

③ "네 재물과 네 소산물의 처음 익은 열매로 여호와를 공경하라"(9) 합니다.

㉠ "처음 익은 열매"라는 점이 중요한데, 첫 열매를 드린다는 것은 정성(精誠)의 문제가 아니라, 전부가 하나님의 것이라는 고백과 결부되는 것입니다. 예를 들어 "십일조" 정신은 십의 구조는 내 것이라는 뜻이 아니라 하나님의 것을 관리하는 청직이 정신으로 살아가는 것을 의미합니다. "그리하면 네 창고가 가득히 차고 네 즙 틀에 새 포도즙이 넘치리라"(10) 하십니다. 네 번째 "그리하면" 주어질 복이 무엇인가? "창고가 가득히 차게 된다"는 물질축복입니다.

④ 이렇게 말씀을 하다가, "내 아들아 여호와의 징계를 경(輕)히 여기지 말라 그 꾸지람을 싫어하지 말라"(11) 하십니다. 이는 동떨어진 말씀이 아닙니다.

㉠ 이 말씀은 신약성경 히브리서에서도 인용(히 12:5-6)하고 있는데, 어떤 맥락에서 인용하고 있는가? "너희가 피곤하여 낙심치 않기 위하여 죄인들의 이같이 자기에게 거역한 일을 참으신 자를 생각하라 너희가 죄와 싸우되 아직 피 흘리기까지는 대항치 아니하고"(히 12:3-4) 한 문맥에서 한 말씀입니다. 본문의 문맥도, "여호와를 의뢰하고, 범사에 그를 인정하는" 삶이란 온실과 같은 삶이 아니라, 악한 자를 대항하고, 음녀의 유혹을 물리치며, 죄와 싸워야 하는 전투적인 삶입니다. 그리고 때로는 여호와의 "징계와 꾸지람"을 받기도 한다는 말씀입니다.

㉡ 그를 향해서 "대저 여호와께서 그 사랑하시는 자를 징계하시기를 마치 아비가 그 기뻐하는 아들을 징계함 같이 하시느니라"(12) 하고 격려하는 것입니다. 이것이 "범사에 그를 인정"하는 삶인 것입니다.

둘째 단원(13-26) 지혜는 얻는 자에게 생명나무라

둘째 단원의 핵심은 "지혜"에 있습니다. 7번이나 등장합니다.

⑤ "지혜를 얻은 자와 명철을 얻은 자는 복이 있나니 이는 지혜를 얻는 것이 은을 얻는 것보다 낫고 그 이익이 정금보다 나음이니라"(13-14) 합니다.

㉠ "지혜는 진주보다 귀하니 너의 사모하는 모든 것으로 이에 비교할 수 없도다"(15) 하십니다. 욥기에서도, "정금으로도 바꿀 수 없고 은을 달아도 그 값을 당하지 못하리니, 구스의 황옥으로도 비교할 수 없고 순금으로도 그 값을 측량치 못하리니"(욥 28:15-19) 합니다. 그렇다면 이처럼 귀중한 잠언의 "지혜"가 무엇인가 하는 점입니다.

㉡ 이점에서 "지혜"의 정체성(正體性)을 말씀드려야만 하겠습니다. 8장에 가서 보게 될 것입니다만 잠언에서 계시하시는 "지혜"는, "만세전

부터 상고부터 땅이 생기기 전부터 내가 세움을 입었나니"(8:23) 합니다. 그런가하면 미가 선지자는 베들레헴에서 태어날 그리스도에 대해 예언하기를, "그의 근본은 상고에 태초에니라"(미 5:2) 말씀하고, 요한복음은 태초부터 하나님과 함께 계시던 "말씀이 육신이 되어 우리 가운데 거하시매"(요 1:14) 하고 성취되었을 말씀합니다.

㉢ 이처럼 태초부터 하나님과 함께 계셨던 그리스도가 다윗에게는 "내가 네 몸에서 날 자식을 네 뒤에 세워 그 나라를 견고케 하리라"(삼하 7:12) 하고 "왕"으로 주어졌고, 솔로몬에게는 "내가 네 말대로 하여 네게 지혜롭고 총명한 마음을 주노니 전에도 너와 같은 자가 없었거니와 너의 후에도 너와 같은 자가 일어남이 없으리라"(왕상 3:12) 하고 "지혜"로 주어진 것입니다. 솔로몬은 이 지혜를 받아 "잠언, 전도, 아가서"를 통해서 그리스도를 증거하였던 것입니다. 이점이 "심판 때에 남방 여왕이 일어나 이 세대 사람을 정죄하리니 이는 그가 솔로몬의 지혜로운 말을 들으려고 땅 끝에서 왔음이어니와 솔로몬보다 더 큰 이가 여기 있느니라"(마 12:42) 하신 주님의 말씀으로도 입증이 됩니다. 남방 여왕은 솔로몬을 찾아온 것이 아니라 하나님께서 그에게 주신 "지혜"를 찾아왔던 것입니다. 그래서 심판 날에 정죄하리라 하시는 것입니다.

㉣ 그리하여 욥기에서는, "그런즉 지혜는 어디서 오며 명철의 곳은 어디인고 모든 생물의 눈에 숨겨졌고 공중의 새에게 가리워졌으며"(욥 28:20-21) 합니다. 주님은 말씀하십니다. "천국은 마치 밭에 감추인 보화와 같으니 사람이 이를 발견한 후 숨겨두고 기뻐하여 돌아가서 자기의 소유를 다 팔아 그 밭을 샀느니라"(마 13:44). 그리고 바울은, "오직 비밀한 가운데 있는 하나님의 지혜를 말하는 것이니 곧 감취었던 것인데"(고전 2:7), 자신은 이를 발견했다는 것입니다. 그리하여 "무엇이든지 내게 유익하던 것을 내가 그리스도를 위하여 다 해로 여길뿐더러 또한 모든 것을 해로 여김은 내 주 그리스도를 아는 지식이 가장 고상함

을 인함이라 내가 그를 위하여 모든 것을 잃어버리고 배설물로 여김은 그리스도를 얻고"(빌 2:7-8) 합니다.

⑥ 이런 의미가, "지혜는 그 얻은 자에게 생명나무라 지혜를 가진 자는 복되도다"(18) 한 말씀에 나타납니다.

㉠ 잠언에는 "생명나무"가 4번(18, 11:30, 13:12, 15:4) 등장하는데 성경 마지막 책에서는, "이기는 자에게는 내가 하나님의 낙원에 있는 생명나무 과실을 주어 먹게 하리라(계2:7), 그 두루마리를 빠는 자들은 복이 있으니 이는 저희가 생명나무에 나아가며 문들을 통하여 성에 들어갈 권세를 얻으려 함이로다"(계 22:14) 하고 말씀합니다.

㉡ 그러므로 이어지는 말씀을 통해서 "지혜"의 정체를 더욱 깨닫게 되는데, "여호와께서는 지혜로 땅을 세우셨으며 명철로 하늘을 굳게 펴셨고 그 지식으로 해양이 갈라지게 하셨으며 공중에서 이슬이 내리게 하셨느니라"(19-20) 합니다. 8:22절 이하에서는 좀 더 구체적으로 말씀하는데, "여호와께서 그 조화의 시작 곧 태초에 일하시기 전에 나(지혜)를 가지셨으며 만세전부터 상고부터 땅이 생기기 전부터 내가 세움을 입었나니" 합니다. 그렇다면 이 "지혜"는, "그가 태초에 하나님과 함께 계셨고 만물이 그로 말미암아 지은바 되었으니 지은 것이 하나도 그가 없이는 된 것이 없느니라"(요 1:2-3) 한 그리스도이심이 더욱 분명해 지는 것입니다.

㉢ 그래서 "내 아들아 완전한 지혜와 근신을 지키고 이것들로 네 눈앞에서 떠나지 않게 하라 그리하면 그것이 네 영혼의 생명이 되며 네 목에 장식이 되리니 네가 네 길을 안연히 행하겠고 네 발이 거치지 아니하겠으며 네가 누울 때에 두려워하지 아니하겠고 네가 누운즉 네 잠이 달리로다 너는 창졸간의 두려움이나 악인의 멸망이 임할 때나 두려워하지 말라 대저 여호와는 너의 의지할 자이시라 네 발을 지켜 걸리지 않게 하시리라"(21-26) 하는 것입니다. 여기에는 종말론적인 의미가 있

다 하겠습니다. 이것이 "지혜는 얻는 자에게 생명나무라"는 뜻입니다.

셋째 단원(27-35) 의인의 집과 악인의 집

⑦ "네 손이 선을 베풀 힘이 있거든 마땅히 받을 자에게 베풀기를 아끼지 말며"(27) 합니다.

㉠ "여호와를 의뢰하고 지혜를 얻는 자의 복"을 말씀하다가 어찌하여 갑자기 "네 손이 선을 베풀 힘이 있거든" 하고 구제를 말씀한단 말인가? 이는 동떨어진 말씀이 아닙니다. 왜냐하면 그리스도인이란, "선을 베풀 힘이 있는" 자들이며, 이웃에게 "나눠줄 것이 있는" 사람들이기 때문입니다. 그것이 무엇인가?

㉡ 13절을 보십시오. "지혜를 얻는 자와 명철을 얻는 자는 복이 있나니" 합니다. 14절에서는 "지혜를 얻는 것이 은을 얻는 것보다 낫다" 말씀하고, 18절에서는 "지혜는 그 얻는 자에게 생명나무라 지혜를 가진 자는 복되도다" 합니다. 하나님께서 형제에게 이처럼 "지혜"를 주신 것은 자신만 복을 받으라고 주신 것이 아닙니다. 이웃에게 나누어주라고 주신 것입니다.

㉢ 그래서 "네게 있거든 이웃에게 이르기를 갔다가 다시 오라 내일 주겠노라 하지 말며"(28) 하십니다. 형제에게 있는 것이 무엇이며, 하나님 존전에서 추방을 당한 아담의 후예들에게 절박한 필요가 무엇인가? "그 안에서 너희도 진리의 말씀 곧 너희의 구원의 복음을 듣고 그 안에서 또한 믿어 약속의 성령으로 인치심을 받았으니"(엡 1:13) 한 복음입니다. 이 복음(福音)은 "갔다가 다시 오라 내일 주겠노라" 하고 미뤄도 되는 것이 아닙니다. 그야말로 "내일이면 늦을지도" 모릅니다.

㉣ "네 이웃이 네 곁에서 안연히 살거든 그를 모해하지 말며"(29)

합니다. "네게 있거든 이웃에게 이르기를 갔다가 다시 오라 내일 주겠노라"(28) 하지 않는 사람이 이웃을 모해할 수가 있단 말인가? 이처럼 잠언은 "이웃"에 지대한 관심을 기울이고 있습니다. 여호와를 경외하는 자의 이웃에 사는 것과, 불신자의 이웃에 사는 것이 어떻게 다른가? 21:10절에서는, "악인의 마음은 남의 재앙을 원하나니 그 이웃도 그 앞에서 은혜를 입지 못하느니라" 합니다. 그러나 하나님을 경외하는 자는 이웃에게 은혜를 나눠주는 사람입니다.

⑧ 그래서 "악인의 집에는 여호와의 저주가 있거니와 의인의 집에는 복이 있느니라"(33) 합니다.

㉠ 3장의 결론이 무엇인가? "악인의 집과 의인의 집, 저주(咀呪)와 복"(福)이라는 두 갈래로 나누어지는 것입니다. "진실로 그는 거만한 자를 비웃으시며 겸손한 자에게 은혜를 베푸시나니 지혜로운 자는 영광을 기업으로 받거니와 미련한 자의 현달함은 욕이 되느니라"(34-35) 하고 3장은 마치고 있습니다. 이 말씀에도 "거만한 자와 겸손한 자, 지혜로운 자와 미련한 자"가 대조되어 있는데, 오늘날 지구상에 거하는 모든 사람들은 이 두 부류 중 어느 한 편에 속하여, 두 길 중 한 길을 가고 있는 것입니다. 그러면 누가 진정 지혜로운 자요, 복 받은 자라 할 것인가? 이것이 "여호와를 의뢰하는 자와 지혜를 얻는 자의 복"입니다.

⑨ 묵상해보겠습니다.

㉠ 네 번의 "…하라 그리하면"에 대해서,

㉡ "지혜를 얻는 자"의 복에 대해서,

㉢ "네게 있거든" 한, 내게 있는 것이 무엇이며 그 의미에 대해서.

잠언 4장 개관도표

주제 : 무릇 지킬만한 것보다 더욱 네 마음을 지키라

구분	절	내용
지혜가 제일이니 지혜를 얻으라	1-9	
	1	아들들아 아비의 훈계를 들으며 명철을 얻기에 주의하라
	2 ①	**내가 선한 도리를 너희에게 전하노니** 내 법을 떠나지 말라
	3	나도 내 아버지에게 아들이었었으며 내 어머니 보기에 유약한 외아들이었었노라
	4	아버지가 내게 가르쳐 이르기를 **내 말을 네 마음에 두라 내 명령을 지키라** **그리하면 살리라**
	5 ②	**지혜를 얻으며 명철을 얻으라** 내 입의 말을 잊지 말며 어기지 말라
	6	**지혜를 버리지 말라 그가 너를 보호하리라**
		그를 사랑하라 그가 너를 지키리라
	7 ③	**지혜가 제일이니 지혜를 얻으라** 무릇 너의 얻은 것을 가져 명철을 얻을 지니라
	8	**그를 높이라 그리하면 그가 너를 높이 들리라**
		만일 그를 품으면 그가 너를 영화롭게 하리라
	9	그가 아름다운 관을 네 머리에 두겠고 영화로운 면류관을 네게 주리라 하였느니라
굳게 잡아 놓치지 말고 지키라	10-19	
	10	④ **내 아들아 들으라 내 말을 받으라** 그리하면 **네 생명의 해가 길리라**
	11	내가 지혜로운 길로 네게 가르쳤으며 정직한 첩경으로 너를 인도하였은즉
	12	다닐 때에 네 걸음이 곤란하지 아니하겠고 달려갈 때에 실족하지 아니하리라
	13	⑤ **훈계를 굳게 잡아 놓치지 말고 지키라** **이것이** **네 생명이니라**
	14	사특한 자의 첩경에 들어가지 말며 악인의 길로 다니지 말지어다
	15	그 길을 피하고 지나가지 말며 돌이켜 떠나갈 지어다
	16	그들은 악을 행하지 못하면 자지 못하며
		사람을 넘어뜨리지 못하면 잠이 오지 아니하며
	17	불의의 떡을 먹으며 강포의 술을 마심이니라
	18 ⑥	**의인의 길은** **돋는 햇볕 같아서** 점점 빛나서 원만한 광명에 이르거니와
	19	**악인의 길은** **어둠 같아서 그가 거쳐 넘어져도** 그것이 무엇인지 깨닫지 못하느니라
더욱 네 마음을 지키라	20-27	
	20	⑦ **내 아들아 내 말에 주의하며** 나의 이르는 것에 네 **귀를** 기울이라
	21	그것을 네 **눈에서** 떠나게 말며 네 **마음속에** 지키라
	22	**그것은 얻는 자에게 생명이 되며**
		그 온 육체의 건강이 됨이니라
	23	⑧ **무릇 지킬만한 것보다 더욱 네 마음을 지키라** **생명의 근원이 이에서 남이니라**
	24	궤휼을 네 **입에서** 버리며 사곡을 네 **입술에서** 멀리하라
	25	네 **눈은** 바로 보며 네 **눈꺼풀은** 네 앞을 곧게 살펴
	26	네 **발의** 행할 첩경을 평탄케 하며 네 모든 길을 든든히 하라
	27	우편으로나 좌편으로나 치우치지 말고 네 **발을** 악에서 떠나게 하라

4장

무릇 지킬만한 것보다 더욱 네 마음을 지키라

[23]무릇 지킬만한 것보다 더욱 네 마음을 지키라 생명의 근원이 이에서 남이니라.

4장에는 "생명"이라는 말이 4번(10, 13, 22, 23)이나 등장하는데, 중심점은 도표 오른 편에 표시된 대로 "그리하면 살리라" 하는 "생명"에 있습니다. 이를 문맥적으로 본다면 1-3장에서 어찌하여 "지혜"를 그토록 중요하다고 말씀했는가에 대한 답변이라고 할 수가 있습니다. 그것은 죽느냐 사느냐 하는 "생명"이 걸려 있기 때문이라는 것입니다. 4장에는 "내 아들아" 하고 부르면서 말씀하는 간곡한 권면이 세 번(1, 10, 20) 등장하는데 아버지가 아들에게, 즉 복음 전도자(고전 4:15)가 성도들에게 권면하는 구도인데, "그리하면 살리라(4), 그리하면 너를 높이 들리라(8), 그리하면 네 생명의 해가 길리라"(10) 하는 구원입니다.

도표를 보시면 첫째 단원의 "그리하면 살리라"를 중심으로, ① "내 법을 떠나지 말라", ② "지혜를 얻으라, 지혜를 버리지 말라", ③ "지혜가 제일이니 지혜를 얻으라, 그가 너를 영화롭게 하리라" 합니다. 둘째 단원의 "이것이 네 생명이니라"를 중심으로, ④ "내 말을 받으라", ⑤ "굳게 잡아 놓치지 말라", ⑥ "의인의 길은 돋는 햇빛 같고, 악인의 길은 어둠이라" 합니다. 셋째 단원의 "얻는 자에게 생명이 되며"를 중심으로, ⑦ "내 말에 주의 하라", ⑧ "생명의 근원인 네 마음을 지키라" 합니다. 이를 세 단원으로 나누어 상고하겠습니다.

첫째 단원(1-9) **지혜가 제일이니 지혜를 얻으라**
둘째 단원(10-19) **굳게 잡아 놓치지 말고 지키라**
셋째 단원(20-27) **더욱 네 마음을 지키라**

주제(主題) : 무릇 지킬만한 것보다 더욱 네 마음을 지키라

㉠ 잠언서에는 ㉮ "대저 나를 얻는 자는 생명을 얻고 여호와께 은총을 얻을 것임이니라"(8:35) 한 "생명"(生命)이라는 말이 34번이나 등장합니다. 그리고 ㉯ "지혜는 그 얻는 자에게 생명나무라"(3:18) 한 "생명나무"가 4번, ㉰ "지혜로운 자는 위로 향(向)한 생명 길로 말미암음으로 그 아래 있는 음부를 떠나게 되느니라"(15:23) 한 "생명 길"도 3번 등장합니다. 그렇다면 "생명, 생명나무, 생명 길"은, "하나님이 세상을 이처럼 사랑하사 독생자를 주셨으니 이는 저를 믿는 자마다 멸망치 않고 영생을 얻게 하려 하심이라"(요 3:16) 한 그리스도요 복음 외에 달리는 없는 것입니다.

㉡ 본문은 "무릇 지킬만한 것보다 더욱 네 마음을 지키라 생명의 근원이 이에서 남이니라"(23) 하고 말씀합니다. 이를 교훈적으로 보아 "도덕"(道德)으로 여겨서는 아니 됩니다. 왜냐하면 이는 아무에게나 해당

되는 말씀이 아니라, 2:10절을 보십시오. "곧 지혜가 네 마음에 들어가며 지식이 네 영혼에 즐겁게 될 것이요" 한 거듭난 자에게만 해당이 되는 말씀이기 때문입니다.

㉢ 왜 "지키라" 하시는가? 빼앗으려는 자, 도적질 하려는 자가 있기 때문입니다. 그가 누군가? "악한 자"(1:10)입니다. "음녀"(2:16)입니다. 7:26절을 보십시오. "대저 그가 많은 사람을 상하여 엎드러지게 하였나니 그에게 죽은 자가 허다(許多)하니라" 합니다. 그러므로 사도 바울은, "아무것도 염려하지 말고 오직 모든 일에 기도와 간구로 너희 구할 것을 감사함으로 하나님께 아뢰라 그리하면 모든 지각에 뛰어난 하나님의 평강이 그리스도 예수 안에서 너희 마음과 생각을 지키시리라"(빌 4:6-7) 하고 말씀합니다. 영적 싸움이란 인간의 "마음"을 차지하려는 두 세력 간의 싸움인 것입니다. 하루 24시간 동안에 우리는 "마음과 생각"을 빼앗기지 않고 얼마나 지키고 있는가?

첫째 단원(1–9) 지혜가 제일이니 지혜를 얻으라

"아들들아 아비의 훈계를 들으며 명철을 얻기에 주의하라"(1), 첫째 단원의 중심점은 "듣고, 얻으라"는데 있습니다.

① "내가 선한 도리를 너희에게 전(傳)하노니 내 법을 떠나지 말라"(2) 합니다.

㉠ 2절의 핵심은 "전하노니"에 있습니다. 아버지가 사랑하는 아들에게 전(傳)해주고자 하는 "선(善)한 도리"(道理)가 무엇인가? 5-9절을 보십시오. "지혜가 제일이니 지혜를 얻으라" 하고 "지혜"임이 드러납니다. 다시 강조합니다만 성령의 감동으로 기록된 잠언서를 수신(修身) 교과서(教科書)같이 여기는 과오를 범해서는 아니 됩니다. 성경이 전해주고

자 하는 "선한 도리"는, "오직 너 하나님의 사람아 이것들을 피하고 의와 경건과 믿음과 사랑과 인내와 온유를 좇으며 믿음의 선(善)한 싸움을 싸우라 영생을 취하라 이를 위하여 네가 부르심을 입었고 많은 증인 앞에서 선한 증거로 증거하였도다"(딤전 6:11-12) 한 구원의 복음인 것입니다.

ⓛ "나도 내 아버지에게 아들이었었으며 내 어머니 보기에 유약한 외아들이었었노라 아버지가 내게 가르쳐 이르기를 내 말을 네 마음에 두라 내 명령을 지키라 그리하면 살리라"(3-4) 하셨다는 것입니다. 이 말씀의 핵심은 아버지가 자신에게 가르쳐준 "선한 도리"를 아들에게 물려주려 한다는데 있습니다. 복음은, "또 네가 많은 증인 앞에서 내게 들은 바를 충성된 사람들에게 부탁하라 저희가 또 다른 사람들을 가르칠 수 있으리라"(딤후 2:2) 하고, 부모가 자식에게 물려주듯 충성(忠誠)된 자들을 통해서 전수(傳授)되어 나가는 것입니다.

② 그러면 전해주어야 할 말씀이 무엇인가? "지혜를 얻으며 명철을 얻으라 내 입의 말을 잊지 말며 어기지 말라"(5) 한 "지혜"입니다. 그리고 7절에서도,

③ "지혜가 제일이니 지혜를 얻으라 무릇 너의 얻은 것을 가져 명철을 얻을 지니라"(7) 하고 거듭 말씀합니다.

㉠ 5절과 7절, 두 절 안에는 "얻으라" 하는 말이 5번이나 강조되어 있습니다. 어찌하여 이토록 강조하고 있는가?

㉮ "지혜를 버리지 말라 … 그가 너를 보호하리라",
㉯ "그를 사랑하라 그가 너를 지키리라"(6),
㉰ "그를 높이라 그리하면 그가 너를 높이 들리라",
㉱ "만일 그를 품으면 그가 너를 영화롭게 하리라"(8),
㉲ "그가 아름다운 관을 네 머리에 두겠고",
㉳ "영화로운 면류관을 네게 주리라"(9)

하십니다.

ⓛ 첫째 단원을 마치기 전에 전도자가 명심해야할 몇 가지 요점이 있습니다. 첫째는 6-9절 안에 8번이나 강조되어 있는, "그가" 누군가 하는 점입니다. 지혜입니다. 그리스도입니다. 그리하면 살리라 한 복음입니다. 우리는 그리스도를, 복음을 이토록 소중하게 여기면서 간곡하게 전해주고 있는가 하는 반성입니다.

ⓒ 둘째는 아홉 절(1-9) 안에 "얻으라"는 말을 6번이나 강조하고 있다는 점입니다. 복음은 한번 전하고 지나쳐도 되는 그런 것이 아닙니다. 전하고 또 전해주어서 "얻고, 얻으며, 얻도록" 해주어야만 안전합니다. 왜냐하면 여기에 사활(死活)이 걸려있기 때문입니다.

ⓡ 그리고 셋째는, "떠나지 말라(2), 잊지 말며, 어기지 말라(5), 버리지 말라"(6) 하고 경계하는 일이고,

ⓜ 넷째는 적극적으로, "그를 사랑하라(6), 그를 높이라, 그를 품으라"(8) 하고 격려하면서

ⓑ 다섯째는, "그리하면 살리라(4), 그가 너를 보호하리라, 그가 너를 지키리라(6), 그가 너를 높이 들리라, 그가 너를 영화롭게 하리라(8), 그가 영화로운 면류관을 네게 주리라"(9) 하고 확신케 해야 한다는 점입니다. 현대교회는 복음을 이토록 "사랑하며, 높이며, 품고, 전하고" 있는가? 이것이 "지혜가 제일이니 지혜를 얻으라" 한 말씀입니다.

둘째 단원(10-19) 굳게 잡아 놓치지 말고 지키라

둘째 단원의 중심점은 첫째 단원에서 얻은 지혜를, "굳게 잡고 놓치지 말고 지키라"는데 있습니다.

④ "내 아들아 들으라 내 말을 받으라 그리하면 네 생명의 해가 길리

라"(10) 합니다. 요약하면,

㉠ "들으라→받으라→생명의 해가 길리라"가 됩니다.

㉡ 13절에서는 "훈계를 굳게 잡아 놓치지 말고 지키라 이것이 네 생명이니라"(13) 하고 말씀하는데 요약을 하면, "굳게 잡아→놓치지 말고 지키라→이것이 네 생명이니라"가 됩니다. "내가 지혜로운 길로 네게 가르쳤으며 정직한 첩경으로 너를 인도하였은즉 다닐 때에 네 걸음이 곤란하지 아니하겠고 달려갈 때에 실족하지 아니하리라"(11-12) 합니다.

㉢ "사특한 자의 첩경에 들어가지 말며 악인의 길로 다니지 말지어다 그 길을 피하고 지나가지 말며 돌이켜 떠나갈 지어다 그들은 악을 행하지 못하면 자지 못하며 사람을 넘어뜨리지 못하면 잠이 오지 아니하며 불의의 떡을 먹으며 강포의 술을 마심이니라"(14-17) 합니다. 어찌하여 굳게 잡아 놓치지 말고 지켜야 하는가? "사특한 자, 악인"의 유혹이 있기 때문입니다.

⑥ 둘째 단원의 결론은, "의인의 길은 돋는 햇볕 같아서 점점 빛나서 원만한 광명에 이르거니와"(18),

㉠ "악인의 길은 어둠 같아서 그가 거쳐 넘어져도 그것이 무엇인지 깨닫지 못하느니라"(19) 합니다. 18-19절 안에는 "의인의 길과 악인의 길, 빛과 어두움, 원만한 광명과 넘어짐"이 대조되어 있습니다. 모든 사람들은 이 두 길 중 한 길을 가고 있는 것입니다. 그래서 "굳게 잡아 놓치지 말고 지키라" 하는 것입니다.

셋째 단원(20-27) 더욱 네 마음을 지키라

셋째 단원의 중심은 둘째 단원에서 말씀한, "굳게 잡아 놓치지 말고 지키라" 한 말씀에 대한 상론이라 할 수가 있습니다. 지킨다는 것은 다름 아닌 "마음을 지키는 것"이라는 말씀입니다.

⑦ "내 아들아 내 말에 주의하며 나의 이르는 것에 네 귀를 기울이라 그것을 네 눈에서 떠나게 말며 네 마음속에 지키라"(20-21) 합니다.

㉠ "그것을 얻는 자에게 생명이 되며 그 온 육체의 건강이 됨이라"(22) 합니다. 그러면 이토록 "주의 하며, 지켜야할 그것"이 무엇인가? 그것은 앞에서 "지혜가 제일이니 지혜를 얻으라"(7) 한 "지혜"입니다.

⑧ 그런데 23절에서는, "무릇 지킬만한 것보다 더욱 지혜를 지켜라" 하는 것이 아니라, "네 마음을 지키라 생명의 근원이 이에서 남이니라" 하는 것이 아닌가?

㉠ 이것은 아무 마음이나 가리키는 것이 아닙니다. "지혜가 네 마음에 들어가(2:10), 네 마음 판에 새기라"(3:3) 한 거듭난 마음을 가리킵니다. 불신자란, "강한 자(사탄)가 무장을 하고 자기 집을 지킬 때에는 그 소유가 안전하되"(눅 11:21) 한 "강한 자", 즉 사탄이 점령하고 있는 심령상태인 것입니다. 이런 마음은 지킬 것이 아니라 1초라도 빨리 추방을 해야 하는 마음입니다. "지혜"의 좌소(座所)는 마음입니다. 마음은 믿음의 좌소요, 주 성령의 내주(內住)의 좌소이기도 합니다. 그래서 생명의 근원이 이에서 남이니라 하고 말씀하는 것입니다. 다시 강조합니다만 영적 싸움이란 인간의 "마음"을 소유하려는 두 세력 간의 싸움인 것입니다.

㉡ "더욱 네 마음을 지키라" 하는 표현은 마음 외에도 지켜야할 것이 더 있음을 나타냅니다. 그렇습니다. 20-27절 안에는, "귀(20), 눈, 마음(21), 입과 입술(24), 눈과 눈꺼풀(25), 발"(26, 27) 등이 있습니다. 이런 지체들은 모두가 "마음과 생각"에 의하여 지배를 받는 것들입니다. 그러므로 이런 지체들을 지키는 것과 마음을 지키는 것은 불가분의 관계입니다. 한 가지 예를 들면 욥은 자신의 결백을 주장하기를, "언제 내

걸음이 길에서 떠났던가? 내 마음이 내 눈을 따라갔던가? 내 손에 더러운 것이 묻었던가?"(욥 31:7) 하고 말하고 있습니다. "내 마음이 내 눈을 따라 갔던가" 하는 말을 음미해보시기 바랍니다. 눈은 마음의 창(窓)입니다. "안목(眼目)의 온갖 정욕"(요일 2:16)이 눈을 통해서 들어옵니다. 그렇다고 눈을 감고 다닐 수는 없다하여도 마음까지 따라가지는 않았다는 것입니다.

㉢ 그래서 본문은 "눈은 바로 보며"(25), 발은 "우편으로나 좌편으로나 치우치지 말고 네 발을 악에서 떠나게 하라"(27) 합니다. 이점을 사도 바울은 "또한 너희 지체를 불의의 병기로 죄에게 드리지 말고, 너희 지체를 의의 병기로 하나님께 드리라"(롬 6:13) 합니다.

㉣ 4장 말씀을 통해서 반성하게 되는 것은 오늘날 우리는 신앙생활을 너무나 무방비(無防備) 상태로 하고 있는 것이 아닌가 하는 각성입니다. 하나님은 우리들의 "바지, 저고리"를 원하시는 것이 아니라, "내 아들아 네 마음을 내게 주며(23:26) 하고 우리의 중심(中心)을 원하십니다. 그러므로 지혜를 얻은 후에, 이를 굳게 지키고, 높이고 사랑하기를 원하십니다. 이것이 "더욱 네 마음을 지키라"는 뜻입니다.

⑨ 묵상해보겠습니다.

㉠ 전도자가 명심해야할 5가지가 무엇인지에 대해서,

㉡ 하루 24시간 중 마음을 얼마나 지키고 있는가에 대해서,

㉢ 우리의 입, 눈, 귀, 발을 어떤 병기로 사용하고 있는지에 대해서.

잠언 5장 개관도표

주제 : 음녀를 멀리 하고 아내를 즐거워하라

지혜를 지키고 음녀를 멀리하라

1-14

1 ① 내 아들아 내 지혜에 주의하며 내 명철에 네 귀를 기울여서
2 근신을 **지키며** 네 입술로 지식을 **지키도록 하라**
3 **대저 음녀의 입술은 꿀을 떨어뜨리며 그 입은 기름보다 미끄러우나**
4 나중은 쑥 같이 쓰고 두 날 가진 칼 같이 날카로우며
5 ② **그 발은 사지로 내려가며 그 걸음은 음부로 나아가나니**
6 그는 생명의 평탄한 길을 찾지 못하며
자기 길이 든든치 못하여도 그것을 깨닫지 못하느니라
7 ③ 그런즉 **아들들아** 나를 들으며 내 입의 말을 버리지 말고
8 **네 길을 그에게서 멀리하라 그 집 문에도 가까이 가지 말라**
9 **두렵건대** 네 존영이 남에게 잃어버리게 되며 네 수한이 **잔포자에게 빼앗기게 될까 하노라**
10 **두렵건대** 타인이 네 재물로 충족하게 되며 네 수고한 것이 외인의 집에 있게 될까 하노라
11 **두렵건대** **마지막에 이르러** 네 몸, 네 육체가 쇠패할 때에 네가 **한탄하여**
12, ④ **말하기를 내가 어찌하여 훈계를 싫어하며**
내 마음이 꾸지람을 가벼이 여기고
13 **내 선생의 목소리를 청종치 아니하며**
나를 가르치는 이에게 귀를 기울이지 아니하였던고
14 많은 무리들이 모인 중에서 **모든 악에 거의 빠지게 되었었노라 하게 될까 하노라**

네 우물에서 물을 마시라

15-23

15 ⑤ **너는 네 우물에서 물을 마시며 네 샘에서 흐르는 물을 마시라**
16 어찌하여 **네 샘물을** 집 밖으로 넘치게 하겠으며 네 도랑물을 거리로 흘러가게 하겠느냐
17 **그 물로 네게만 있게 하고** 타인으로 더불어 그것을 나누지 말라
18 **네 샘으로 복되게 하라 네가 젊어서 취한 아내를 즐거워하라**
19 그는 사랑스러운 암사슴 같고 아름다운 암노루 같으니
너는 그 품을 항상 족하게 여기며 그 사랑을 항상 연모하라
20 ⑥ **내 아들아 어찌하여 음녀를 연모하겠으며**
어찌하여 이방 계집의 가슴을 안겠느냐
21 ⑦ **대저 사람의 길은 여호와의 눈앞에 있나니**
그가 그 모든 길을 평탄케 하시느니라
22 악인은 자기의 악에 걸리며 그 죄의 줄에 매이나니
23 ⑧ **그는 훈계를 받지 아니함을 인하여 죽겠고** 미련함이 많음을 인하여 혼미하게 되느니라

5장

음녀를 멀리 하고 아내를 즐거워하라

[21]대저 사람의 길은 여호와의 눈앞에 있나니 그가 그 모든 길을 평탄케 하시느니라.

5장은 크게 두 주제로 되어 있는데, 도표 오른 편에 나타난 대로 "음녀와, 아내"의 대칭구도입니다. 그러니까 아들에게 음녀를 가까이 하지 말고 "젊어서 취한 아내로 즐거워하라"는 내용입니다. 첫째 단원은 "지혜에 주의하며, 음녀를 멀리하라"는 경계이고, 둘째 단원은 "젊어서 취한 아내를 즐거워하고, 음녀를 연모하지 말라"는 경계입니다. 이점에서 통찰력을 가지고 관찰해야할 것은 앞부분에서는 "음녀와, 지혜"가 대조되어 있고, 뒷부분에서는 "음녀와, 아내"를 대조시킴으로 "지혜와, 아내"를 같은 편으로 취급하고 있다는 점입니다. 그러니까 "내 아들아"(1) 한 "아들"을 중심으로 한쪽에는 "지혜와 아내"가 있고, 다른 쪽에는 "음녀"가 유혹을 하고 있는 대칭구도임을 놓치지 말아야만 합니다. 그러므로

"지혜와, 젊어서 취한 아내"가 어떤 의미에서 상통하는가를 유념하시면서 상고하시기를 바랍니다.

도표를 보시면 첫째 단원은 "음녀의 입술은 꿀을 떨어뜨린다"는 말씀을 중심으로, ① "지혜에 주의하며 지식을 지키라" 합니다. 왜냐하면 "음녀"의 유혹이 있기 때문인데, ② "사지(死地), 음부로 나아가나니", ③ "그 집 문에도 가까이 하지 말라", ④ "두렵건대 네 존영을 잃어버리게 되고 마지막에, 어찌하여 훈계를 싫어하였던가?" 한탄하게 되리라는 것입니다. 둘째 단원은 "젊어서 취한 아내"를 중심으로, ⑤ "네 우물물에서 물을 마시라" 하는데 이 "샘물"이 1차적으로는 "젊어서 취한 아내"를 가리키나, "음녀"가 사탄을 상징한다면 "아내"도 첫사랑의 지혜(은혜)를 상징하는 것이 됩니다. ⑥ 그래서 "내 아들아 어찌하여 음녀를 연모하겠느냐" 하면서, ⑦ "사람의 길은 여호와의 눈앞에 있나니", ⑧ "훈계를 받지 아니하므로 죽게 된다"고 경고하는 것입니다.

첫째 단원(1-14) **지혜를 지키고 음녀를 멀리하라**
둘째 단원(15-23) **네 우물에서 물을 마시라**

주제(主題) : 음녀를 멀리 하고 아내를 즐거워하라

㉠ 5장에는 "음녀(3, 20)와, 젊어서 취한 아내"(18)가 대조적(對照的)으로 등장합니다. 교훈적으로는 창기를 멀리하고 젊어서 취한 아내를 즐거워하라는 윤리적인 말씀으로 볼 수가 있습니다. 그런데 성경은 하나님과 교회와의 관계를 "남편과 아내"의 관계에 비유하면서, 미혹하는 "사탄"을 음녀로 상징하고 있다는 점입니다.

㉡ 하나님은 이스라엘 백성들을 유월절 어린양의 피로 구속하여 내시던 출애굽 당시를, "네 소년 때의 우의(友誼)와 네 결혼 때에 사랑"

(렘 2:2)이라 하심으로 어렸을 때의 우정과 첫 사랑에 비하셨습니다. 아가서의 모티브도 하나님과 교회와의 관계를, "나는 나의 사랑하는 자에게 속하였고 나의 사랑하는 자는 내게 속하였다"(아 6:3) 하는 신랑과 신부의 사랑의 관계로 나타내고 있습니다. 그런데 이스라엘은 이 첫 사랑을 저버리고 음녀(우상)에게 마음을 빼앗겼던 것입니다.

ⓒ 주님께서도 에베소 교회를 향해서, "그러나 너를 책망할 것이 있나니 너의 처음 사랑을 버렸느니라"(계 2:4) 하고 책망하십니다. 이 책망도 복음을 처음 받았을 때의 첫 사랑의 감격을 잃어버렸다는 신학적인 문제였던 것입니다. 이점이 "회개치 아니하면 내가 네게 임하여 네 촛대를 그 자리에서 옮기리라"는 말씀에 나타납니다. 촛대가 옮겨진 교회는 거짓교회로 전락하게 되는 것입니다.

ⓡ 본문에는 "내 아들아" 하는 말이 3번(1, 7, 20) 등장합니다. 그리하여 "젊어서 취한 아내를 즐거워하라, 어찌하여 이방 계집의 가슴을 안겠느냐"(18, 20) 하고, "처음 사랑"을 지킬 것을 훈계하십니다.

ⓜ 5장에는 "여호와"의 호칭이, "대저 사람의 길은 여호와의 눈앞에 있나니"(21) 하고 한 번 등장하는데 중심점이 여기에 있습니다. 15:3절에서는, "여호와의 눈은 어디서든지 악인과 선인을 감찰하시느니라" 하고 말씀하는데 우리의 일거수일투족, 언행심사가 하나님이 보고 계시는 "여호와의 눈앞에서" 행해지고 있다는 것입니다. 이것이 바울이 그토록 강조하고 있는 신전신앙(神前信仰)입니다. 이를 결론에 이르러서 말씀하고 있는데 이렇게 경계하는 셈입니다. "아들아 네가 지혜를 따르는가? 아니면 꿀을 떨어뜨리듯 하는 음녀의 말을 좇아가는가를 여호와께서 지켜보고 계신다".

첫째 단원(1-14) 지혜를 지키고 음녀를 멀리하라

① "내 아들아 내 지혜에 주의하며 내 명철에 네 귀를 기울여서"(1),

㉠ "근신을 지키며 네 입술로 지식을 지키도록 하라" 합니다. 귀담아 듣는 것만이 아니라, "지키며, 지키도록 하라" 합니다. 어찌하여 이처럼 지켜야 하는가? "대저 음녀의 입술은 꿀을 떨어뜨리며 그 입은 기름보다 미끄러우나"(3) 한 음녀의 유혹이 있기 때문입니다. "그러므로 모든 들은 것을 우리가 더욱 간절히 삼갈지니 혹 흘러 떠내려갈까 염려하노라"(히 2:1) 하는 것입니다. 듣기는 들어도 "지킴"이 없다는데 오늘의 문제가 있습니다.

② 음녀의 입술은 꿀을 떨어뜨리는 것 같으나, "나중은 쑥 같이 쓰고 두 날 가진 칼 같이 날카로우며 그 발은 사지(死地)로 내려가며 그 걸음은 음부(陰府)로 나아가나니"(4-5) 합니다. 이런 점이 잠언서가 일반 격언과 다른 점입니다. 세상 교훈은 "신세를 망친다"는 말은 해도, "사지, 음부"에 떨어지게 될 것은 믿지를 않고 있습니다.

㉠ 음녀의 유혹에 빠지는 자는, "그는 생명(生命)의 평탄한 길을 찾지 못하며 자기 길이 든든치 못하여도 그것을 깨닫지 못하느니라"(6), 즉 자신이 가고 있는 길이, "그 집은 사망으로, 그 길은 음부로 기울어졌나니 누구든지 그에게로 가는 자는 돌아오지 못하며 또 생명 길을 얻지 못한다"(2:18-19)는 점을 모르고 있다는 것입니다.

③ "그런즉 아들들아 나를 들으며 내 입의 말을 버리지 말고 네 길을 그에게서 멀리하라 그 집 문에도 가까이 가지 말라"(7-8) 합니다. 9-11절은 모두가 "두렵건대"로 시작하고 있는데,

㉠ "두렵건대 네 존영(尊榮)이 남에게 잃어버리게 되며 네 수한이 잔포자에게 빼앗기게 될까 하노라"(9) 합니다. "네 존영"이란 영예를 가리키는 말인데, 이점에서 자기의 영예를 잃어버리게 될 뿐만이 아니라

자신에게 주어진 하나님의 거룩하신 이름이 더럽힘을 당하게 될 것을 슬퍼해야 마땅한 것입니다.

ⓛ "두렵건대 타인이 네 재물로 충족하게 되며 네 수고한 것이 외인의 집에 있게 될까 하노라"(10) 합니다. 그런데 마지막의 "두렵건대"는 어느 지경에 이르게 되는가?

④ "두렵건대 마지막에 이르러 네 몸, 네 육체가 쇠패할 때에 네가 한탄하여"(11),

㉠ "말하기를 내가 어찌하여 훈계를 싫어하며 내 마음이 꾸지람을 가벼이 여기고 내 선생의 목소리를 청종치 아니하며 나를 가르치는 이에게 귀를 기울이지 아니하였던고 많은 무리들이 모인 중에서 모든 악에 거의 빠지게 되었었노라 하게 될까 하노라"(12-14) 합니다.

ⓛ "네 몸, 네 육체가 쇠패할 때"라는 말이 1차적으로는 육체가 망가짐을 뜻할 것입니다만 5절의 "사지로 내려가며, 음부로 나아가나니"라는 말과 결부시킨다면 이는 육신의 파멸만을 뜻하는 것이 아닙니다. 그러므로 진정한 "두렵건대"란, "풀무 불에 던져 넣으리니 거기서 울며 이를 갊이 있으리라"(마 13:42, 50) 한 두려움인 것입니다. 그래서 "지혜를 지키고 음녀를 멀리하라" 하는 것입니다.

둘째 단원(15-23) 네 우물에서 물을 마시라

⑤ "너는 네 우물에서 물을 마시며 네 샘에서 흐르는 물을 마시라"(15) 합니다.

㉠ 15-17절 안에는 "네 우물, 네 샘, 네 샘물"이 있는데 이것이 무엇을 가리키는가? 이를 문맥적으로 보면 "젊어서 취한 아내"(18)를 가리킴임을 깨닫게 됩니다. 그러면 어찌하여 아내를 "샘물"에다 비유하고 있

는가?

ⓛ 고대 근동지방에 있어서 우물은 가보 1호라 할 만큼 귀중한 자산이었습니다. 그러므로 "네 샘에서 흐르는 물을 마셔라" 하는 묘사는 아내와의 달콤한 사랑을 상징적으로 표현한 것입니다. 그런데 그냥 "샘"이라 하지 않고, "네 샘에서 흐르는 물"이라 한 것은 다른 사람이 마실 가능성이 있음을 나타낸다 하겠습니다.

ⓒ 이점이 "어찌하여 네 샘물을 집 밖으로 넘치게 하겠으며 네 도랑물을 거리로 흘러가게 하겠느냐"(16) 한 말씀에 나타납니다. "그 물로 네게만 있게 하고 타인으로 더불어 그것을 나누지 말라"(17) 하는데 무슨 뜻인가? 이에 대한 답변이 아가서에 있습니다. "나의 누이 나의 신부는 잠근 동산이요 덮은 우물이요 봉한 샘이로구나"(아 4:12) 합니다. 즉 다른 사람들이 근접할 수 없는 "잠근 동산" 안에 있는, "덮은 우물, 봉한 샘"이라니 얼마나 순결한 "샘"인가! 이와 대조(對照)되는 것이 본장에 두 번 등장하는 "음녀"(3, 20)인데, 음녀는 "봉한 샘"이 아닌 말하자면 공동우물과 같은 것입니다. 너에게는 "봉한 샘"이 있는데 어찌하여 공동우물 물을 탐하겠느냐는 것입니다.

ⓔ 그러면 "그 물로 네게만 있게 하고 타인으로 더불어 그것을 나누지 말라"(17) 하는 의미가 무엇인가? "만민에게 복음을 전파하라" 하시니까, 복음을 "공동우물"과 같이 여겨는 자들이 있습니다. 사도 바울은, "우리는 수다한 사람과 같이 하나님의 말씀을 혼잡(混雜)하게 하지 아니하고 곧 순전(純全)함으로 하나님께 받은 것같이 하나님 앞에서와 그리스도 안에서 말하노라"(고후 2:17) 합니다. 즉 복음이 오염(汚染)이 되거나 혼잡(混雜)이 되지 않도록 순전함을 보수(保守)하라는 뜻입니다. 이점을 사랑하는 아내의 정절(貞節)에다가 비유해서 말씀하는 것입니다.

ⓜ 그래서 "네 샘으로 복되게 하라 네가 젊어서 취한 아내를 즐거워

하라"(18) 하는 것입니다. "그는 사랑스러운 암사슴 같고 아름다운 암노루 같으니 너는 그 품을 항상 족하게 여기며 그 사랑을 항상 연모하라"(19) 합니다. 이렇게 하지 않은 교회가 있었습니다. "그러나 네게 책망할 일이 있노라 자칭 선지자라 하는 여자 이세벨을 네가 용납함이니 그가 내 종들을 가르쳐 꾀어 행음하게 하고 우상의 제물을 먹게 하는도다"(계 2:20) 한 두아디라 교회입니다. 그리고 현대교회입니다.

⑥ "내 아들아 어찌하여 음녀를 연모하겠으며 어찌하여 이방 계집의 가슴을 안겠느냐"(20) 합니다.

㉠ 하나님은 다른 신을 섬기는 것을 "음행"이라 하십니다. 어찌하여 음행을 하게 되는가? 첫 사랑이 식어져서 새로운 것을 연모하기 때문입니다. 그래서 입술에서 꿀을 떨어뜨리는 "음녀를 연모(戀慕)하며, 이방 계집의 가슴을 안게" 되는 것입니다. 그러므로 형상(形象)이 있는 것만이 우상은 아닌 것입니다. "세상과 벗이 되는 것"(약 4:4)도 음행이요, 복음을 혼잡하게 하는 것도 음행인 것입니다.

㉡ 복음은 창세기 3장에서 "원복음"으로 주어져서 족장들에게 언약하신 고전(古典)과 같은 것입니다. 그래서 "젊어서 취한 아내"라 하는 것입니다. 이를 족하게 여기고 보수해야만 합니다. 이단이 무엇인가? 신비스러운 "새로운 것"입니다. 그러므로 성도들로 하여금, "그 길 곧 그 옛길에서 넘어지게 하며 곁길 곧 닦지 아니한 길로 행케"(렘 18:15) 하는 것이 음행입니다. 현대교회는 성장에 몰두하여 정신 차릴 수 없을 정도로 새로운 프로그램들이 유행을 합니다. 성경은 말씀합니다. "너희는 처음부터 들은 것을 너희 안에 거하게 하라 처음부터 들은 것이 너희 안에 거하면 너희가 아들의 안과 아버지 안에 거하리라"(요일 2:24), 즉 "젊어서 취한 아내를 즐거워하라"(18)는 말씀입니다.

⑦ "대저 사람의 길은 여호와의 눈앞에 있나니"(21상) 합니다. 이는 5장의 결론이라 할 수가 있습니다.

㉠ "그가 그 모든 길을 평탄케 하시느니라"(21하), 즉 헤아리신다는 뜻입니다. 바울은 "여호와의 눈앞에 있음"을 의식하면서 매사를 행한 신전신앙의 사람이었습니다. "만물을 살게 하신 하나님 앞과 본디오 빌라도를 향하여 선한 증거로 증거하신 그리스도 예수 앞에서 내가 너를 명하노니(딤전 6:13), 하나님 앞과 산 자와 죽은 자를 심판하실 그리스도 예수 앞에서 그의 나타나실 것과 그의 나라를 두고 엄히 명하노니"(딤후 4:1) 합니다. 저도 이 말씀을 "여호와의 눈앞에서" 강해하고, 형제도 "여호와의 눈앞에서" 읽는다면 얼마나 좋겠습니까!

⑧ "악인은 자기의 악에 걸리며 그 죄의 줄에 매이나니 그는 훈계를 받지 아니함을 인하여 죽겠고 미련함이 많음을 인하여 혼미하게 되느니라"(22-23) 합니다.

㉠ 성경이 말씀하는 "악인"(惡人)은 조직폭력배를 가리키는 말이 아니라 불신자(不信者)에 대한 대명사입니다. 왜냐하면 그가 추종(追從)하고 있는 대장(隊長)이 악한 사탄이기 때문입니다. 그러면 그들이 어찌하여, "악에 걸리며, 죄의 줄에 매인"(22) 자가 되는가? "그는 훈계를 받지 아니함을 인하여 죽겠고" 합니다. "내가 선한 도리를 너희에게 전하노니"(4:2) 한 "도"(道)를 청종치 않았기 때문입니다.

㉡ 그래서 "두렵건대 마지막에 이르러, 내가 어찌하여 선생의 목소리를 청종치 아니 하였던고"(11) 한탄하게 되리라고 경고했던 것입니다. 복음을 배척하게 되면 그 마지막은, "죽겠고"(23) 한 멸망입니다. 주님은 말씀하십니다. "내가 주는 물을 먹는 자는 영원히 목마르지 아니하리니 나의 주는 물은 그 속에서 영생하도록 솟아나는 샘물이 되리라"(요 4:14). 이것이 "네 우물에서 물을 마시라" 하는 뜻입니다.

보라 하나님은 나의 구원이시라
내가 의뢰하고 두려움이 없으리니

주 여호와는 나의 힘이시며 나의 노래시며
나의 구원이심이라
그러므로 너희가 기쁨으로 구원의 우물들에서
물을 길으리로다"(사 12:2-3) 아멘.

⑨ 묵상해보겠습니다.
㉠ "내 아들"을 소유하려는 "지혜와, 음녀"의 대칭구도에 대해서,
㉡ 마지막에 이르러 한탄하게 될 것에 대해서,
㉢ 네 우물에서 물을 마시라는 영적 의미에 대해서.

잠언 6장 개관도표

주제 : 하나님의 백성들을 사로잡으려는 함정들

보증 게으름 불량 교만의 함정

1-19

1 ① **내 아들아** 네가 만일 이웃을 위하여 **담보하며** 타인을 위하여 **보증하였으면**
2 네 입의 말로 **네가 얽혔으며** 네 입의 말로 인하여 **잡히게 되었느니라**
3 내 아들아 네가 네 이웃의 **손에 빠졌은즉** 이같이 하라
너는 곧 가서 겸손히 네 이웃에게 간구하여 **스스로 구원하되**
4 **네 눈으로 잠들게 하지 말며 눈꺼풀로 감기게 하지 말고**
5 노루가 사냥군의 손에서 **벗어나는 것 같이**, 새가 그물 치는 자의 손에서 **벗어나는 것 같이 스스로 구원하라**
6 ② **게으른 자여** **개미에게로 가서 그 하는 것을 보고 지혜를 얻으라**
7 개미는 두령도 없고 간역자도 없고 주권자도 없으되
8 먹을 것을 여름 동안에 **예비하며** 추수 때에 양식을 **모으느니라**
9 **게으른 자여 네가 어느 때까지 눕겠느냐 네가 어느 때에 잠이 깨어 일어나겠느냐**
10 좀 더 자자, 좀 더 졸자, 손을 모으고 좀 더 눕자 하면
11 **네 빈궁이 강도 같이** 오며 네 곤핍이 **군사 같이 이르리라**
12 ③ **불량하고 악한 자는** 그 행동에 궤휼한 입을 벌리며
13 눈짓을 하며 발로 뜻을 보이며 손가락질로 알게 하며
14 그 마음에 패역을 품으며 항상 악을 꾀하여 다툼을 일으키는 자라
15 그러므로 **그 재앙이 갑자기 임한즉 도움을 얻지 못하고** **당장에 패망하리라**

16 ④ **여호와의 미워하시는 것 곧 그 마음에 싫어하시는 것이 육 칠 가지니**
17 곧 **교만한 눈**과 거짓된 혀와 무죄한 자의 **피를 흘리는 손**과
18 악한 **계교를 꾀하는 마음**과 빨리 **악으로 달려가는 발**과
19 **거짓을 말하는 망령된 증인**과 및 형제 사이를 **이간하는 자니라**

음녀는 귀한 생명을 사냥한다

20-34

20 **내 아들아** **네 아비의 명령을 지키며 네 어미의 법을 떠나지 말고**
21 **그것을 항상 네 마음에 새기며 네 목에 매라**
22 ⑤ **그것이 너의 다닐 때에 너를 인도하며** 너의 잘 때에 **너를 보호하며**
너의 깰 때에 **너로 더불어 말하리니**
23 대저 명령은 등불이요 법은 빛이요 **훈계의 책망은 곧 생명의 길이라**
24 이것이 너를 지켜서 **악한 계집에게**, **이방 계집의 혀로 호리는 말에 빠지지 않게 하리라**
25 ⑥ **네 마음에 그 아름다운 색을 탐하지 말며** 그 눈꺼풀에 **홀리지 말라**
26 **음녀로 인하여** 사람이 한 조각 떡만 남게 됨이며 **음란한 계집은 귀한 생명을 사냥함이니라**
27 사람이 불을 품에 품고야 어찌 그 옷이 타지 아니하겠으며
28 사람이 숯불을 밟고야 어찌 그 발이 데지 아니하겠느냐
29 남의 아내와 통간하는 자도 이와 같을 것이라
무릇 그를 만지기만 하는 자도 죄 없게 되지 아니하리라
30 도적이 만일 주릴 때에 배를 채우려고 도적질하면 사람이 그를 멸시치는 아니하려니와
31 들키면 칠 배를 갚아야 하리니 심지어 자기 집에 있는 것을 다 내어 주게 되리라
32 부녀와 **간음하는 자는 무지한 자라** 이것을 행하는 자는 **자기의 영혼을 망하게 하며**
33 상함과 능욕을 받고 부끄러움을 씻을 수 없게 되나니
34 그 남편이 투기함으로 분노하여 원수를 갚는 날에 용서하지 아니하고
35 아무 벌금도 돌아보지 아니하며 많은 선물을 줄지라도 듣지 아니하리라

6장

하나님의 백성들을 사로잡으려는 함정들

[20]내 아들아 네 아비의 명령을 지키며 네 어미의 법을 떠나
지 말고.

6장은 도표 오른편에 표시된, "잡히게 되었느니라, 벗어나는 것같이, 군사같이, 당장에 패망하리라, 빠지지 않게, 생명을 사냥함, 영혼을 망하게 하며" 등을 염두에 두고 상고해야만 합니다. 이는 하나님의 백성들을 다시 사로잡으려는 함정들이 많이 있음을 나타냅니다. 우선적으로 본장에도 2장(16)과 5장(3, 20)에 등장한 "혀로 호리는 이방 계집(24), 음녀"(26)가 등장한다는 점을 주목해야만 합니다. 이 "음녀"를 창녀 정도로 한정해서는 아니 됩니다. 물론 교훈적으로는 간음죄에 대한 경계입니다. 그러나 이 "음녀"를 구속사의 맥락에서 보면 창세기에서 인류의 시조를 유혹한 자요, 성경 마지막 책에서 "이리 오라 많은 물 위에 앉은 큰 음녀의 받을 심판을 네게 보이리라"(계 17:1) 한 말씀과 결부되

는 것으로 사탄의 상징임을 깨닫게 되는 것입니다. 그러니까 6장에서도 "내 아들아"(1, 20) 한 "아들"을 소유하기 위한 두 세력 간의 대결은 계속되고 있는데 그 절정을 다음 장(7장)에서 보게 될 것입니다. "귀한 생명을 사냥하는 음녀" 외에도 하나님의 백성들을 사로잡으려는 함정은 도처에 있습니다. 실로 그리스도인들은 지뢰밭과 같은 세상을 살아가고 있다는 경성이 있어야 하는 것입니다.

도표를 보시면 "내 아들아 네 아비의 명령을 지키며 네 어미의 법을 떠나지 말라"는 말씀을 중심으로, ① "담보와, 보증"하는 것도 함정이요, ② "게으른 자여" 한 것도 올무요, 그래서 개미에게 가서 그 "예비"하는 지혜를 배우라 합니다. ③ "불량하고 악한 자"를 경계하라 하면서, ④ "여호와의 미워하시는" 바를 말해줍니다. ⑤ 지혜가 "너를 인도하고, 보호하고, 이방 계집의 호리는 말에 빠지지 않게 하리라" 하면서, ⑥ "아름다운 색을 탐하지 말라", 음녀가 생명을 사냥 함이니라 합니다. 이를 두 단원으로 나누어 상고하겠습니다.

첫째 단원(1-19) **보증, 게으름, 불량, 교만의 함정**
둘째 단원(20-35) **음녀는 귀한 생명을 사냥한다**

주제(主題) : 하나님의 백성들을 사로잡으려는 함정들

㉠ 잠언서에서 "지혜"는 친히(1:20, 8:1, 9:1) 말씀하기도 하고, 때로는 "아비와 어미"(1:8, 6:20)가 되어서 훈계하기도 하나, 궁극적으로는 하나님께서 자기 백성들에게 하시는 "말씀"인 것입니다. 무엇이라 말씀하시는가? "내 아들아 네 아비의 명령을 지키며 네 어미의 법을 떠나지 말고 그것을 항상 네 마음에 새기며 네 목에 매라" 하십니다. 이런 취지의 말씀을 2장(1-4)에서도 말씀하고, 3장(1-3)에서도, 4장(1-2)에서도,

5장(1-2)에서도, 6장(20-21)에서도, 그리고 7장(1-3)에서도 계속적으로 말씀하십니다. 이는 "아들들"이 그만치 위험에 노출이 되어 있다는 증거가 됩니다. 하나님은 홍수의 위험이 없는 곳에 땜을 건설하시지 않으십니다.

㉡ 이점에서 유념해야할 점은, "마음에 새기라"(3:3, 6:21, 7:3)는 말씀입니다. 몰라서 못하는 것이 아닙니다. 예나 이제나 사람의 거짓되고 성실하지 못한 심성은 변함이 없습니다. "그러므로 모든 들은 것을 우리가 더욱 간절히 삼갈지니 혹 흘러 떠내려갈까 염려하노라"(히 2:1) 한 "흘러 떠내려가는 것"이 문제입니다. "마음 판에 새기는 것"이 아니라 마이동풍(馬耳東風)이요, 소쿠리에 물 붓기 식이라는 말씀입니다.

㉢ 이점을 에스겔 선지자를 통해서는, "그들이 너를 음악을 잘하며 고운 음성으로 사랑의 노래를 하는 자 같이 여겼나니 네 말을 듣고도 준행치 아니하거니와 그 말이 응하리니 응할 때에는 그들이 한 선지자가 자기 가운데 있었던 줄을 알리라"(겔 33:32-33) 하십니다. 이점이 주님이 말씀하신바 뿌리는 씨가, "길가에, 돌밭에, 가시떨기 위에" 떨어져서 결실하지 못하게 한다는 뜻이기도 합니다. 그 원인이 무엇인가?

㉣ 첫째는 "악한 자가 와서 그 마음에 뿌리운 것을 빼앗나니, 가라지를 심은 원수는 마귀요"(마 13:19, 39) 한 대적하는 자가 있기 때문입니다. 이 마귀가 본문에서는 "음녀"로 등장합니다. 둘째는 "은을 구하는 것같이 그것을 구하며 감추인 보배를 찾는 것같이 그것을 찾지"(2:4) 않는 인간의 책임입니다. 이점을 본문에서는 "게으른 자여 개미에게로 가서 그 하는 것을 보고 지혜를 얻으라"(6) 합니다. 셋째는, "무릇 지킬만한 것보다 더욱 네 마음을 지키라"(4:23) 하신, 받은 말씀을 "지키지를" 못하고 빼앗기기 때문입니다. 지킨다는 것은 들은 바 말씀을 묵상하며 실천하는 것으로 나타납니다.

첫째 단원(1-19) 보증, 게으름, 불량, 교만의 함정

① "내 아들아 네가 만일 이웃을 위하여 담보하며 타인을 위하여 보증하였으면"(1),

㉠ 첫 말씀이 "타인을 위하여 보증"(保證)을 하지 말라는 것입니다. 잠언서에는 의외라 싶게 "보증"에 대한 경계가 6번(6:1, 11:15, 17:18, 20:16, 22:26, 27:13)이나 등장합니다. 왜 보증을 서지 말라 하는가? "네 입의 말로 네가 얽혔으며 네 입의 말로 인하여 잡히게 되었느니라"(2) 한 말씀에 그 의도가 나타납니다. 잠언은 처세술(處世術)을 강의하고 있는 것이 아닙니다. 도표 오른 쪽에 나타난 대로, 하나님의 백성들을 멸망시키려는 "함정, 지뢰"같은 세력이 도처에 있기 때문입니다. 그 중의 하나의 예로 "보증"을 말씀하고 있을 뿐입니다. 2-3절의, "네가 얽혔다, 잡히게 되었다, 빠졌다"는 말씀과, 24절의, "이것이 너를 지켜서, 빠지지 않게 하리라"는 말씀을 유념하시기를 바랍니다.

㉡ 오늘날 같으면 "신용카드"를 함부로 사용하지 말라 했을지도 모릅니다. "보증"을 하지 말라는 뜻은 주님께서 "나는 너희에게 이르노니 도무지 맹세하지 말지니"(마 5:34) 한 말씀과 같은 맥락인 것입니다. 그러므로 "보증"이 되시고, "맹세"로 언약을 세워주실 수 있는 분은 오직 주 하나님뿐이시라는 것이 성경의 증거입니다. 우리는 "예 예, 아니라, 아니라" 할 뿐입니다. 맹세하고 보증하는 것은 사탄의 궤계에 빠지는 일이라는 경계입니다.

㉢ 그러면 어떻게 해야 하는가? "이같이 하라 너는 곧 가서 겸손히 네 이웃에게 간구하여 스스로 구원하되 네 눈으로 잠들게 하지 말며 눈꺼풀로 감기게 하지 말고 노루가 사냥군의 손에서 벗어나는 것 같이, 새가 그물 치는 자의 손에서 벗어나는 것 같이 스스로 구원하라"(3-5) 하십니다. 첫째는 "네 눈으로 잠들게 하지 말며, 감기게 하지 말고" 한

경성하는 일입니다. 둘째는 "노루가 사냥꾼의 손에서 벗어나는 것같이" 벗어나는 일입니다. 그래서 결론은 "스스로 구원하라"는 말씀입니다. 이 말이 두 번(3, 5)이나 강조되어 있습니다. 간교한 사탄은 "아들"을 올무에 걸리게 하려고 틈을 찾고 있는데, 하나님은 벗어나게 하시려는 것입니다.

㉣ 이점은 신약의 서신서들도 경계하고 있는 바입니다. "마귀의 올무에 빠질까 염려하라(딤전 3:7), 저희로 깨어 마귀의 올무에서 벗어나 하나님께 사로잡힌바 되어 그 뜻을 좇게 하실까 함이라"(딤후 2:26) 합니다. "이는 우리로 사단에게 속지 않게 하려 함이라(고후 2:11), 우리도 전에는 어리석은 자요 순종치 아니한 자요 속은 자요"(딛 2:3) 하고 경계하는 바입니다. 그러므로 우리가 "얽히게 되고, 잡히게 되어, 빠지게 되는" 함정은 "보증"만이 아닙니다. 성도들을 사로잡으려는 사탄의 함정과 올무는 "정욕, 탐심, 교통사고"일 수도 있고, 이어지는 "게으름"일 수도 있는 것입니다. 그래서 주님은 "시험에 들지 않게 깨어 있어 기도하라"(마 26:41) 하셨고 본문에서는, "네 눈으로 잠들게 하지 말며 눈꺼풀로 감기게 하지 말고"(4) 하는 것입니다.

② "게으른 자여 개미에게로 가서 그 하는 것을 보고 지혜를 얻으라" (6) 합니다.

㉠ 두 번째 올무가 게으름입니다. "게으름"이 대수롭지 않은 것 같으나 잠언서에만 16번이나 등장한다는 것은 신앙성숙을 저해하는 치명적인 장애요인이기 때문입니다. 신약성경에서도, "부지런하여 게으르지 말고 열심을 품고 주를 섬기라(롬 12:11), 게으르지 아니하고 믿음과 오래 참음으로 말미암아 약속들을 기업으로 받는 자들"(히 6:12)이라고 중요하게 다루어지고 있습니다. 유념할 점은 "너희의 듣는 것이 둔하므로 해석하기 어려우니라"(히 5:11) 한 "둔하다"는 말과, "게으르다"(히 6:12)라는 말이 같은 단어라는 점입니다. 즉 게으르기 때문에 때가 오래

되어도 성숙해지지를 못한다는 말씀입니다. 그러면서, "게으른 자는 말하기를 사자가 밖에 있은즉 내가 나가면 거리에서 찢기겠다"(22:13) 하고, 변명과 구실과 자기 합리화에 빠져있다는 것입니다.

㉡ "개미는 두령도 없고 간역자도 없고 주권자도 없으되 먹을 것을 여름 동안에 예비하며 추수 때에 양식을 모으느니라"(7-8) 합니다. "게으른 자"가 개미에게 배워야 할 점이 무엇인가? 그것은 "예비"(豫備)하는 지혜입니다. 그래서 "게으른 자여 네가 어느 때까지 눕겠느냐 네가 어느 때에 잠이 깨어 일어나겠느냐 좀 더 자자, 좀 더 졸자, 손을 모으고 좀 더 눕자 하면 네 빈궁이 강도같이 오며 네 곤핍이 군사같이 이르리라"(9-11) 하는 것입니다. 말할 것도 없이 게으른 자는 육적으로도 가난하여집니다.

㉢ 그러나 더욱 두려운 것은 영적인 "빈궁(貧窮), 곤핍"(困乏)입니다. 마음과 생각이라는 창고가 텅텅 비어있다는 것입니다. 마귀를 대적하기 위하여 "성령의 검 곧 하나님의 말씀을 가지라"(엡 6:17) 명하시는데, 사탄은 "강도같이, 군사같이" 몰려오건만 이를 물리칠 "하나님의 말씀"이 없다는 것입니다. 그렇다면 사로잡힐 수밖에 없고, 생명을 사냥을 당하게 된다는 말씀입니다. 더욱 치명적인 것은 주님께서 "도적같이 오시는 날"에 기름을 예비하지 못한 미련한 다섯 처녀와 같이 된다는 점입니다. 그래서 "개미에게 가서 지혜를 얻으라" 하는 것입니다.

③ "불량하고 악한 자는 그 행동에 궤휼한 입을 벌리며"(12) 합니다. "불량하고 악한 자"란, "내 아들아"(1, 20) 한 "아들"과는 대조(對照)되는 자를 가리킵니다.

㉠ 그러면 "불량하고 악한 자와, 내 아들"은 어떤 점이 다르다는 것인가? 12-19절 안에 인간의 어떤 지체들이 거론되고 있는가를 주목해보시기를 바랍니다. "입(12), 눈(13, 17), 발(13, 18), 손(13, 17), 혀(17), 마음"(18) 등인데 이런 지체들이 누구에 의하여 지배를 당하고 있느냐

에 따라 달라진다는 말씀입니다.

㉡ 이점을 로마서 6:13절에서는, "또한 너희 지체를 불의(不義)의 병기로 죄에게 드리지 말고, 오직 너희 자신을 죽은 자 가운데서 다시 산 자같이 하나님께 드리며 너희 지체를 의(義)의 병기로 하나님께 드리라" 합니다. 여기서 주목할 점은 "불의의 병기(兵器)와, 의의 병기"(兵器)라는 표현입니다. 병기란 싸우는 무기를 가리킵니다. 그 사람의 "입, 눈, 발, 손, 마음" 등이 하나님의 나라를 건설하는 의의 병기로 쓰임을 받고 있느냐? 하나님의 나라를 파괴하려는 불의의 병기로 이용을 당하고 있느냐에 따라서 "내 아들과, 불량한 자"는 갈라지게 된다는 말씀입니다.

④ 그래서 "여호와의 미워하시는 것 곧 그 마음에 싫어하시는 것이 육 칠 가지니"(16) 하면서,

㉠ "곧 교만한 눈과 거짓된 혀와 무죄한 자의 피를 흘리는 손과 악한 계교를 꾀하는 마음과 빨리 악으로 달려가는 발과 거짓을 말하는 망령된 증인과 및 형제 사이를 이간하는 자니라"(17-19) 합니다. 이 지체들은 본래 하나님께서 지으신 것인데 타락으로 인하여 하나님이 미워하시는 불의의 병기로 악용(惡用)을 당하게 된 것입니다. 이 말씀은 과연 나의 지체들은 의의 병기로 쓰임을 받고 있는가 하고 점검하게 합니다.

둘째 단원(20-35) 음녀는 귀한 생명을 사냥 한다

"내 아들아", 6장에 등장하는 두 번째 "내 아들아"(1, 20)입니다. 12-19절을 통해서 "불량하고 악한 자"의 특성을 말씀한 후에 "내 아들아" 하고 부르면서 6장의 주제 말씀인, "네 아비의 명령을 지키며 네 어미의 법을 떠나지 말고 그것을 항상 네 마음에 새기며 네 목에 매라"(20-

21) 하십니다. 얼마나 간곡한 말씀인가?

⑤ "그것이 너의 다닐 때에 너를 인도하며 너의 잘 때에 너를 보호하며 너의 깰 때에 너로 더불어 말하리니"(22) 합니다.

㉠ "너의 다닐 때에 너를 인도하며, 보호하며, 말하리라" 한 "그것"(22상)이란 무엇인가? 인접(隣接)문맥으로 하면 "아비의 명령, 어미의 법"이지만 1장부터 6장까지의 문맥으로 보면 "지혜"인 것입니다. 7:1-5절을 보십시오, "이것을 네 손가락에 매며 이것을 네 마음 판에 새기라" 하면서, "지혜에게 너는 내 누이라 하라 그리하면 이것이 너를 지켜서 음녀에게 빠지지 않게 하리라"(4-5) 하십니다. 성도들을 인도하고 보호해줄 지혜는 그리스도요, 마음 판에 새겨야 할 것은 복음입니다.

㉡ 그래서 "대저 명령은 등불이요 법은 빛이요 훈계의 책망은 곧 생명의 길이라"(23) 하는 것입니다. "등불, 빛, 생명의 길"이라는 묘사는 모두가 그리스도를 지향하는 표현들입니다. 그래서 "이것이 너를 지켜서 악한 계집에게, 이방 계집의 혀로 호리는 말에 빠지지 않게 하리라"(24) 하는 것입니다. 이렇게 해줄 수 있는 지혜는 그리스도입니다. 복음입니다. 이를 망각하고 빠지게 되면 어떻게 되는가? "그 집은 음부의 길이라 사망의 방으로 내려가느니라"(7:27) 합니다.

⑥ "네 마음에 그 아름다운 색을 탐하지 말며 그 눈꺼풀에 홀리지 말라"(25) 합니다.

㉠ 여기서 말씀하는 "아름다운 색"(色)이란 1차적으로는 성적인 범죄를 가리킵니다. 그래서 "사람이 불을 품에 품고야 어찌 그 옷이 타지 아니하겠으며 사람이 숯불을 밟고야 어찌 그 발이 데지 아니하겠느냐 남의 아내와 통간하는 자도 이와 같을 것이라 무릇 그를 만지기만 하는 자도 죄 없게 되지 아니하리라 도적이 만일 주릴 때에 배를 채우려고 도적질하면 사람이 그를 멸시치는 아니하려니와 들키면 칠 배를 갚아야 하리니 심지어 자기 집에 있는 것을 다 내어 주게 되리라"(27-31) 합니

다. 배가 고파서 도적질을 한 것은 동정의 여지가 있어도 벌을 면할 수가 없거든, 남의 아내와 통간한 파렴치한 죄에 대한 대가가 어떠하겠느냐는 말씀입니다.

ⓛ "부녀와 간음하는 자는 무지한 자라 이것을 행하는 자는 자기의 영혼을 망하게 하며 상함과 능욕을 받고 부끄러움을 씻을 수 없게 되나니 그 남편이 투기함으로 분노하여 원수를 갚는 날에 용서하지 아니하고 아무 벌금도 돌아보지 아니하며 많은 선물을 줄지라도 듣지 아니하리라"(32-35) 합니다. 이 말씀에는 분명 교훈적인 의미가 있습니다. 그러나 좀 더 나아가야만 합니다. 왜냐하면 "귀한 생명을 사냥하고(26), 영혼을 망하게"(32) 하려는 배후세력은 사탄이기 때문입니다.

ⓒ 그렇다면 "아무 벌금도 돌아보지 아니하고" 원수를 갚으리라 한, "투기와 분노"하게 될 궁극적인 "남편"이 누군가? "저는 내 아내가 아니요 나는 저의 남편이 아니라 저로 그 얼굴에서 음란을 제하게 하고 그 유방 사이에서 음행을 제하게 하라 그렇지 아니하면 내가 저를 벌거벗겨서 그 나던 날과 같게 할 것이요 저로 광야같이 되게 하며 마른 땅같이 되게 하여 목말라 죽게 할 것이며"(호 2:2-3) 한 하나님이십니다.

ⓡ 성경은 "너희 중에 계신 너희 하나님 여호와는 질투하시는 하나님이신즉 너희 하나님 여호와께서 네게 진노하사 너를 지면에서 멸절시키실까 두려워하노라"(신 6:15) 하십니다. 그러므로 본문이 말씀하는 음녀"가 단순한 창기만을 가리키는 것이 아니라 인류의 시조를 유혹한 자요, 사랑하는 "아들"의 생명을 사냥하려는 사탄임을 유념해야만 합니다. 그러므로 오늘의 청소년들을 유혹하는 "아름다운 색"이란 음란뿐 아니라 세속문화(약 4:4)일 수도 있고, 무신론적인 세계관일 수도 있다는 경각심을 가져야만 합니다. 이것이 "하나님의 백성들을 사로잡으려는 함정들"입니다.

⑦ 묵상해보겠습니다.

㉠ 보증과, 게으름이 성도를 어떻게 얽어매는가에 대해서,
㉡ "항상 네 마음에 새기며 네 목에 매라"(21)는 중요성에 대해서,
㉢ 궁극적인 "남편의 투기"가 어떻게 나타나는가에 대해서.

잠언 7장 개관도표

주제 : 음녀에게 죽은 자가 허다하니라

구분	절	내용
눈동자처럼 지키라	1-5	
	1	① **내 아들아 내 말을 지키며 내 명령을** / **네게 간직하라**
	2	**내 명령을 지켜서 살며 내 법을** / **네 눈동자처럼 지키라**
	3	이것을 네 손가락에 매며 이것을 / **네 마음 판에 새기라**
	4	② **지혜에게** 너는 **내 누이라** 하며 / 명철에게 너는 **내 친족이라 하라**
	5	**그리하면 이것이 너를 지켜서 음녀에게, 말로 호리는 이방 계집에게 빠지지 않게 하리라**
들창으로 보게 된 지혜 없는 자	6-23	
	6	③ **내가 내 집 들창으로, 살창으로 내어다보다가**
	7	**어리석은 자** 중에, 소년 중에 한 **지혜 없는 자를 보았노라**
	8	④ 그가 거리를 지나 **음녀의 골목 모퉁이로 가까이 하여 그 집으로 들어가는데**
	9	**저물 때, 황혼 때, 깊은 밤 흑암 중에라**
	10	**그 때에 기생의 옷을 입은 간교한 계집이 그를 맞으니**
	11	이 계집은 떠들며 완패하며 그 발이 집에 머물지 아니하여
	12	**어떤 때에는 거리, 어떤 때에는 광장 모퉁이, 모퉁이에 서서 사람을 기다리는 자라**
	13	⑤ **그 계집이 그를 붙잡고 입을 맞추며** 부끄러움을 모르는 얼굴로 말하되
	14	**내가 화목제를 드려서 서원한 것을 오늘날 갚았노라**
	15	이러므로 내가 너를 맞으려고 나와서 네 얼굴을 찾다가 너를 만났도다
	16	내 침상에는 화문 요와 애굽의 문채 있는 이불을 폈고
	17	몰약과 침향과 계피를 뿌렸노라
	18	오라 우리가 아침까지 흡족하게 서로 사랑하며 사랑함으로 희락하자
	19	남편은 집을 떠나 먼 길을 갔는데
	20	은 주머니를 가졌은즉 보름에나 집에 돌아오리라 하여
	21	⑥ **여러 가지 고운 말로 혹하게 하며 입술의 호리는 말로 꾀므로**
	22	**소년이 곧 그를 따랐으니** 소가 **푸주로 가는 것 같고** / 미련한 자가 벌을 받으려고 **쇠사슬에 매이러** 가는 것과 일반이라
	23	⑦ **필경은 살이 그 간을 뚫기까지에 이를 것이라** / 새가 빨리 그물로 들어가되 그 **생명을 잃어버릴 줄을 알지 못함과 일반이니라**
죽은 자가 허다하다	24-27	
	24	⑧ **아들들아 나를 듣고 내 입의 말에 주의하라**
	25	**네 마음이 음녀의 길로 치우치지 말며 그 길에 미혹치 말지어다**
	26	**대저 그가 많은 사람을 상하여 엎드러지게 하였나니 그에게 죽은 자가 허다하니라**
	27	⑨ **그 집은 음부의 길이라 사망의 방으로 내려가느니라**

7장

음녀에게 죽은 자가 허다하니라

[26]대저 그가 많은 사람을 상하여 엎드러지게 하였나니 그에게 죽은 자가 허다하니라.

7장에는 "음녀"라는 말이 3번(5, 8, 25), "계집"이라는 말이 3번(10, 11, 13)이나 등장하는데 여기에 핵심이 있습니다. 내용은 어리석은 한 "소년"이 "음녀"의 유혹에 빠져서 "소년이 곧 그를 따랐으니"(22) 한 내용인데 결론에 이르기를, "그에게 죽은 자가 허다(許多)하니라, 그 집은 음부의 길이라 사망의 방으로 내려가느니라"(26-27) 합니다. 1-6장에서 계속적으로 촉구(促求)한 바는 "지혜가 제일이니 지혜를 얻으라"(4:7)는 것이고, 경계(警戒)한 바는, "말로 호리는 음녀"(2:16, 5:3)에게 빠지지 말라는 것이었습니다. 그런데 7장에 이르러서 음녀를 따라가는 "어리석은 자 중에 소년 중에 한 지혜 없는 자"(7)를 보여줌으로 이제까지의 경계를 극대화(極大化)시키고 있는 것입니다.

도표를 보시면 “그에게 죽은 자가 허다하니라”를 중심으로, ① “내 아들아 내 말을 지키라”, ② “지혜에게 내 누이라 하라 그리하면 음녀에게 빠지지 않게 되리라” 하면서, ③ “들창으로” 보게 된 한 소년의 이야기를 말해주고 있는데, ④ “음녀의 집으로 들어가는데, 깊은 밤 흑암 중에라” 합니다. ⑤ “계집이 그를 붙잡고” 말로 호리니, ⑥ “소년이 곧 그를 따랐으니 소가 푸주로 가는 것과 같다” 하면서, ⑦ “필경은 살이 그 간을 뚫기까지 할” 것이라 하면서, ⑧ “내 입의 말에 주의 하라”, ⑨ “그 집은 음부의 길이라 사망의 방으로 내려가느니라” 합니다. 이를 세 단원으로 나누어 상고하겠습니다.

첫째 단원(1-5) **내 말을 눈동자처럼 지키라**
둘째 단원(6-23) **들창으로 보게 된 지혜 없는 자**
셋째 단원(24-27) **사망의 방으로 내려가는 음부의 길**

주제(主題) : 음녀에게 죽은 자가 허다하니라

㉠ 이 시점에서 잠언서의 구조를 상기(想起)하는 것이 도움이 될 것입니다. 크게 두 부분으로 나눌 수가 있는데 1장부터 9장까지는 원론(原論)이라 할 수가 있고, 10장부터 31장까지는 상론(詳論)이라 할 수가 있습니다. 그러므로 1-9장까지의 원론을 올바로 인식을 해야만 나머지 상론도 바르게 해석할 수가 있는 것입니다. 1-6장까지를 세 마디로 요약을 할 수가 있는데 사랑하는 아들에게, ㉮ 하나님을 경외하라, ㉯ 지혜가 제일이다. ㉰ 음녀의 유혹에 빠지지 말라는 말씀입니다.

㉡ 그리하여 “내 아들아” 한, “아들”을 중심으로 그를 소유하려는 “지혜와, 음녀”의 대결구도라는 점을 강조했습니다. 그런데 잠언서 기자는 7-9장을 통해서 이를 확대(擴大)해서 보여주고 있는 것입니다. ㉮ 7

장은 "음녀"에 대한 확대이고, ㉯ 8장은 "지혜"에 대한 확대이고, ㉰ 9장은 "지혜와, 음녀"를 대조(對照)해서 보여줌으로 원리적(1-9장)인 결론을 맺고 있는 구도입니다. 이런 맥락에서 7-9장이 잠언서의 중심부(中心部)라 할 수가 있습니다.

㉢ 7장은 사랑하는 "아들"에게, 지혜 없는 한 "소년"이 말로 호리는 음녀의 유혹에 빠지는 극적인 장면을 보여줌으로, 음녀에 대한 경각심을 극대화시키고 있는 것입니다. 결론은 "그에게 죽은 자가 허다하니라, 그 집은 음부의 길이라 사망의 방으로 내려가느니라" 합니다. 그러면 이를 통해서 말씀하시려는 바가 무엇인가? 너도 이렇게 되지 않기 위해서는 "내 명령을 마음 판에 새기고, 지혜에게 너는 내 누이라", 즉 사모하고 친근히 해야 한다는 말씀입니다.

첫째 단원(1-5) 내 말을 눈동자처럼 지키라

첫째 단원은 7장의 명제(命題)입니다. 이 안에 본장을 통해서 말씀하고자하는 바가 다 들어 있습니다.

① "내 아들아 내 말을 지키며 내 명령을 네게 간직하라"(1) 합니다.

㉠ "내 명령을 지켜서 살며 내 법을 네 눈동자처럼 지키라 이것을 네 손가락에 매며 이것을 네 마음 판에 새기라"(2-3) 합니다. 무엇을 ㉮ "네 눈동자처럼", ㉯ "네 손가락에 매며", ㉰ "네 마음 판에 새기라" 하는가?

② "지혜에게 너는 내 누이라 하며 명철에게 너는 내 친족이라 하라"(4) 한 "지혜와 명철"을 가리킵니다.

㉠ 그리고 다음 장에서 더욱 확신하게 되겠습니다만 잠언이 증거하고 있는 "지혜"란, "오직 부르심을 입은 자들에게는 유대인이나 헬라인

이나 그리스도는 하나님의 능력이요 지혜니라"(고전 1:24) 한 그리스도에 대한 별호(別號)입니다. 그리스도 "예수는 하나님께로서 나와서 우리에게 지혜와 의로움과 거룩함과 구속함이 되신"(고전 1:30) 분이십니다.

ⓛ "그리하면 이것이 너를 지켜서 음녀에게, 말로 호리는 이방 계집에게 빠지지 않게 하리라"(5) 합니다. 첫째 단원은 두 마디로 요약할 수가 있는데, ㉮ 지혜를 사모하라, ㉯ 그리하면 음녀에게 빠지지 않게 된다. 다음 단원은 이 명령을 명심하지 않게 되면 어떻게 되는가를 보여줍니다.

둘째 단원(6-23) 들창으로 보게 된 지혜 없는 자

③ "내가 내 집 들창으로, 살창으로 내어다보다가"(6) 라는 묘사는 참으로 의미심장한 표현이라 할 수가 있습니다.

㉠ 왜냐하면 5:21절에서, "대저 사람의 길은 여호와의 눈앞에 있나니" 하고 말씀하고, 15:3절에서도 "여호와의 눈은 어디서든지 악인과 선인을 감찰하시느니라" 하고 말씀하기 때문입니다. 그렇다면 "내 집 들창으로, 살창으로 내어다보다가, 어리석은 자 중에 소년 중에 한 지혜 없는 자를 보신" 분은 하나님이시라는 논리가 성립이 되는 것입니다. 그러므로 "내 집 들창으로, 살창으로 내어다보다가" 한 묘사는 우리의 옷깃을 여미게 하고 뻗었던 발을 오그리게 하는 말씀인 것입니다.

ⓛ 무엇을 보았는가? "어리석은 자 중에, 소년 중에 한 지혜 없는 자를 보았노라"(7) 합니다. 다시 상기시킵니다만 잠언서의 구조는 1장에서, "내 아들아 악한 자가 너를 꾈지라도 좇지 말라"(1:10) 경계하고, 2장에서도, "지혜가 또 너를 음녀에게서 말로 호리는 이방 계집에게서

구원하리니"(2:16) 하고, 5장에서도 "대저 음녀의 입술은 꿀을 떨어뜨리며 그 입은 기름보다 미끄러우나"(5:3) 했고, 6장에서도 "이것이 너를 지켜서 악한 계집에게 이방 계집의 혀로 호리는 말에 빠지지 않게 하리라"(6:24) 한 구조(構造)임을 유념해야만 합니다.

ⓒ 그러므로 7절은 그냥 한 소년을 보았다고 말씀하는 것이 아니라, "어리석은 자 중에, 소년 중에 한 지혜(智慧) 없는 자"를 보았다고 말씀을 합니다. 이런 맥락에서 7장은 이제까지의 경계에 대한 역할극(役割劇)과도 같은 것입니다.

④ "그가 거리를 지나 음녀의 골목 모퉁이로 가까이 하여 그 집으로 들어가는데"(8),

㉠ "저물 때, 황혼 때, 깊은 밤 흑암 중에라"(9) 합니다. 이 또한 의미심장한 표현입니다. 왜냐하면 2:13절에서 "이 무리는 정직한 길을 떠나 어두운 길로 행하며" 하고 말씀하기 때문입니다. 4:18-19절을 보십시오. "의인의 길은 돋는 햇볕 같아서 점점 빛나서 원만한 광명(光明)에 이르거니와, 악인의 길은 어둠 같아서 그가 거쳐 넘어져도 그것이 무엇인지 깨닫지 못하느니라" 하고 말씀합니다. 그런데 본문은, "저물 때 → 황혼 때 → 깊은 밤 → 흑암 중이라" 하고 어두움이 점증(漸增)이 되는 것으로, 즉 점점 어두움 속으로 빠져 들어가는 것으로 표현하고 있습니다. 사사시대 말기의 영적 상태를, "아이 사무엘이 엘리 앞에서 여호와를 섬길 때에는 여호와의 말씀이 희귀하여 이상이 흔히 보이지 않았더라 엘리의 눈이 점점 어두워 가서 잘 보지 못하는 그 때에, (그러나) 하나님의 등불은 아직 꺼지지 아니하였으며"(삼상 3:1-3) 라고 표현합니다.

㉡ "그 때에 기생의 옷을 입은 간교한 계집이 그를 맞으니 이 계집은 떠들며 완패하며 그 발이 집에 머물지 아니하여 어떤 때에는 거리, 어떤 때에는 광장 모퉁이, 모퉁이에 서서 사람을 기다리는 자라"(10-12)

합니다. 이는 사탄의 특성을 그대로 나타내는 표현입니다. 하나님께서 사탄에게 "네가 어디서 왔느냐" 하고 물으시니까, "땅에 두루 돌아 여기 저기 다녀왔나이다"(욥 1:6, 7) 했습니다. 무엇을 위해서 이렇게 돌아다니고 있단 말인가? "근신하라 깨어라 너희 대적 마귀가 우는 사자같이 두루 다니며 삼킬 자를 찾나니"(벧전 5:8) 하고 말씀합니다.

⑤ "그 계집이 그를 붙잡고 입을 맞추며 부끄러움을 모르는 얼굴로 말하되"(13),

㉠ "내가 화목제를 드려서 서원한 것을 오늘날 갚았노라"(14) 하고 말했다는 것입니다. "화목제, 서원"이라는 말은 모두가 예배와 결부되는 용어들입니다. 어찌하여 음녀가 "화목제, 서원"이라는 제의적(祭儀的)인 말을 하고 있는가? 화목제는 하나님과 이웃 간의 "교제"의 제사요, "서원한 것"이란 "서원기도"와 결부되는 뜻임을 생각할 때에 얼마나 끔찍한 말인가?

㉡ "음녀가 소년"을 유혹하는 장면에서 이러한 "예배, 기도응답"이라는 표현들을 언급한다는 것은 우리에게 경각심(警覺心)을 넘어 폭탄적인 경고로 받아드려야 마땅한 것입니다. 왜냐하면 "간교한 계집"(10)은 소년과의 행음을 기도응답으로 여기고 있기 때문입니다. 음녀는 이렇게 기도했다는 것이 됩니다. 그 "소년과 행음하게 해주시면 제 일생을 바치겠나이다". 이 장면은 우리의 기도가 하나님의 뜻대로 드려지고 있는가를 점검하게 합니다.

㉢ "이러므로 내가 너를 맞으려고 나와서 네 얼굴을 찾다가 너를 만났도다 내 침상에는 화문 요와 애굽의 문채 있는 이불을 폈고 몰약과 침향과 계피를 뿌렸노라 오라 우리가 아침까지 흡족하게 서로 사랑하며 사랑함으로 희락하자 남편은 집을 떠나 먼 길을 갔는데 은 주머니를 가졌은즉 보름에나 집에 돌아오리라 하여"(15-20),

⑥ "여러 가지 고운 말로 혹하게 하며 입술의 호리는 말로 꾀므로"

(21),

㉠ “소년이 곧 그를 따랐으니 소가 푸주로 가는 것 같고 미련한 자가 벌을 받으려고 쇠사슬에 매이러 가는 것과 일반이라”(22).

⑦ “필경은 살이 그 간을 뚫기까지에 이를 것이라 새가 빨리 그물로 들어가되 그 생명을 잃어버릴 줄을 알지 못함과 일반이니라”(23) 합니다.

㉡ 여기서 “어리석은 자 중에 소년 중에 한 지혜 없는 자”는 “푸주로 끌려가는 소, 빨리 그물로 들어가는 새”와 같은 “금수”(禽獸)로 전락을 하고 있습니다. “필경은 살이 그 간(肝)을 뚫기까지에 이르리라”는 묘사는 읽는 자로 하여금 전율(戰慄)할 정도로 정신을 차리게 합니다.

셋째 단원(24-27) **사망의 방으로 내려가는 음부의 길**

셋째 단원은 결론(結論)입니다.

⑧ “아들들아 나를 듣고 내 입의 말에 주의하라”(24), 즉 내가 말하는 바를 알아들었느냐?

㉠ “네 마음이 음녀의 길로 치우치지 말며 그 길에 미혹지 말지어다”(25) 하고, 2절에서 말씀한 주제(主題)로 돌아옵니다. 어떻게 하면 “미혹”을 당하지 않을 수가 있는가? 그 비결이 첫째 단원의 내용인데, “지혜에게 너는 내 누이라 하며 명철에게 너는 내 친족이라 하라 그리하면 이것이 너를 지켜서 음녀에게 말로 호리는 이방 계집에게 빠지지 않게 하리라”(4-5) 합니다.

⑨ “대저 그가 많은 사람을 상하여 엎드러지게 하였나니 그에게 죽은 자가 허다(許多)하니라 그 집은 음부(陰府)의 길이라 사망(死亡)의 방으로 내려가느니라”(26-27) 합니다. 이것이 결론입니다.

㉠ "이 묘사는 캄캄한 음녀의 집 지하실(地下室)에 산더미같이 쌓여 있는 해골들을 연상하기에 족한 표현입니다. 잠언 기자는 원리적(1-9장)인 결론을, "오직 그 어리석은 자는 죽은 자가 그의 곳에 있는 것과 그의 객들이 음부 깊은 곳에 있는 것을 알지 못하느니라"(9:18) 하고 맺고 있습니다. 앞에서 누누이 말씀드린 대로 생명으로 올라가는 길과, 사망으로 내려가는 길, 두 길만이 있을 뿐입니다. 모든 사람들은 이제도 이 두 길 중 어느 한 길을 바삐 가고 있는 중입니다.

㉡ 다시 상기시킵니다만 잠언서는, ㉮ "음녀"는 "성읍 높은 곳에 있는 자리에 앉아서 자기 길을 바로 가는 행객을 불러 이르되, 도적질한 물이 달고 몰래 먹는 떡이 맛이 있다"(9:15, 17) 하고 유혹하는 자로, ㉯ "지혜"는 "지혜가 길거리에서 부르며 광장에서 소리를 높이며, 나의 책망을 듣고 돌이키라 보라 내가 나의 신을 너희에게 부어주며 나의 말을 너희에게 보이리라"(1:20, 23) 하고 초청을 하는 구도(構圖)임을 유념해야만 하는 것입니다. 그러므로 잠언은 영적으로 혼란한 오늘을 살아가는 우리들에게 더욱 적실성이 있는 것입니다.

⑩ 묵상해보겠습니다.

㉠ 음녀의 미혹에 빠지지 않는 비결(1-5)에 대해서,
㉡ 6-23절의 극적(劇的)인 장면에 대해서,
㉢ 음녀의 미혹에 빠진 자의 말로(末路)에 대해서,
㉣ "들창, 살창으로 내어다보다가" 라는 상황설정에 대해서.

잠언 8장 개관도표

주제 : 나를 얻는 자는 생명을 얻고 잃는 자는 영혼을 잃는다

지혜의 초청과 베푸시는 축복 (1-21)

1 ① **지혜가 부르지 아니하느냐** 명철이 **소리를 높이지 아니하느냐** 2, 그가 길 가의 높은 곳과
사거리에 서며 3 성문 곁과 문어귀와 여러 출입하는 문에서 **불러 가로되**
4 **사람들아 내가 너희를 부르며 내가 인자들에게 소리를 높이노라**

5 ② **어리석은 자들아** 너희는 명철할 지니라 **미련한 자들아** 너희는 마음이 밝을 지니라 너희는 들을 지어다
6 **내가** 가장 선한 것을 말하리라 내 입술을 열어 정직을 내리라
7 ③ **내 입은 진리를 말하며 내 입술은 악을 미워하느니라**
8 **내 입의 말은** 다 의로운즉 그 가운데 굽은 것과 패역한 것이 없나니
9 이는 다 총명 있는 자의 밝히 아는 바요 지식 얻은 자의 정직히 여기는바니라
10 너희가 은을 받지 말고 **나의 훈계를** 받으며 정금보다 지식을 얻으라

11 ④ 대저 **지혜는 진주보다 나으므로** 무릇 원하는 것을 이에 비교할 수 없음이니라
12 **나 지혜는 명철로 주소를 삼으며** 지식과 근신을 찾아 얻나니
13 **여호와를 경외하는 것은 악을 미워하는 것이라**
나는 교만과 거만과 악한 행실과 패역한 입을 미워하느니라
14 **내게는** 도략과 참 지식이 있으며 나는 명철이라 내게 능력이 있으므로
15 **나로 말미암아** 왕들이 치리하며 방백들이 공의를 세우며
16 **나로 말미암아** 재상과 존귀한 자 곧 세상의 모든 재판관들이 다스리느니라

17 ⑤ **나를 사랑하는 자들이 나의 사랑을 입으며 나를 간절히 찾는 자가 나를 만날 것이니라**
18 부귀가 **내게 있고** 장구한 재물과 의도 그러 하니라
19 **내 열매는** 금이나 정금보다 나으며 **내 소득은** 천은보다 나으니라
20 **나는** 의로운 길로 행하며 공평한 길 가운데로 다니나니
21 이는 **나를 사랑하는** 자로 재물을 얻어서 그 곳간에 채우게 하려 함이니라

창조자이신 지혜 (22-31)

22 ⑥ **여호와께서 그 조화의 시작 곧 태초에 일하시기 전에 나를 가지셨으며**
23 **만세전부터, 상고부터, 땅이 생기기 전부터 내가 세움을 입었나니**
24 아직 바다가 생기지 아니하였고 큰 샘들이 **있기 전에 내가 이미 났으며**
25 산이 세우심을 **입기 전에**, 언덕이 **생기기 전에 내가 이미 났으니**
26 하나님이 아직 땅도, 들도, 세상 진토의 근원도 **짓지 아니하셨을 때에라**
27 그가 하늘을 지으시며 궁창으로 해면에 두르실 때에 **내가 거기 있었고**
28 그가 위로 구름 하늘을 견고하게 하시며 바다의 샘들을 힘 있게 하시며
29 바다의 한계를 정하여 물로 명령을 거스리지 못하게 하시며 또 땅의 기초를 정하실 때에
30 ⑦ **내가 그 곁에 있어서 창조자가 되어**
날마다 그 기뻐하신바가 되었으며 항상 그 앞에서 즐거워하였으며
31 사람이 거처할 땅에서 즐워하며 인자들을 기뻐하였었느니라

지혜가 주는 복 (32-36)

32 ⑧ **아들들아 이제 내게 들으라** 내 도를 지키는 자가 **복이 있느니라**
33 훈계를 들어서 지혜를 얻으라 그것을 버리지 말라
34 누구든지 내게 들으며 날마다 내 문 곁에서 기다리며
문설주 옆에서 기다리는 자는 **복이 있나니**
35 **대저 나를 얻는 자는 생명을 얻고** 여호와께 은총을 얻을 것임이니라
36 그러나 **나를 잃는 자는 자기의 영혼을 해하는 자라** 무릇 나를 미워하는 자는 **사망을 사랑하느니라**

8장

나를 얻는 자는 생명을 얻고 잃는 자는 영혼을 잃는다

[35-36]대저 나를 얻는 자는 생명을 얻고 여호와께 은총을 얻을 것임이니라 그러나 나를 잃는 자는 자기의 영혼을 해하는 자라 무릇 나를 미워하는 자는 사망을 사랑하느니라.

8장에는 "여호와"라는 호칭이 3번(13, 22, 35) 등장하는데, "여호와께서 그 조화의 시작 곧 태초에 일하시기 전에 나(지혜)를 가지셨다" 하고 말씀합니다. 이는 잠언이 말씀하는 지혜의 정체(正體)가 무엇인가를 나타내는 대목입니다. 7장에서 "음녀"를 확대해서 보여주고는, 8장에서는 "지혜"를 확대해서 보여줍니다. 본장 안에는 "나, 또는 내가"가 무려 37번이나 등장합니다. 이 "나"가 누군가 "지혜"(12)입니다. "창조자"(30)이니 곧 그리스도에 대한 예표입니다. 중심점은, "지혜를 얻는 자는 생명을 얻고 잃는 자는 영혼을 해(害)한다"는데 있습니다.

도표를 보시면 "나를 얻는 자는 생명을 얻고 잃는 자는 영혼을 잃는다"는 말씀을 중심으로, ① "지혜가 부르지 아니 하느냐", ② "어리석은 자들아 너희는 들을 지어다", ③ "내 입은 진리(眞理)를 말할 것이라" 합니다. ④ "지혜는 진주보다 나으므로 이에 비할 것이 없다", ⑤ "나를 사랑하는 자가 나의 사랑을 입으며, 간절히 찾는 자가 만날 것이다", ⑥ "여호와께서 태초에 일하시기 전에 나를 가지셨으며", ⑦ "내가 그 곁에 있어서 창조(創造)자가 되었다" 합니다. ⑧ 그러므로 "아들들아 이제 내게 들으라" 하시면서, "나를 얻는 자는 생명을 얻고 여호와께 은총을 얻을 것임이니라" 하고 결론을 맺습니다. 그러므로 우리도 잠언서에서 지혜를 간절히 찾고, 그리스도를 "만나야만" 하는 것입니다. 이를 세 단원으로 나누어 상고하겠습니다.

첫째 단원(1-21) **지혜의 초청과 베푸시는 축복**

둘째 단원(22-31) **창조자이신 지혜의 선재성**

셋째 단원(32-36) **하나님께 복을 받을 자들**

주제(主題) : 나를 얻는 자는 생명을 얻고 잃는 자는 영혼을 잃는다

㉠ 8장을, 그리고 잠언서를 바르게 해석하는 열쇠는 본장에 37번이나 등장하는 "나, 또는 내가"가 누구를 가리키는가에 확고하게 서는 일입니다. 본문은 "나 지혜는"(12) 하고 대답합니다. 현대인의 성경은 "나는 지혜이다" 하고 더욱 분명하게 밝히고 있습니다.

㉡ 그러면 잠언이 말씀하는 "지혜"는 무엇인가? 본문은 대답하기를, 나는 "만세전부터, 상고부터, 땅이 생기기 전부터 내가 세움을 입었나니"(23) 하고 선재성(先在性)을 말씀합니다.

㉢ 한걸음 더 나아가 "내가 곁에 있어서 창조자가 되어"(30) 하고, 창조자(創造者)시라고 말씀을 합니다. 그렇다면, "지혜가 길거리에서 부르며 광장에서 소리를 높이며, 나의 책망을 듣고 돌이키라 보라 내가

나의 신(神)을 너희에게 부어주며 나의 말을 너희에게 보이리라"(1:20, 23) 하시는 "지혜"가 누구의 대명사인가는 자명(自明)해지는 것입니다.

㉣ 복음서는 말씀합니다. "태초에 말씀이 계시니라 이 말씀이 하나님과 함께 계셨으니 이 말씀은 곧 하나님이시니라 그가 태초에 하나님과 함께 계셨고 만물이 그로 말미암아 지은바 되었으니 지은 것이 하나도 그가 없이는 된 것이 없느니라"(요 1:1-3). 사도는 대답합니다. "그는 보이지 아니하시는 하나님의 형상이요 모든 창조물보다 먼저 나신 자니 만물이 그에게 창조되되 하늘과 땅에서 보이는 것들과 보이지 않는 것들과 혹은 보좌들이나 주관들이나 정사들이나 권세들이나 만물이 다 그로 말미암고 그를 위하여 창조되었고 또한 그가 만물보다 먼저 계시고 만물이 그 안에 함께 섰느니라"(골 1:15-17).

㉤ 그러므로 8장은, "대저 나를 얻는 자는 생명(生命)을 얻고 여호와께 은총을 얻을 것임이니라 그러나 나를 잃는 자는 자기의 영혼을 해하는 자라 무릇 나를 미워하는 자는 사망(死亡)을 사랑하느니라"(35-36) 하는 결론에 이르게 되는 것입니다. 다시 강조합니다만 7장, 8장, 9장은 잠언서의 중심부(中心部)입니다.

이에 확고해야만 잠언에서도 그리스도를 만나게 되고 우리를 부르시는 복음초청에 귀를 기울이게 되며, 상대적으로 7장에서 어리석은 한 "소년"을 유혹하여 "음부의 길, 사망의 방"(7:27)으로 끌고 간 "음녀"의 정체(正體)가 무엇인가 하는 것에도 확고할 수가 있고, 미혹을 당하지 않게 되는 것입니다.

첫째 단원(1-21) 지혜의 초청과 베푸시는 축복

첫째 단원의 중심점은, "지혜의 초청"과, 이에 응답하는 자에게 주어지는 축복에 있습니다.

① "지혜가 부르지 아니하느냐 명철이 소리를 높이지 아니하느냐"(1) 합니다. 어디서 소리를 높여 부르고 있는가?

㉠ "그가 길가의 높은 곳과 사거리에 서며 성문 곁과 문어귀와 여러 출입하는 문에서 불러 가로되 사람들아 내가 너희를 부르며 내가 인자들에게 소리를 높이노라"(2-4) 합니다. "불러 가로되, 너희를 부르며, 소리를 높이노라"는 표현에서 간곡히 부르시는 정황(情況)이 드러납니다. 무엇이라 초청을 하시는가?

② "어리석은 자들아 너희는 명철할 지니라 미련한 자들아 너희는 마음이 밝을 지니라 너희는 들을 지어다"(5) 합니다. 1:20-23절에서도 "지혜가 길거리에서 부르며, 너희 어리석은 자들은, 나의 책망을 듣고 돌이키라" 하고 초청하고 있습니다.

㉠ 그러면서 "내가 가장 선(善)한 것을 말하리라 내 입술을 열어 정직을 내리라"(6) 합니다. 이를 현대인의 성경은 "내가 아주 중요한 것을 너희에게 말하겠다" 하고 번역하고 있습니다. 4:2절에서는 "내가 선(善)한 도리(道理)를 너희에게 전하노니" 합니다. 어찌하여 "어리석은 자들아 너희는 명철할 지니라 미련한 자들아 너희는 마음이 밝을 지니라"(5) 하는가? "내가 전해주고자 하는 가장 선한 것, 아주 중요한 것"(6)을 알아듣게 하기 위해서입니다. 그러면 전해주고자 하는 "가장 선(善)한 것"이 무엇인가?

③ 그에 대한 답변이, "내 입은 진리를 말하며 내 입술은 악을 미워하느니라"(7) 한 "진리"(眞理)입니다. 우리는 "내 입은 지혜를 말하며" 하고 말할 것으로 여겼으나 본문은 "내 입은 진리를 말하겠다" 하는데 계시의 진전(進展)이 나타납니다.

㉠ 잠언서에는 "진리"라는 말이 9번 등장하는데, "진리를 사고서 팔지 말며(23:23), 너로 진리의 확실한 말씀을 깨닫게 하며 또 너를 보내

는 자에게 진리의 말씀으로 회답하게 하려 함"(22:21)이라 합니다.

㉡ 그러면 "진리"(眞理)가 무엇인가? 이에 대하여, "인자(仁慈)와 진리"가 4번(3:3, 14:22, 16:6, 20:28)이나 함께 등장 한다는데 주목해야만 합니다. 결정적인 해답을 16:6절이 제공해주고 있는데, "인자와 진리로 인하여 죄악이 속하게 되고 여호와를 경외함으로 인하여 악에서 떠나게 되느니라" 합니다. "인자와 진리로 인하여 죄악이 속하게 된다면", 이는 하나님의 구속사역을 가리킵니다. 하나님은 우리의 죄를 속하시되 "인자와 진리, 즉 사랑과 공의"로 행해주셨기 때문입니다.

㉢ 그렇다면 "내가 가장 선한 것을 말하리라(6), 내 입은 진리를 말하며"(7) 한 "가장 선한 것, 진리"는, "그 안에서 너희도 진리의 말씀 곧 너희의 구원의 복음을 듣고 그 안에서 또한 믿어 약속의 성령으로 인치심을 받았으니"(엡 1:13) 한 "복음 진리" 외에 다른 것은 상정(想定)할 수가 없는 것입니다. 그래서 본장을 바르게 해석하는 열쇠는 37번이나 등장하는 "나, 또는 내가"가 누구를 가리키는가에 확고하게 서 있어야 한다고 말씀한 것입니다. "나"는 지혜입니다. 길이요 진리요 생명이라 하신 그리스도이십니다.

㉣ 그래서 "내 입의 말은 다 의로운즉 그 가운데 굽은 것과 패역한 것이 없나니 이는 다 총명 있는 자의 밝히 아는 바요 지식 얻은 자의 정직히 여기는바니라 너희가 은을 받지 말고 나의 훈계를 받으며 정금보다 지식을 얻으라"(8-10) 하시는 것입니다.

④ "대저 지혜는 진주보다 나으므로 무릇 원하는 것을 이에 비교(比較)할 수 없음이니라"(11) 합니다.

㉠ "지혜" 곧 그리스도가 진주보다 낫다는 것을 깨달은 사람이 있습니다. "또한 모든 것을 해(害)로 여김은 내 주 그리스도 예수를 아는 지식이 가장 고상함을 인함이라 내가 그를 위하여 모든 것을 잃어버리고 배설물로 여김은 그리스도를 얻고"(빌 3:8) 한 바울입니다.

ⓛ "나 지혜는 명철로 주소를 삼으며 지식과 근신을 찾아 얻나니 여호와를 경외하는 것은 악을 미워하는 것이라 나는 교만과 거만과 악한 행실과 패역한 입을 미워하느니라"(12-13) 합니다. "미워하느니라"는 말이 7절에 한 번, 13절에 두 번, 모두 세 번 언급이 되어 있는데, ㉮ 7절에서는 "진리(眞理)는 선포하고, 악(惡)은 미워한다" 하시고, ㉯ 13절에서는 "여호와는 경외하고, 악은 미워한다"고 말씀합니다. 복음 증거의 참된 동기는 "여자의 후손과 원수가 되게 하리니" 한 사탄에 대한 적개심에서 비롯됩니다. 사탄에 대한 미움이 없다면 그리스도에 대한 사랑도 없는 것이 되는 것입니다.

ⓒ "내게는 도략과 참 지식이 있으며 나는 명철이라 내게 능력이 있으므로 나로 말미암아 왕들이 치리하며 방백들이 공의를 세우며 나로 말미암아 재상과 존귀한 자 곧 세상의 모든 재판관들이 다스리느니라"(14-16) 합니다. 여기서 말씀하는 "왕, 방백, 재상, 존귀한 자, 재판관들"이란 지도자(指導者)들을 가리킵니다. 그리고 이스라엘은 메시아왕국의 예표로 세워진 신정왕국(神政王國)이라는 점입니다. 그러므로 지도자들, 특히 "왕"은 "다윗의 위에 앉아서 그 나라를 굳게 세우고 자금 이후 영원토록 공평(公平)과 정의"(正義)로 다스리실(사 9:7) 메시아를 예표하는 인물이었던 것입니다. 그렇다면 "지혜"(왕상 3:9)로 다스림이 마땅하다는 원론적인 말씀입니다.

⑤ 그런데 이어지는 "나를 사랑하는 자들이 나의 사랑을 입으며 나를 간절히 찾는 자가 나를 만날 것이니라"(17) 말씀하는데, 선민 이스라엘이 이렇게 하였는가?

㉠ 구약교회의 역사서를 보십시오. "하나님을 사랑하고, 하나님을 간절히 찾은", "왕, 제사장, 선지자"보다는 그렇지 못한 자들이 절대다수로 많았던 것입니다. 그렇다면 신약교회의 교회사는 어떠한가? 그래서 "그 때에 너희가 나를 부르리라 그래도 내가 대답지 아니하겠고 부지런

히 나를 찾으리라 그래도 나를 만나지 못하리니"(1:28) 하시는 것입니다.

㉡ 18-21절은 "나를 사랑하는 자, 곧 지혜를 사랑하는 자"에게 주어질 축복입니다. ㉮ "부귀가 내게 있고, ㉯ 장구한 재물과, ㉰ 의도 그러하니라(18). ㉱ 이는 나를 사랑하는 자로 재물을 얻어서 그 곳간에 채우게 하려 함이니라"(21) 하십니다. 이는, "찬송하리로다 하나님 곧 우리 주 예수 그리스도의 아버지께서 그리스도 안에서 하늘에 속한 모든 신령(神靈)한 복(福)으로 우리에게 복주시되"(엡 1:3) 한, 신령한 복에 대한 구약적인 표현입니다.

㉢ 그래서 "그(그리스도) 안에는 지혜와 지식의 모든 보화가 감추어 있느니라"(골 2:3) 합니다. 이점이 본문에서도, "내 열매는 금이나 정금보다 나으며 내 소득은 천은보다 나으니라"(19) 하고, 지혜를 사랑하고, 간절히 찾는 자에게 주어질 축복이 "금, 정금, 천은"에 비교(比較)할 수도 없는 그런 복임을 말씀하십니다. 셋째 단원에서 보게 될 것입니다만 궁극적인 복은, "누구든지 내게 들으며 날마다 내 문 곁에서 기다리며 문설주 옆에서 기다리는 자는 복(福)이 있나니 대저 나를 얻는 자는 생명을 얻고 여호와께 은총을 얻을 것임이니라"(34-35) 한 영원한 생명입니다.

㉣ 첫째 단원을 마치기 전에 이 말씀이 신약교회에는 어떻게 적용이 되는가를 생각합니다. ㉮ "지혜가 부르지 아니하느냐, 소리를 높이지 아니하느냐"(1) 한 말씀을 통해서 이제는 증인된 우리가 이처럼 간절히 초청해야 한다는 사명감과, ㉯ "내가 가장 선한 것을 말하리라, 내 입은 진리를 말하며"(6-7)를 통해서 설교의 중심이 무엇이어야 하는가 하는 깨달음과, ㉰ 그리하여 "나를 사랑하는 자들이 나의 사랑을 입으며 나를 간절히 찾는 자가 나를 만날 것이니라"(17) 한 대로 그리스도를 만나고 사랑하게 해야 한다는 도전을 받게 합니다.

둘째 단원(22-31) 창조자이신 지혜의 선재성

둘째 단원의 중심점은 잠언이 말씀하는 "지혜"의 정체를 밝혀주는 내용인데 이는 3:19-20절에 대한 확대입니다. 어찌하여 확대해서 보여주시는가? 잠언이 말씀하는 "지혜"가 무엇인가를 확고하게 세워주기 위해서입니다. 만일 22-31절이 없었다면 잠언에 대해서 곡해하게 되었을 것입니다.

⑥ "여호와께서 그 조화의 시작 곧 태초에 일하시기 전에 나를 가지셨으며"(22),

㉠ "만세전부터, 상고부터, 땅이 생기기 전부터 내가 세움을 입었나니"(23) 합니다. 이점을 미가 선지자는 예언하기를, "베들레헴 에브라다야 너는 유다 족속 중에 작을지라도 이스라엘을 다스릴 자가 네게서 내게로 나올 것이라 그의 근본(根本)은 상고(上古)에 태초(太初)에니라" (미 5:2) 합니다. 주님도 대제사장적인 기도에서, "아버지여 창세전에 내가 아버지와 함께 가졌던 영화로써 지금도 아버지와 함께 나를 영화롭게 하옵소서"(요 17:5) 하셨습니다.

㉡ "아직 바다가 생기지 아니하였고 큰 샘들이 있기 전에 내가 이미 났으며 산이 세우심을 입기 전에, 언덕이 생기기 전에 내가 이미 났으니 하나님이 아직 땅도, 들도, 세상 진토의 근원도 짓지 아니하셨을 때에라"(24-26) 합니다. "…전에" 라는 말이 5번(22, 23, 24, 25, 25) 나오는데 이는 지혜의 선재성에 대한 강조입니다.

㉢ "그가 하늘을 지으시며 궁창으로 해면에 두르실 때에 내가 거기 있었고 그가 위로 구름 하늘을 견고하게 하시며 바다의 샘들을 힘 있게 하시며 바다의 한계를 정하여 물로 명령을 거스리지 못하게 하시며 또 땅의 기초를 정하실 때에"(27-29),

⑦ "내가 그 곁에 있어서 창조자가 되어 날마다 그 기뻐하신바가 되

었으며 항상 그 앞에서 즐거워하였으며"(30) 말씀하는데, 이는 선재(先在)하신 것만이 아니라 성부와 함께 창조사역에 참여하신 "창조자"(創造者)이심을 드러내고 있는 것입니다.

㉠ "사람이 거처할 땅에서 즐거워하며 인자(人子)들을 기뻐하였었느니라"(31) 하시는데, 무슨 말씀이 연상이 되십니까? 그렇습니다. "하나님이 그 지으신 모든 것을 보시니 보시기에 심히 좋았더라"(창 1:31)는 말씀입니다. 하나님의 형상대로 지음을 받은 "인자", 즉 사람을 기뻐하셨다는 것입니다.

㉡ 그런 "지혜"가 어찌하여, "지혜가 부르지 아니하느냐 명철이 소리를 높이지 아니하느냐, 내가 가장 선한 것을 말하리라, 내 입은 진리를 말하며"(1, 6, 7) 하고 간곡히 초청을 하시는가? 인류의 시조가 어리석은 소년같이 "음녀"의 미혹에 넘어갔기 때문입니다. 그래서 "말씀"이 육신을 입고 임마누엘 하신 것입니다. "지혜"가 육신을 입고 오셔서 "나를 사랑하는 자들이 나의 사랑을 입으며 나를 간절히 찾는 자가 나를 만날 것이니라" 하고 초청을 하시는 것입니다. 이것이 "창조자이신 지혜의 선재성"입니다.

셋째 단원(32-36) 하나님께 복을 받을 자들

⑧ 셋째 단원은 결론적인 말씀인데, "아들들아 이제 내게 들으라", 즉 이제 깨달았느냐? 그러면 "내 도를 지키는 자가 복이 있느니라"(32) 하십니다.

㉠ "훈계를 들어서 지혜를 얻으라 그것을 버리지 말라 누구든지 내게 들으며 날마다 내 문 곁에서 기다리며 문설주 옆에서 기다리는 자는 복이 있나니"(33-34) 합니다. 새벽예배를 드리러 온 성도가 예배당 문이

아직 열리지 않아서 "문 곁에서 기다리며 문설주 옆에서 기다리는" 모습을 연상하게 하는 표현입니다. 우리는 이처럼 사모하며 기다리고 있는가?

만군의 여호와여 주의 장막이 어찌 그리 사랑스러운지요
내 영혼이 여호와의 궁정을 사모하여 쇠약함이여
내 마음과 육체가 생존하시는 하나님께 부르짖나이다
나의 왕 나의 하나님 만군의 여호와여
주의 제단에서 참새도 제 집을 얻고
제비도 새끼 둘 보금자리를 얻었나이다
주의 집에 거하는 자가 복이 있나이다
저희가 항상 주를 찬송하리이다(셀라) (시 84:1-4).

㉡ "복"(福)이 있다는 말을 두 번(32, 34)이나 말씀하는데 어떤 복인가? "대저 나를 얻는 자는 생명을 얻고 여호와께 은총을 얻을 것임이니라"(35) 합니다. "음녀의 유혹"을 확대해서 보여주는 7장과, "지혜의 초청"을 확대해서 보여주는 8장의 상반(相反)된 결론을 주목해보시기를 바랍니다. ㉮ 7장의 결론은, "그 집은 음부의 길이라 사망의 방으로 내려가느니라"(7:27) 말씀하고, ㉯ 8장의 결론은, "대저 나를 얻는 자는 생명을 얻고 여호와께 은총을 얻을 것임이니라"(8:35) 하십니다. 두 길의 종말은 "사망과, 생명"으로 갈라집니다.

㉢ 그러므로 "그러나 나를 잃는 자는 자기의 영혼을 해하는 자라 무릇 나를 미워하는 자는 사망을 사랑하느니라"(36) 하고 경고하는 것입니다. 이것이 "하나님께 복을 받을 자들"입니다. 주님은 말씀하십니다. "내 아버지께 복 받을 자들이여 나아와 창세로부터 너희를 위하여 예비된 나라를 상속하라, 저주를 받은 자들아 나를 떠나 마귀와 그 사자들

을 위하여 예비 된 영영한 불에 들어가라"(마 25:34, 41).

⑨ 묵상해보겠습니다.

㉠ 증거해야할 "가장 선한 것과 진리"에 대해서,,

㉡ "나를 간절히 찾는 자가 나를 만날 것이라"에 대해서,

㉢ 지혜의 선재성과, 이제는 누구를 통해서 초청하고 있는가에 대해서.

㉣ 7장과 8장의 상반된 결말에 대해서,

잠언 9장 개관도표

주제 : 지혜의 초청과 음부의 유혹

지혜의 초청

1-6

1 **지혜가**

① **그 집을 짓고** 일곱 기둥을 다듬고

2 **짐승을 잡으며 포도주를 혼합하여 상을 갖추고**

3 ② **그 여종을 보내어** 성중 높은 곳에서 불러 이르기를

4 무릇 어리석은 자는

③ **이리로 돌이키라**

또 지혜 없는 자에게 이르기를

5 ④ **너는 와서 내 식물을 먹으며 내 혼합한 포도주를 마시고**

6 **어리석음을 버리고 생명을 얻으라 명철의 길을 행하라 하느니라**

너는 누구의 초청에 응할 것인가

7-12

7 ⑨ **거만한 자를 징계하는 자는** 도리어 능욕을 받고 악인을 책망하는 자는 도리어 흠을 잡히느니라

8 **거만한 자를 책망하지 말라** 그가 너를 미워할까 두려우니라

⑩ **지혜 있는 자를 책망하라** 그가 너를 사랑하리라

9 **지혜 있는 자에게 교훈을 더하라** 그가 더욱 지혜로와질 것이요

의로운 사람을 가르치라 그의 학식이 더하리라

10 **여호와를 경외하는 것이 지혜의 근본이요**

거룩하신 자를 아는 것이 명철이니라

11 **나 지혜로 말미암아** 네 날이 많아질 것이요 네 생명의 해가 더하리라

12 ⑪ **네가 만일 지혜로우면** 그 지혜가 네게 유익할 것이나

⑫ **네가 만일 거만하면** 너 홀로 해를 당하리라

음녀의 초청

13-18

13 **미련한 계집이 떠들며**

⑤ 어리석어서 아무 것도 알지 못하고

14 **자기 집 문에 앉으며 성읍 높은 곳에 있는 자리에 앉아서**

15 ⑥ **자기 길을 바로 가는 행객을 불러 이르되**

16 무릇 어리석은 자는

⑦ **이리로 돌이키라** 또 지혜 없는 자에게 이르기를

17 ⑧ **도적질한 물이 달고 몰래 먹는 떡이 맛이 있다 하는도다**

18 오직 그 어리석은 자는 죽은 자가 그의 곳에 있는 것과

그의 객들이 음부 깊은 곳에 있는 것을 알지 못하느니라

9장

지혜의 초청과 음부의 유혹

[10]여호와를 경외하는 것이 지혜의 근본이요 거룩하신 자를 아는 것이 명철이니라.

9장은 "지혜의 초청"(1-6)과, "음부의 초청"(13-18)의 대칭(對稱)구도입니다. 7장에서는 "음부"를, 8장에서는 "지혜"를 확대해서 보여준 저자는 9장에서는 "음녀와, 지혜"를 대조(對照)해서 누구를 좇아야 하는가를 제시함으로 마무리를 하고 있는 구조입니다. 중심점은 "여호와를 경외하는 것이 지혜의 근본이라"(10)는데 있습니다. 이 중심주제는 1:7절에서 잠언 제1성으로 하신 말씀입니다. 잠언서 기자는 "여호와를 경외하라"는 중심주제를 다시 강조함으로 원론부분을 마치려 하고 있는 것입니다. 그러므로 본장은 "지혜의 초청, 음부의 초청, 누구를 좇을 것인가" 하는 세 가지 주제로 되어 있습니다.

도표를 보시면 첫째 단원은 "지혜"를 중심으로, ① "지혜가 집을 짓고" 잔치를 배설하고는, ② "여종을 보내어", ③ "이리로 돌이키라" 하고 초청을 하는데, ④ "와서 식물을 먹고 포도주를 마시고 생명을 얻으라" 합니다. 그런데 셋째 단원에서는 "미련한 계집"이, ⑤ "자기 집 문과 성읍 높은 곳에 앉아", ⑥ "자기 길을 바로 가는 자"에게, ⑦ "이리로 돌이키라" 하고 부르면서, ⑧ "도적질한 물이 달다" 하고 유혹을 합니다. 그 사이에 있는 둘째 단원은 "여호와를 경외하는 것이 지혜의 근본이요"를 중심으로, ⑨ "거만한 자"와, ⑩ "지혜 있는 자"가 있는데, ⑪ "네가 만일 지혜로우면" 생명을 얻게 되고, ⑫ "네가 만일 거만하면" 해를 당하리라 하고, 너는 어느 편을 좇겠느냐 하는 구도(構圖)임을 유념하시기를 바랍니다. 이는 참으로 절묘한 구성(構成)입니다.

첫째 단원(1-6) **지혜의 초청**
둘째 단원(7-12) **너는 누구의 초청에 응할 것인가**
셋째 단원(13-18) **음녀의 초청**

주제(主題) : 지혜의 초청과 음부의 유혹

㉠ 인생의 목적이 무엇인가? 여호와를 경외하고 그를 기뻐하는 것입니다. 그렇다면 무엇이 문제인가? 인류의 시조가 하나님의 말씀보다는 음녀(사탄)의 유혹하는 말에 빠져서 그를 따라갔기 때문입니다. 그런데 이것이 옛날이야기도 아니요, 과거지사(過去之事)도 아니라 현재 진행형이라는 것입니다. 우리는 7장에서 간교한 음녀가 "어리석은 자 중에 소년 중에 한 지혜 없는 자"를 유혹하여 "음부의 길, 사망의 방"으로 끌고 가는 것을 보았습니다. 이런 일은 오늘날도 수도 없이 일어납니다.

㉡ 9장은 첫째 단원의 "지혜의 초청"(1-6)과, 셋째 단원의 "음녀의

초청"(13-18)을 대칭위치(對稱位置)에 놓고 그 중간에 있는 둘째 단원에 "거만한 자와, 지혜 있는 자"를 배치(配置)한 구도(構圖)입니다. 이들이 누구의 초청에 응할 것인가? 그리고 두 종말은 어떻게 갈라지게 되는가를 보여줌으로, "지혜롭게, 의롭게, 공평하게, 정직하게 행할 일"(1:3)을 깨닫게 하시려는 것입니다.

㉢ 그런데 참으로 분간하기 어려운 것은 "지혜와, 음녀" 간에는 유사점(類似點)이 있다는 것입니다. ㉮ 잔치 상을 차려 놓은 점, ㉯ 종을 보내서 초청하는 점, ㉰ 그리고 서로가 "어리석은 자"라고 말하면서, ㉱ "이리로 돌이키라"(4, 16), 즉 자기 편으로 오라고 부르는 점이 유사점입니다. ㉲ 그런데 문제의 심각성은 둘 중의 하나는 "생명"(6)이고, 다른 하나는 "사망"(6, 18)이라는 점입니다.

첫째 단원(1-6) 지혜의 초청

① "지혜가 그 집을 짓고 일곱 기둥을 다듬고"(1),

㉠ 집을 지은 목적이 무엇인가? 잔치를 배설하기 위해서입니다. 그런데 "일곱 기둥을 다듬고" 라는 묘사는 웅장한 궁궐을 연상하게 하는 표현입니다. 일곱 기둥을 "일곱 금촛대, 일곱 별"(계 1:20)과 결부를 시킨다면 "지혜"가 지은 집은 "내가 이 반석 위에 내 교회를 세우리니"(마 16:18) 하신 교회(敎會)일 수도 있습니다. 이점이 다음 말씀과 잘 조화를 이루기 때문입니다.

㉡ "짐승을 잡으며 포도주를 혼합하여 상을 갖추고"(2), 즉 잔치를 배설했는데 이 잔치는 오늘날 교회를 통해서 베풀어지고 있기 때문입니다. 무슨 요리를 준비했는가? 짐승을 잡아 마련한 "고기"와, 혼합하여 마련한 최상의 포도주라 합니다. 이 말씀을 상고하는 그리스도인이라면

주님께서, "내가 오찬을 준비하되 나의 소와 살진 짐승을 잡고 모든 것을 갖추었으니 혼인 잔치에 오소서 하라"(마 22:4) 하신 "천국잔치 비유"를 연상하게 될 것입니다.

㉢ 본문은, "짐승을 잡으며 포도주를 혼합하여" 라고 비유하고, 주님의 비유에서는 "나의 소와 살진 짐승을 잡아" 잔치를 준비하였다고 말씀하고 있지만 실제(實際)로는, "받아먹어라 이것이 내 몸이니라, 너희가 다 이것을 마시라 이것은 죄 사함을 얻게 하려고 많은 사람을 위하여 흘리는바 나의 피 곧 언약의 피니라"(마 26:26-28) 하신 하나님의 아들의 희생으로 마련한 잔치였던 것입니다.

㉣ 병행구절인 누가복음 14:17절에서는 "오소서 모든 것이 준비(準備)되었나이다" 하고 말씀합니다. "모든 것을 준비" 하신 것은 하나님께서 자기 아들의 희생을 통하여 마련하신 전적인 은혜임을 망각하지 말아야만 합니다. 이런 천국잔치는 임기응변으로 마련된 것이 아닙니다. 선지자를 통하여, "만군의 여호와께서 이 산에서 만민을 위하여 기름진 것과 오래 저장하였던 포도주로 연회(宴會)를 베푸시리니 곧 골수가 가득한 기름진 것과 오래 저장하였던 맑은 포도주로 하실 것이며"(사 25:6) 하고 예언하신 바요, 때가 찬 경륜 가운데 성취하신 잔치였던 것입니다.

② "그 여종을 보내어 성중 높은 곳에서 불러 이르기를"(3), 보냄을 받은 종은 많은 사람들에게 잘 전달이 되게 하기 위해서 "성중 높은 곳"에서 외쳤다고 말씀합니다.

③ "무릇 어리석은 자는 이리로 돌이키라 또 지혜 없는 자에게 이르기를", ㉮ 초청의 대상(對象)이 누구들인가? "어리석은 자, 지혜 없는 자"라고 말씀합니다. "거만한 자"(7, 8)는 제외되었습니다. ㉯ 왜냐하면 "거만한 자는 지혜를 구하여도 얻지 못하기"(14:6) 때문입니다. 주님의 비유에서는, "그 종에게 이르되 빨리 시내의 거리와 골목으로 나가서

가난한 자들과 병신들과 소경들과 저는 자들을 데려오라"(눅 14:21) 하십니다. "거만한 자"는, "이 세리와도 같지 아니함을 감사하나이다"(눅 18:11) 하고 자신을 자랑하는 자들입니다. 초청의 말씀이 무엇인가?

④ "너는 와서 내 식물을 먹으며 내 혼합한 포도주를 마시고 어리석음을 버리고 생명을 얻으라 명철의 길을 행하라"(5-6)는 말씀입니다. 이를 요약을 하면,

㉠ "너는 와서 먹고, 마시고",

㉡ "어리석음을 버리고",

㉢ "생명을 얻고",

㉣ "명철의 길을 행하라"는 것입니다. 이를 두 마디로 요약할 수가 있는데, ㉮ "와서 먹고 마시고 생명을 얻는 것"은 "믿음"이요, ㉯ "명철의 길을 행하라"는 말은 "행함"이 됩니다. 이것이 초대의 말씀입니다.

㉤ 여기 8장과 9장에 계시된 "지혜"의 다른 면이 나타나는데, 8:22-31절에서는 "내가 그 곁에 있어서 창조자가 되어 날마다 그 기뻐하신 바가 되었으며"(8:30) 하고 창조자(創造者)로 계시가 되어 있는데, 9:1-6절에서는 "너는 와서 내 식물을 먹으며 포도주를 마시고 생명을 얻으라"(9:5-6) 하는 구속주(救贖主)로 계시되어 있다는 점입니다. 23:11절에서는, "대저 그들의 구속자는 강하시니" 합니다. 너희는 나를 누구라 하느냐 하고 물으신다면, 주님은 만물을 "말씀"으로 창조하신 창조자시오, 말씀이 육신이 되어 대속제물이 되어주신 우리의 구속주(救贖主)이십니다 하고 대답할 것입니다. 이것이 "지혜의 초청"입니다.

셋째 단원(13-18) **음녀의 초청**

첫째 단원과의 대비(對比)를 위해서 셋째 단원부터 상고하고자 합

니다.

⑤ "미련한 계집이 떠들며 어리석어서 아무 것도 알지 못하고"(13),

㉠ 첫째 단원의 "지혜"와 대비가 되는 "미련한 계집"이 등장합니다. 그런데 어찌하여 "음녀"라 하지 않고 "미련한 계집"이라 하는가? 이는 3절의 "여종"과 대비시키기 위함으로 여겨집니다. 그러니까 "여종"이 지혜가 파송한 참선지자라면, "미련한 계집"은 음녀가 파송한 거짓선지자인 셈입니다. 이점을 계시록에서는 "자칭 선지자라 하는 여자 이세벨을 네가 용납함이니 그가 내 종들을 가르쳐 꾀어 행음하게 하고 우상의 제물을 먹게 하는도다"(계 2:20) 하십니다. 그러니까 "미련한 계집과, 지혜로운 여종"이 대결하는 구도라는 말씀입니다. 그러나 망각하지 말아야 할 점은 그 두 종의 배후는 "지혜와, 음녀"라는 점입니다. 이것이 선한 싸움이요, 형제도 지금 이 싸움을 싸우고 있는 것입니다.

㉡ "자기 집 문에 앉으며 성읍 높은 곳에 있는 자리에 앉아서"(14) 합니다. 14절을 3절과 대조해 보십시오. "미련한 계집"도, 지혜가 파송한 "여종"의 자리였던 "성읍 높은 곳에 있는 자리에 앉아서" 초청을 하고 있는 것입니다. 그러니까 누가 진짜인지 분별하기가 어렵다는 말씀입니다. 이점을 신약성경에서는, "이것이 이상한 일이 아니라 사단도 자기를 광명의 천사로 가장하나니 그러므로 사단의 일군들도 자기를 의의 일군으로 가장하는 것이 또한 큰 일이 아니라 저희의 결국은 그 행위대로 되리라"(고후 11:14-15) 말씀합니다.

⑥ "자기 길을 바로 가는 행객을 불러 이르되"(15), 미혹하는 대상(對象)이 누군가?

㉠ "자기 길을 바로 가는 행객"입니다. 이점에 대해서 주님은, "거짓선지자들이 일어나 큰 표적과 기사를 보이어 할 수만 있으면 택하신 자들도 미혹하게 하리라"(마 24:24) 하십니다. 그들을 "불러 이르되",

⑦ "무릇 어리석은 자는 이리로 돌이키라 또 지혜 없는 자에게 이르

기를"(16), 16절은 4절과 똑같습니다. 서로가 "어리석은 자"라 합니다. 그래서 "돌이키라" 합니다. "지혜" 편에서는 음녀에게서 "돌이키라" 하고, "음녀" 편에서는 지혜에서 돌이키라 합니다. 그리고 양편에는 잔치 상이 마련이 되어 있는데 음녀가 마련한 잔치 상은,

⑧ "도적질한 물이 달고 몰래 먹는 떡이 맛이 있다"(17) 합니다.

㉠ 2절과 17절의 대비를 보십시오. 지혜는 "짐승을 잡으며 포도주를 혼합하여" 상을 차렸는데, 음녀는 "도적질한 물과, (떳떳치 못하기 때문에) 몰래 먹는 떡"으로 상을 차린 것입니다. "어리석고 미련한 자들"은 어느 쪽에 매력을 더 느끼게 되는가? 그것은 물어볼 것도 없이, "도적질한 물이 달고 몰래 먹는 떡이 맛이 있다"는 말입니다. 왜냐하면 이것이 인류의 시조가 따랐던 길이기 때문이요, 타락한 죄성은 "젊어서 취한 아내" 보다는 "몰래 먹는" 음녀를 연모(5:18, 20)하는 법입니다. 그런데 한 가지 모르는 것이 있다는 것입니다.

㉡ "오직 그 어리석은 자는 죽은 자가 그의 곳에 있는 것과 그의 객들이 음부 깊은 곳에 있는 것을 알지 못하느니라"(18) 합니다. "대저 그가 많은 사람을 상하여 엎드러지게 하였나니 그에게 죽은 자가 허다(許多)하니라 그 집은 음부의 길이라 사망의 방으로 내려가느니라"(7:26-27) 한, 이를 모르고 있다는 말씀입니다.

㉢ 그렇다면 "도적질한 물, 몰래 먹는 떡"이 현대교회에는 어떻게 적용이 되는가? ㉮ 우선적으로 문자(文字)대로 "음행"에 대한 경계라 할 수가 있습니다. 베드로후서 2:18절에서는 "겨우 피한 자들을 음란으로 유혹한다" 하고 말씀합니다. 그래서 저는 음란이 사탄의 마지막 카드라고 말합니다. ㉯ 그런데 이보다 더욱 치명적인 것이 "영적 음행"이라 할 수 있는 "다른 복음, 거짓 복음, 비 진리"입니다. 이점을 사도 바울은, "저희 말은 창질의 썩어져 감과 같다, 진리에 관하여는 저희가 그릇되었다, 어떤 사람들의 믿음을 무너뜨리느니라"(딤후 2:17, 18) 하고 말

씀합니다. 십자가의 도는 미련하게 보이는 반면, 이단 사상은 "도적질한 물, 몰래 먹는 떡"처럼 매력적일 수가 있습니다.

둘째 단원(7-12) 너는 누구의 초청에 응할 것인가

이제 둘째 단원을 상고하게 되었습니다. 본 단원에는 "거만한 자와 지혜 있는 자, 악인과 의로운 사람"이 대비되어 있습니다. 이들에게는 어떤 특성이 있는가?

⑨ "거만한 자를 징계하는 자는 도리어 능욕을 받고 악인을 책망하는 자는 도리어 흠을 잡히느니라"(7) 합니다.

㉠ "거만한 자"라는 말이 3번(7, 8, 12) 등장하는데, 잠언 전체로는 15번 정도 등장합니다. 이 "거만한 자"는 교만한 자로 "어리석은 자, 지혜 없는 자"(4)와는 구별되는 자들로 초청의 대상에서 제외된 자들입니다.

㉡ 왜냐하면 이에 대한 답변으로, "거만한 자는 지혜를 구하여도 얻지 못하거니와 명철한 자는 지식 얻기가 쉬우니라"(14:6) 합니다. 이점이 "심판은 거만한 자를 위하여 예비 된 것이요 채찍은 어리석은 자의 등을 위하여 예비 된 것이니라"(19:29) 한 말씀에서도 드러납니다. "어리석은 자"는 돌이킬 가망이 있기에 채찍, 즉 징계를 하지만 거만한 자에게는 "심판"이 있을 뿐이라는 것입니다.

⑩ 그래서 "거만한 자를 책망하지 말라 그가 너를 미워할까 두려우니라 지혜 있는 자를 책망하라 그가 너를 사랑하리라"(8) 하는 것입니다. 7절에서는, "거만한 자를 징계하는 자는 도리어 능욕을 받고 악인을 책망하는 자는 도리어 흠을 잡히느니라" 합니다.

㉠ 같은 책망을 받아도 지혜 있는 자는 "의인이 나를 칠지라도 은혜

로 여기며 책망할지라도 머리의 기름같이 여기지만"(시 141:5), "거만한 자"는 "미움", 즉 원수로 대하고 능욕한다는 것입니다. 그래서 "지혜 있는 자에게 교훈을 더하라 그가 더욱 지혜로 와질 것이요 의로운 사람을 가르치라 그의 학식이 더하리라"(9) 하는 것입니다.

㉡ 이렇게 말씀한 후에, "여호와를 경외하는 것이 지혜의 근본이요 거룩하신 자를 아는 것이 명철이니라"(10) 하고 중심적인 주제를 말씀합니다. 이 말씀이 첫째 단원과 셋째 단원의 중심에 자리 잡고 있으면서 양쪽을 대비시키는 시소의 받침대 역할을 합니다. 그러니까 "지혜"가 초청하는 목적이 "먹고 마시고 생명을 얻으라"(5-6)는데 끝이는 것이 아니라, 궁극적인 목표는 "여호와를 경외하라"는데 있는 것이요, "미련한 계집"이 유혹하는 목적도 "도적질한 물이 달고 몰래 먹는 떡이 맛이 있다"는데 있는 것이 아니라, 궁극적인 목표는 "하나님을 대적"하는데 있다는 말씀입니다. 자 누구의 초청에 응할 것인가?

⑪ 12절은 "네가 만일" 하는 가정(假定)을 양쪽에 각각 말하면서, "네가 만일 지혜로우면 그 지혜가 네게 유익할 것이나"(12상) 하고 "지혜"를 따르는 길이 있습니다.

⑫ "네가 만일 거만하면 너 홀로 해를 당하리라"(12하) 하고, 지혜의 초청을 배척하고 음녀를 따르는 길이 있습니다. 이는 "자, 내 말을 들었으면 어느 편을 따를 것인지" 결단을 하라는 뜻인 것입니다.

㉠ "만일 거만하면 너 홀로 해(害)를 당하리라"(12하) 한 "해"는 손해 정도가 아니라, "대저 그가 많은 사람을 상하게 하여 엎드러지게 하였나니 그에게 죽은 자가 허다하니라 그 집은 음부의 길이라 사망의 방으로 내려가느니라"(7:26-27) 한 그런 해입니다.

㉡ 그런데 형제는 누구의 초청에 응할 자가 많을 것으로 여겨지십니까? 주님은 말씀하십니다. "멸망으로 인도하는 문은 크고 그 길이 넓어 그리로 들어가는 자가 많고 생명으로 인도하는 문은 좁고 길이 협착

하여 찾는 이가 적음이니라"(마 7:13-14). 이제도 많은 사람들이 음녀의 초청을 따르게 되는 것은, "오직 어리석은 자는 죽은 자가 그의 곳에 있는 것과 그의 객들이 음부의 깊은 곳에 있는 것을 알지 못하기"(18) 때문입니다.

ⓒ 9장을, 그리고 원리와 같은 1-9장을 마치면서 명심할 점이 두 가지가 있습니다. 첫째는 자신이 "가장 선한 것(8:6), 진리"를 전파하라고 보냄을 받은 주의 "종"이라는 점과, 둘째는 지혜가 "일곱 기둥을 다듬어 세운 집"(1), 즉 교회가 주님의 살과 피, 즉 복음으로 배설한 천국잔치가 되어야 한다는 점입니다.

⑬ 묵상해보겠습니다.

ⓐ 1-6절의 지혜의 초청에 대해서,

ⓑ 13-18절의 음녀의 초청에 대해서,

ⓒ 7-12절에 등장하는 "거만한 자와 지혜 있는 자"의 선택에 대해서,

ⓓ 1-9장의 원리적인 말씀에 대해서.

잠언 10장 개관도표

주제 : 지혜 있는 자와 미련한 자, 의인과 악인의 대조

(도표 1)

구절	지혜 있는 자	미련한 자
1절	지혜로운 아들은 아비로 기쁘게 하거니와	미련한 아들은 어미의 근심이니라
5절	여름에 거두는 자는 지혜로운 아들이나	추수 때에 자는 자는 부끄러움을 끼치는 아들이니라
8절	마음이 지혜로운 자는 명령을 받거니와	입이 미련한 자는 패망하리라
13절	명철한 자의 입술에는 지혜가 있어도	지혜 없는 자의 등을 위하여는 채찍이 있느니라
14절	지혜로운 자는 지식을 간직하거니와	미련한 자의 입은 멸망에 가까우니라
19절	그 입술을 제어하는 자는 지혜가 있느니라	말이 많으면 허물을 면키 어려우나
23절	명철한 자는 지혜로 낙을 삼느니라	미련한 자는 행악으로 낙을 삼는 것 같이

(도표 2)

구절	의인의 길	악인의 길
3절	여호와께서 의인의 영혼은 주리지 않게 하시나	악인의 소욕은 물리치시느니라
6절	의인의 머리에는 복이 임하거늘	악인의 입은 독을 머금었느니라
7절	의인을 기념할 때에는 칭찬하거니와	악인의 이름은 썩으리라
11절	의인의 입은 생명의 샘이라도	악인의 입은 독을 머금었느니라
16절	의인의 수고는 생명에 이르고	악인의 소득은 죄에 이르느니라
20절	의인의 혀는 천은과 같거니와	악인의 마음은 가치가 적으니라
21절	의인의 입술은 여러 사람을 교육하나	미련한 자는 지식이 없으므로 죽느니라
24절	의인은 그 원하는 것이 이루어지느니라	악인에게는 그의 두려워하는 것이 임하거니와
25절	의인은 영원한 기초 같으니라	회리바람이 지나가면 악인은 없어져도
28절	의인의 소망은 즐거움을 이루어도	악인의 소망은 끊어지느니라
30절	의인은 영영히 이동되지 아니하여도	악인은 땅에 거하지 못하게 되느니라
31절	의인의 입은 지혜를 내어도	패역한 혀는 베임을 당할 것이니라
32절	의인의 입술은 기쁘게 할 것을 알거늘	악인의 입은 패역을 말하느니라

(도표 3)

구절	여호와를 경외하는 자의 종말	행악하는 자의 종말
2절	의리는 죽음에서 건지느니라	불의의 재물은 무익하여도
4절	손이 부지런한 자는 부하게 되느니라	손을 게으르게 놀리는 자는 가난하게 되고
9절	바른길로 행하는 자는 걸음이 평안하려니와	굽은 길로 행하는 자는 드러나리라
10절		눈짓하는 자는 근심을 끼치고 입이 미련한 자는 패망하느니라
12절	사랑은 모든 허물을 가리우느니라	미움은 다툼을 일으켜도
15절	부자의 재물은 그의 견고한 성이요	가난한 자의 궁핍은 그의 패망이니라
17절	훈계를 지키는 자는 생명 길로 행하여도	징계를 버리는 자는 그릇 가느니라
18절		미워함을 감추는 자는 거짓의 입술을 가진 자요 참소하는 자는 미련한 자니라
22절	여호와께서 복을 주시므로 사람으로 부하게 하시고	근심을 겸하여 주지 아니 하시느니라
26절		게으른 자는 그 부리는 사람에게 마치 이에 초 같고 눈에 연기같으니라
27절	여호와를 경외하면 장수하느니라	그러나 악인의 연세는 짧아지느니라
29절	여호와의 도가 정직한 자에게는 산성이요	행악하는 자에게는 멸망이니라

10장

지혜 있는 자와 미련한 자, 의인과 악인의 대조

> [11]의인의 입은 생명의 샘이라도 악인의 입은 독을 머금었느니라.

10장은 분기점(分岐點)이 되는 장입니다. 이점이 1:1절에서 "솔로몬의 잠언이라" 하고 시작된 말씀이 10:1절에 이르러서 다시 "솔로몬의 잠언이라" 하고 재차 말씀하는 데서도 드러납니다. 그러면 어떤 분기점이 되는가? 1-9장은 원론적(原論的)인 말씀이요, 10장 이하는 원론(原論)을 삶에 적용을 시키는 상론(詳論)이라 할 수가 있습니다. 10장에도 "여호와"라는 호칭이 3번(22, 27, 29) 등장하는데, "여호와를 경외하면"(27)이 중심사상입니다. 그러므로 10장 이하의 말씀을 격언이나, 명언집같이 생각하는 분이 있다면 그 분은 1장으로 되돌아가야 할 것입니다.

다시 상기시킵니다만 1-9장은, "내 아들아" 한, "아들"을 중심으로 이를 소유하려는 "지혜와, 음녀"의 대결구도임을 잊지를 말아야만 합니다. 7-9장에서는 이를 더욱 압축하여 7장에서는 "음녀"가, "어리석은 자 중에 소년 중에 한 지혜 없는 자"를 유혹하여, "음부의 길, 사망의 방"으로 끌고 가는 장면을 보여주고, 8장에서는 "지혜"가 높은 곳에 서서, "나를 얻는 자는 생명을 얻고, 나를 잃는 자는 사망을 사랑하는 것"(8:35-36)이라고 "소리를 높여 부르고"(8:1-4), 9장에서는 "지혜와, 음녀"가 대칭위치(對稱位置)에서 각기 잔치에 초청을 하고 있는데, "네가 만일 지혜로우면, 네가 만일 거만하면"(9:12) 하고 어느 길을 택할 것인가 하는 구도입니다. 그러므로 1-9장의 원론에 확고한 사람이라면, 10장 이하의 말씀들은 해설을 해야 알 수 있는 말씀들이 아니라, 삶의 현장에서 명심하고 실천해야할 경구(警句)들입니다. 이해를 돕기 위해서 각 장을 주제별로 간추려서 말씀을 드리려고 합니다.

도표를 보시면 "지혜 있는 자와 미련한자"(도표 1), "의인의 길과 악인의 길"(도표 2), "여호와를 경외하는 자와 행악하는 자"(도표 3) 등으로 나누어져서 대조되어 있음을 보게 됩니다. 이런 분리(分離)는 인류의 시조가 범죄 한 현장에서 하나님이, "내가 너로 여자와 원수가 되게 하고 너의 후손도 여자의 후손과 원수가 되게 하리니"(창 3:15) 하고 선언하신 때부터 갈라지게 된 것입니다. 그리하여 창세기에서 "여자의 후손과 뱀의 후손"으로 시작된 것이 계시록에 이르러, "누구든지 생명책에 기록되지 못한 자는 불못에 더지우더라, 오직 어린양의 생명책에 기록된 자들뿐이라"(계 20:15, 21:27) 하고 영원히 갈라지게 되는 것입니다. 이점이 잠언서에서도 현저하게 드러나 대부분의 말씀들이, "대조(對照), 대칭(對稱), 비교"(比較) 등으로 되어 있습니다.

도표 1. 지혜 있는 자와 미련한 자

① 도표 1에는 "지혜 있는 자와 미련한 자"가 대조되어 있는데, 첫 말씀이 "지혜로운 아들은 아비로 기쁘게 하거니와 미련한 아들은 어미의 근심이니라"(1) 합니다.

㉠ 1-9장까지에서 "내 아들아" 하고 부르면서, 아들에게 훈계한 말씀이 무엇인가? "지혜가 제일이니 지혜를 얻으라(4:7), 지혜가 또 너를 음녀에게서 말로 호리는 이방 계집에게서 구원하리니"(2:16) 한 말씀입니다. 그렇다면 상론의 첫 말씀을, "지혜로운 아들은 아비로 기쁘게 하거니와 미련한 아들은 어미의 근심이니라"(1) 하고 시작(始作)한다는 것은 너무나 합당한 것입니다.

㉡ 신약성경은 말씀합니다. "하나님의 성령을 근심하게 하지 말라, 주께 기쁘시게 할 것이 무엇인지 시험하여 보라"(엡 4:30, 5:10).

② "여름에 거두는 자는 지혜로운 아들이나 추수 때에 자는 자는 부끄러움을 끼치는 아들이니라"(5).

㉠ 주님은 말씀하십니다. "너희가 넉 달이 지나야 추수할 때가 이르겠다 하지 아니하느냐 내가 너희에게 이르노니 눈을 들어 밭을 보라 희어져 추수하게 되었도다"(요 4:35), 이런 추수 때에 잠을 자고 있다면 아비의 마음이 어떠하겠는가? 또 말씀하시기를, "한 사람이 두 아들이 있는데 맏아들에게 가서 이르되 얘 오늘 포도원에 가서 일하라 하니, 가겠소이다 하더니 가지 아니하고, 둘째 아들에게 가서 또 이같이 말하니, 싫소이다 하더니 그 후에 뉘우치고 갔으니 그 둘 중에 누가 아비의 뜻대로 하였느뇨"(마 21:28-31). 형제는 어떤 아들입니까? "예" 하고 순종함으로 아버지를 기쁘시게 해드리는 아들이 되시기를 바랍니다.

③ "마음이 지혜로운 자는 명령을 받거니와 입이 미련한 자는 패망하리라"(8). 14절에서도, "지혜로운 자는 지식을 간직하거니와 미련한 자

의 입은 멸망에 가까우니라" 합니다. 23절에는 두 가지 낙이 있는데, "미련한 자는 행악으로 낙을 삼는 것같이 명철한 자는 지혜로 낙을 삼느니라" 합니다. 형제는 "명령을 순종하는(받거니와) 자, 지식(말씀)을 간직하는 자" 되어서 아버지를 기쁘시게 해드리기를 바랍니다. 이것이 "지혜 있는 자와 미련한 자"의 대조입니다.

도표 2, 의인의 길과 악인의 길

㉠ 도표 2에는 "의인과 악인"의 대조가 13번이나 등장합니다. 성경이 말씀하는 의인(義人)은 하나님을 경외하는 자를 가리키고, 악인(惡人)이란 불신자를 가리키는 표현입니다. 물론 신자 중에도 선하지 못한 사람이 있고 불신자들 중에도 선한 사람들이 많이 있습니다. 그런데 어찌하여 악인이라 하는가? "여자의 후손과 뱀의 후손"이라는 원복음에 근거하기 때문입니다. 다시 말씀을 드리면 그가 어느 진영(陣營), 어느 길을 가고 있느냐에 따라 분류(分類)가 된다는 것입니다. "뱀의 후손", 즉 음녀의 진영에 소속하게 되면 그 대표자(代表者)가 악한 사탄이기 때문에 "악인"이라 부르게 되는 것입니다.

㉡ 이점에 확고하기 위해서 시편 1편을 예로 들어보겠습니다. 1편은 시편 전체에 대한 서론이요, 요약이라 할 수가 있는데,

복 있는 사람은 악인의 꾀를 좇지 아니하며
죄인의 길에 서지 아니하며
오만한 자의 자리에 앉지 아니하고
오직 여호와의 율법을 즐거워하여
그 율법을 주야로 묵상하는 자로다

저는 시냇가에 심은 나무가 시절을 좇아 과실을 맺으며
그 잎사귀가 마르지 아니함 같으니
그 행사가 다 형통하리로다

악인은 그렇지 않음이여 오직 바람에 나는 겨와 같도다
그러므로 악인이 심판을 견디지 못하며
죄인이 의인의 회중(會中)에 들지 못하리로다

대저 의인(義人)의 길은 여호와께서 인정하시나
악인(惡人)의 길은 망하리로다(시 1편).

㉢ 시편이나 잠언에는 "의인"이라는 말이 참으로 많이 등장합니다. 도대체 어떻게 해서 의인이라는 칭호를 얻게 되었는가? "의인은 없나니 하나도 없으며, 율법의 행위로 그의 앞에 의롭다 하심을 얻을 육체가 없나니"(롬 3:10, 20) 한 대로 자기 행위로 의인이 된 사람은 하나도 없습니다. 다만 "그러나 의인은 믿음으로 말미암아 살리라"(합 2:4) 한 "칭의"(稱義)의 사람이 있을 뿐입니다. "한 사람의 순종치 아니함으로 많은 사람이 죄인(罪人)된 것같이 한 사람의 순종하심으로 많은 사람이 의인(義人)이 되리라"(롬 5:19) 한 것이 이를 가리킵니다.

① "여호와께서 의인의 영혼은 주리지 않게 하시나 악인의 소욕은 물리치시느니라"(3) 하고, 첫 말씀이 "의인의 영혼은 주리지 않게 하신다"는 것입니다.

㉠ 바로 앞 9장에서 "지혜가 집을 짓고 일곱 기둥을 다듬고 짐승을 잡으며 포도주로 혼합하여"(9:1-2) 잔치 상(床)을 배설하는 것을 보았습니다. 그 초대에 응한 사람이 굶주릴 수가 있단 말인가? 이점을 시편에서는, "저희가 주의 집의 살진 것으로 풍족할 것이라 주께서 주의 복락

의 강수로 마시우시리이다"(시 36:8) 말씀합니다.

② 그러므로 "의인의 머리에는 복(福)이 임하거늘 악인의 입은 독(毒)을 머금었느니라"(6) 합니다.

㉠ 이점에서 주목하고 명심해야할 점은 "의인과, 악인"의 "입"이 어떤 역할을 하고 있으며 얼마나 강조되어 있는가 하는 점입니다. "입"이라는 말이 10장에만 12번(6, 8, 10, 11, 13, 14, 18, 19, 20, 21, 31, 32)이나 강조되어 있는데, 죽이고 살리는 일이 입을 통해서 이루어진다고 말씀합니다.

㉮ 그래서 "의인의 입은 생명의 샘이라도 악인의 입은 독을 머금었느니라"(11) 하고 "생명의 샘과, 죽이는 독"이 대조되어 있습니다. 그러니까 양 무리에게 생명의 꼴을 먹이느냐 독초를 먹이느냐의 차이라는 뜻입니다.

㉯ 그러므로 "의인의 혀는 천은과 같거니와 악인의 마음은 가치가 적으니라(20), 의인의 입술은 여러 사람을 교육하나 미련한 자는 지식이 없으므로 죽느니라"(21).

㉰ "의인의 입은 지혜를 내어도 패역한 혀는 베임을 당할 것이니라(31) 의인의 입술은 기쁘게 할 것을 알거늘 악인의 입은 패역을 말하느니라"(32) 합니다. 의인의 입은, "생명의 샘, 여러 사람을 교육, 지혜를 내는" 반면, 악인의 입은 "독을 머금음, 베임을 당함, 패역을 말하느니라" 하는 점을 명심해야만 하겠습니다.

㉡ 한마디로 의인의 입은 살리는 일을 하지만, 악인의 혀는 죽이는 일을 한다는 것입니다. 이것이 어떻게 이루어지는가? 이는 세상 윤리가 아닙니다. 9장에서 보냄을 받은 종이 "어리석음을 버리고 생명을 얻으라"(9:6) 하고 초청하는 것을 보았는데 이것이 살리는 입 역할을 하고 있는 것입니다. 반면 "도적질한 물이 달고 몰래 먹는 떡이 맛이 있다"(9:17) 하고 미혹하는 입이 죽이는 입입니다. 즉 "내 입은 진리(眞理)를

말하며"(8:7) 한, 복음진리를 말하느냐 여부에 달려있다는 말씀입니다. 형제의 입은 "생명의 샘"이 되시기를 기원합니다.

③ 그러면 "의인과, 악인"의 두 종말(終末)은 어떻게 되는가? "악인에게는 그의 두려워하는 것이 임하거니와 의인은 그 원하는 것이 이루어지느니라"(24) 합니다.

㉠ 악인에게 임할 "두려움"이 무엇이며, 의인이 원하는 소망이 무엇인가? "회리바람이 지나가면 악인은 없어져도 의인은 영원한 기초 같으니라"(25) 한 최후심판의 날에 갈라지게 될 "영생과 영벌"입니다. 그래서 "의인의 소망은 즐거움을 이루어도 악인의 소망은 끊어지느니라"(28) 하는 것입니다. 이것이 "의인의 길과 악인의 길"입니다.

도표 3, 여호와를 경외하는 자와 행악하는 자의 종말

㉠ "도표 3"은, 도표 1-2에 들지 않은 남은 구절을 모은 것입니다. 이 말씀들 안에는 "생명의 길과, 장수"가 있는가 하면, "패망, 멸망"이 있어서 두 길과 두 종말을 보여주고 있습니다.

① "훈계를 지키는 자는 생명 길로 행하여도 징계를 버리는 자는 그릇 가느니라"(17), "여호와를 경외하면 장수하느니라 그러나 악인의 연세는 짧아지느니라"(27) 합니다. "여호와의 도가 정직한 자에게는 산성이요 행악하는 자에게는 멸망이니라"(29) 하고, "생명 길과 그릇 가는 길, 산성(山城)과 멸망"이 대조되어 있습니다.

② "미움은 다툼을 일으켜도 사랑은 모든 허물을 가리우느니라"(12)는 말씀은 교훈적으로 보면 일반적인 윤리가 되지만, 구속사라는 맥락에서 보면 엄청난 의미를 갖게 되는 것입니다.

㉠ 왜냐하면 지금 우리가 상고하고 있는 잠언들은 사람이 지키고

행해야할 윤리들입니다. 이를 곡해하게 되면 이 윤리들을 행함으로 "의인"이 되고, 행함으로 구원에 이르는 양 "행위구원론"에 빠질 염려가 있습니다. 이런 문맥에서 "사랑은 모든 허물을 가리우느니라" 하고 말씀한다는 것은 이런 곡해를 단번에 날려버리는 말씀이 되기 때문입니다. 성경이 말씀하는 "의인"은 자기 행위로 의롭다함을 얻은 자들이 아닙니다. 그리스도의 구속으로 말미암아 우리의 "모든 허물을 가리워" 주셨기 때문에 의롭다고 여김을 받은 자들입니다.

ⓛ 다윗은, "허물의 사함을 얻고 그 죄의 가리움을 받는 복이 있도다"(시 32:1) 하고 고백을 합니다. 그리고 바울은 이를 인용하여서, "일한 것이 없이 하나님께 의로 여기심을 받는 사람의 행복에 대하여 다윗이 말한바 그 불법을 사하심을 받고 그 죄를 가리우심을 받는 자는 복이 있고"(롬 4:5-6) 하고 복음의 핵심교리인 칭의를 증거합니다. 베드로 사도는 "무엇보다도 열심히 서로 사랑할지니 사랑은 허다한 죄를 덮느니라"(벧전 4:8) 하고 말씀하는 것만 보아도, "사랑은 모든 허물을 가리우느니라"는 말씀에 실려 있는 무게를 느끼게 합니다.

ⓒ "게으른 자는 그 부리는 사람에게 마치 이에 초 같고 눈에 연기 같으니라"(26)는 말씀을 명심하십시다. 주의 종이 "부리는 사람", 즉 주님께 "눈에 연기 같은 자"가 되어도 괜찮단 말인가? "의인은 영영히 이동(移動)되지 아니하여도 악인은 땅에 거하지 못하게 되느니라"(30) 하십니다. "영영히 이동되지 않는다"는 것은 "내가 여호와의 집에 영원히 거하리로다"(시 23:6) 한 영생을 가리킵니다.

ⓔ 다시 말씀을 드립니다만 10장 이하의 잠언들은 해설을 해야 이해할 수 있는 말씀들이 아닙니다. 잠언의 청중(聽衆)들은 성전 안에서 예배를 드리고 있는 사람들이 아니라, "지혜가 길거리에서 부르며 광장(廣場)에서 소리를 높이며"(1:20) 한 대로 "길거리, 광장, 시장바닥, 직장"에서 분주히 살아가고 있는 사람들입니다. 그곳에는 유혹하는 "음녀"

의 속삭임도 있고, 올무와 함정도 있는 곳입니다. 그러므로 10장 이하의 잠언의 말씀을 자주 자주 묵상하면서 삶의 현장에서 분별력을 행사하여 지혜 있는 자가 되어서 "의인의 길", 주와 동행하는 길, 승리의 길을 가게 되시기를 기원합니다.

③ 묵상해보겠습니다.

㉠ 지혜 있는 자와 미련한 자의 대조에 대해서,

㉡ 의인과 악인의 대조에 대해서,

㉢ 자신은 "추수 때 자는 자(5), 게으른 자"(26)가 아닌가에 대해서,

㉣ 10장에서 가장 감명 받은 말씀과 그 의미에 대해서.

잠언 11장 개관도표

주제 : 구원 얻는 자와 멸망당하는 자

(도표 1)

절	구원을 얻는 자	멸망을 당하는 자
6절	정직한 자는 그 의로 인하여 구원을 얻으려니와	사특한 자는 자기의 악에 잡히리라
8절	의인은 환난에서 구원을 얻고	악인은 와서 그를 대신하느니라
9절	의인은 그 지식으로 말미암아 구원을 얻느니라	사특한 자는 입으로 그 이웃을 망하게 하여도
19절	의를 굳게 지키는 자는 생명에 이르고	악을 따르는 자는 사망에 이르느니라
21절	의인의 자손은 구원을 얻으리라	악인은 피차 손을 잡을지라도 벌을 면치 못할 것이나
30절	의인의 열매는 생명나무라 지혜로운 자는 사람을 얻느니라	

(도표 2)

절	의인의 길	악인의 길
1절	공평한 추는 그가 기뻐하시느니라	속이는 저울은 여호와께서 미워하셔도
2절	겸손한 자에게는 지혜가 있느니라	교만이 오면 욕도 오거니와
3절	정직한 자의 성실은 자기를 인도하거니와	사특한 자의 패역은 자기를 망케 하느니라
5절	완전한 자는 그 의로 인하여 그 길이 곧게 되려니와	악한 자는 그 악을 인하여 넘어지리라
7절		악인은 죽을 때에 그 소망이 끊어지나니 불의의 소망이 없어지느니라
10절	의인이 형통하면 성읍이 즐거워하고	악인이 패망하면 기뻐 외치느니라
11절	성읍은 정직한 자의 축원을 인하여 진흥하고	악한 자의 입을 인하여 무너지느니라
12절	명철한 자는 잠잠 하느니라	지혜 없는 자는 그 이웃을 멸시하나
13절	마음이 신실한 자는 그런 것을 숨기느니라	두루 다니며 한담하는 자는 남의 비밀을 누설하나
14절	모사가 많으면 평안을 누리느니라	도략이 없으면 백성이 망하여도
17절	인자한 자는 자기의 영혼을 이롭게 하고	잔인한 자는 자기의 몸을 해롭게 하느니라
18절	의를 뿌린 자의 상은 확실하니라	악인의 삯은 허무하되
20절	행위가 온전한 자는 그의 기뻐하심을 받느니라	마음이 패려한 자는 여호와의 미움을 받아도
23절	의인의 소원은 오직 선하나	악인의 소망은 진노를 이루느니라
27절	선을 간절히 구하는 자는 은총을 얻으려니와	악을 더듬어 찾는 자에게는 악이 임하리라
31절	보라 의인이라도 이 세상에서 보응을 받겠거든	하물며 악인과 죄인이리요

(도표3)

절	뿌려 구제 하는 자	재물을 의지 하는 자
4절	의리는 죽음을 면케 하느니라	재물은 진노하시는 날에 무익하나
24절	흩어 구제하여도 더욱 부하게 되는 일이 있나니	과도히 아껴도 가난하게 될 뿐이니라
25절	구제를 좋아하는 자는 풍족하여질 것이요 남을 윤택하게 하는 자는 윤택하여지리라	
26절	파는 자는 그 머리에 복이 임하리라	곡식을 내지 아니하는 자는 백성에게 저주를 받을 것이나
28절	의인은 푸른 잎사귀 같아서 번성하리라	자기의 재물을 의지하는 자는 패망하려니와

(도표 4)

절	지혜로운 자	미련한 자
15절	보증이 되기를 싫어하는 자는 평안하니라	타인을 위하여 보증이 되는 자는 손해를 당하여도
16절	유덕한 여자는 존영을 얻고 근면한 남자는 재물을 얻느니라	
22절	아름다운 여인이 삼가지 아니하는 것은	마치 돼지 코에 금고리 같으니라
29절		자기 집을 해롭게 하는 자의 소득은 바람이라 미련한 자는 마음이 지혜로운 자의 종이 되리라

11장

구원 얻는 자와 멸망당하는 자

> [19]의를 굳게 지키는 자는 생명에 이르고 악을 따르는 자는 사망에 이르느니라.

11장에는 "여호와"라는 호칭이 한 번 등장하는데, "속이는 저울은 여호와께서 미워하셔도 공평한 추는 그가 기뻐하시느니라"(1) 합니다. 속이는 저울을 미워하시는 여호와시라면, "속이는 설교", 즉 비진리를 얼마나 미워하실 것인가를 염두에 두고 상고해야 할 것입니다. 이런 맥락에서 11장은 "구원과, 멸망"이 강조되어 있습니다. "구원, 또는 생명"이라는 말이 6번(6, 8, 9, 19, 21, 30)이나 등장합니다. 그래서 요절을 19절로 정하게 된 것입니다. 그러나 이는 이해를 돕기 위한 것이지 잠언의 각 절들은 우리가 명심하고 삶의 현장에서 적용을 해야 할 경구(警句)들인 것입니다.

도표 1. 구원을 얻는 자와 멸망을 당하는 자

① "의를 굳게 지키는 자는 생명에 이르고 악을 따르는 자는 사망에 이르느니라"(19) 합니다.

㉠ "의와 악, 생명과 사망"이 대조(對照)되어 있는데, 이것이 어떻게 갈라지게 되는가?

㉮ 본문은 "의를 굳게 지키는 자는 생명에 이른다"(19) 말씀하고,

㉯ 6절에서도, "그 의로 인하여 구원을 얻는다" 말씀하는데,

㉰ 9절에서는, "의인은 그 지식으로 말미암아 구원을 얻느니라" 하고 말씀합니다.

㉡ 그렇다면 구원에 이르는 "의란, 지식에 근거한 의"임을 알게 됩니다. 그리고 "지식에 근거한 의"란, "인자(仁慈)와 진리(眞理)로 인하여 죄악이 속하게 되고(16:6), 대저 그들의 구속자는 강하시니"(23:11) 한 구속교리에 근거한 "의와 지식"인 것입니다. 신약성경은 말씀합니다. "내가 증거하노니 저희가 하나님께 열심이 있으나 지식을 좇은 것이 아니라 하나님의 의를 모르고 자기 의를 세우려고 힘써 하나님의 의를 복종치 아니 하였느니라"(롬 10:2-3). 지식에 근거하지 않은 열심은 도리어 해로운 것이 될 수가 있습니다.

㉢ 그러므로 "의를 굳게 지키는 자"란, "내 아들아 완전한 지혜와 근신을 지키고"(3:21) 한 "지혜"를 지키는 자요, "무릇 지킬만한 것보다 네 마음을 지키라"(4:23) 한 "마음"을 지키는 자입니다.

② "의인은 환난에서 구원을 얻고 악인은 와서 그를 대신(代身)하느니라"(8), 즉 "모르드개를 달고자 한 나무에 하만을 다니 왕의 노가 그치니라"(에 7:10) 한 경우가 그러합니다. 그러므로 "사특한 자는 입으로 그 이웃을 망하게 하여도 의인은 그 지식으로 말미암아 구원(救援)을 얻느니라"(9) 합니다.

③ "악인은 (하나님을 대적하고자) 피차 손을 잡을 지라도 벌을 면치 못할 것이나 의인의 자손은 구원을 얻으리라"(21), 그러므로 "의인의 열매는 생명나무라 지혜로운 자는 사람을 얻느니라"(30) 하는 결론에 이르게 되는 것입니다. "사람을 얻는다"는 뜻은 많은 사람을 구원으로 인도한다는 것을 가리킵니다. 형제의 입이 "의인의 입은 생명의 샘이라" 한 "생명의 샘"이 되셔서 많은 "사람을 얻어, 열매"가 풍성하시기를 기원합니다.

도표 2. 의인의 길과 악인의 길

11장에서도 "의로운 자"를 9번(8, 9, 10, 19, 21, 23, 28, 30, 31), "악인"을 11번(3, 5, 7, 8, 9, 10, 11, 18, 19, 21, 31)이나 언급하면서 "의인의 길과, 악인의 길"을 대조해서 보여주고 있습니다.

① "악인의 삯은 허무하되 의를 뿌린 자의 상은 확실 하니라"(18) 합니다.

㉠ 여기서는 "삯과, 상"(賞)이 대조가 되어 있는데 "삯"은 대가(代價)입니다. 악인의 수고에 대한 삯은 허무(虛無)뿐이라는 것입니다. 그런데 도표 1에서 본바 대로 "허무"로 끝나는 것이 아니라 그 종말은 멸망이라는 것입니다. 왜냐하면 죄의 삯은 허무가 아니라 사망이기 때문입니다.

㉡ 이와는 대조적으로 주님은, "보라 내가 속히 오리니 내가 줄 상(賞)이 내게 있어 각 사람에게 그의 일한 대로 갚아 주리라"(계 22:12) 하십니다. 형제도 이를 믿기에 "의를 뿌리고" 있는 것입니다. 혼동하지 말아야할 점은, 의인이 얻게 되는 구원은 상이 아니라 선물이라는 점입니다. 이점을 신약성경은, "죄의 삯은 사망이요, 하나님의 은사는 그리

스도 예수 우리 주 안에 영생이니라"(롬 6:23) 하고 말씀합니다.

② "성읍(城邑)은 정직한 자의 축원(祝願)을 인하여 진흥하고 악한 자의 입을 인하여 무너지느니라"(11) 합니다.

㉠ 참으로 중요한 말씀입니다. 전도서에 이런 말씀이 있습니다. "그 성읍 가운데 가난한 지혜자가 있어서 그 지혜로 그 성읍을 건진 것이라 그러나 이 가난한 자를 기억하는 사람이 없었도다"(전 9:15). 하나님은 말씀하십니다. "만일 공의를 행하며 진리를 구하는 자를 한 사람이라도 찾으면 내가 이 성(城)을 사하리라"(렘 5:1). 형제의 축원, 즉 기도로 인하여 이 도성이 진흥(振興)이 되는 역사가 일어나게 되기를 기원합니다.

③ 그러므로 "의인(義人)의 소원은 오직 선하나 악인(惡人)의 소망은 진노를 이루느니라"(23) 합니다.

㉠ 양쪽에 다 같이 "소원"이 있는데, 의인은 오직 선(善)을 행할 것만을 염원하나, 그러나 악인은 "진노"를 당할 일만을 소원으로 삼고 있다는 것입니다. 그래서 "악인은 죽을 때에 그 소망이 끊어지나니 불의의 소망이 없어지느니라"(7) 합니다.

④ 11장은, "보라 의인이라도 이 세상에서 보응을 받겠거든 하물며 악인과 죄인이리요"(31) 하고 끝을 맺고 있는데 무슨 뜻인가?

㉠ 베드로 사도는 이 말씀을 염두에 두고, "하나님의 집에서 심판을 시작할 때가 되었나니 만일 우리에게 먼저 하면 하나님의 복음을 순종치 아니하는 자들의 그 마지막이 어떠하며 또 의인이 겨우 구원을 얻으면 경건치 아니한 자와 죄인이 어디 서리요"(벧전 4:17-18) 하고 해설해 줍니다.

㉡ 11장에서는 "진노하시는 날(4), 벌을 면치 못할 것(21), 진노를 이루느니라(23), 악인의 삯은 허무하되(18), 악인은 죽을 때에 소망이 끊어지나니"(7) 하고 말씀하는데 이는 모두가 종말론적인 심판을 암시

하는 말씀들입니다. 이것이 "의인의 길과 악인의 길"입니다.

도표 3. 뿌려 구제하는 자와 재물을 의지하는 자

① "재물은 진노하시는 날에 무익하나 의리는 죽음을 면케 하느니라"(4) 합니다.

㉠ 불신자들은 재물을 최고의 가치로 추구하나 여호와의 진노하시는 날에 무용지물이라는 것이 성경의 일관된 경계입니다. "그들이 그 은을 거리에 던지며 그 금을 오예물같이 여기리니 이는 여호와 내가 진노를 베푸는 날에 그 은과 금이 능히 그들을 건지지 못하며 능히 그 심령을 족하게 하거나 그 창자를 채우지 못하고 오직 죄악에 빠치는 것이 됨이로다"(겔 7:19) 합니다.

㉡ 그러면 "의리는 죽음을 면케 하느니라" 한 "의리"는 무엇을 의미하는가? "의리"(義理)라는 말이 독립적(獨立的)으로, 또는 다른 문맥에서 사용이 되었다면 다른 해석이 가능할 것입니다. 그러나 "진노하시는 날, 죽음을 면케 한다"는 문맥(文脈)에서는 언약에 신실하신 하나님의 "의리"(義理) 외에 다른 해석이 용납이 되지 않는 것입니다. "본질상 진노의 자녀"(엡 2:3)였던 우리가 진노의 날에 구원을 얻게 된 것은 하나님께서 한 번 세워두신 언약에 대한 "의리"를 지켜주시기 때문입니다. 그러므로 우리도 정절(貞節)을 지킴으로 하나님께 대한 의리를 지킴이 마땅한 것입니다.

② 이런 맥락에서, "흩어 구제하여도 더욱 부하게 되는 일이 있나니 과도히 아껴도 가난하게 될 뿐이니라(24), 구제를 좋아하는 자는 풍족하여질 것이요 남을 윤택하게 하는 자는 윤택하여지리라(25), 곡식을 내지 아니하는 자는 백성에게 저주를 받을 것이나 파는 자는 그 머리에

복이 임하리라"(26) 하신 말씀에도 교훈적인 면과 신령한 의미가 있다고 여겨집니다.

㉠ 교훈적인 면은 문자적으로 "구제"의 미덕을 독려하는 말씀입니다. 그런데 "가장 선한 것"(8:6)이 복음이라면 가장 좋은 구제, 궁극적인 구제(救濟)도, "은과 금은 내게 없거니와 내게 있는 것으로 네게 주노니 곧 나사렛 예수 그리스도의 이름으로 걸으라"(행 3:6) 한 복음인 것입니다. 이를 잠언의 표현대로 하면 "지혜"가 베푼 잔치에 초대하여 배불리 먹게 하는 일입니다. 그러므로 "과도히 아껴도 가난하게 될 뿐이다, 곡식을 내지 않는 자는 백성에게 저주를 받을 것이라"는 말씀을 통해서, "내가 복음을 전할지라도 자랑할 것이 없음은 내가 부득불 할 일임이라 만일 복음을 전하지 아니하면 내게 화(저주)가 있을 것임이로라"(고전 9:16) 한 말씀을 연상한다는 것은 비약이 아닙니다. 형제는 "복음과 빵"을 함께 나누어줄 수 있도록 "있는 자에게 더 주시는" 복을 받으시게 되기를 기원합니다.

③ 그러므로 이 단원의 결론은, "자기의 재물을 의지하는 자는 패망하려니와 의인은 푸른 잎사귀 같아서 번성하리라"(28)는 말씀이 좋을 것입니다. "번성하리라"는 말씀을, "의인의 열매는 생명나무라 지혜로운 자는 사람을 얻느니라" 한 30절과 결부시켜 보시기 바랍니다.

㉠ "흩어 구제하여야 더욱 부하게"(24) 됩니다. "남을 윤택하게 해주어야 자신도 윤택하여"(25)질 수가 있습니다. 이것이 "뿌려 구제하는 자와 재물을 의지하는 자"의 차이입니다.

> 눈물을 흘리며 씨를 뿌리는 자는 기쁨으로 거두리로다
> 울며 씨를 뿌리러 나가는 자는
> 정녕 기쁨으로 그 단을 가지고 돌아오리로다 (시 126:5-6).

도표 4. 지혜로운 자와 미련한 자

① 도표 4는 나머지 성구를 모은 것입니다. 잠언들을 주제 별로 분류한다는 것은 무리한 일입니다만 이해에 도움을 드리기 위해서입니다. "자기 집을 해롭게 하는 자의 소득은 바람이라 미련한 자는 마음이 지혜로운 자의 종이 되리라"(29) 합니다. 여기서는 "지혜로운 자와 미련한 자"가 대조되어 있습니다.

② "타인을 위하여 보증이 되는 자는 손해를 당하여도 보증이 되기를 싫어하는 자는 평안하니라"(15), "보증"에 관한 문제는 6:1-3절에서 말씀한 바입니다. 이는 자기 유익만을 생각하라는 그런 뜻은 아닐 것입니다. "얽혔으며, 빠졌은즉, 잡히게 되었느니라"(6:2, 3)는 표현을 상기하시기를 바랍니다. 누가 하나님의 자녀들을 이처럼 사로잡으려 하는가? "음녀", 곧 사탄입니다. 만일 무분별하게 보증을 섰다가 파산을 하게 된다면 그 영향이 신앙에까지 미치게 되기 때문입니다. 그러므로 이는 보증에 국한된 문제가 아니라 사탄이 숨겨놓은 함정, 올무는 모든 분야에 있다는 경각심을 가지는 것이 중요합니다. 그러므로 매사에 분별력과 지혜를 행사하라는 뜻이 됩니다.

③ "유덕한 여자는 존영(尊榮)을 얻고 근면한 남자는 재물을 얻느니라(16), 아름다운 여인이 삼가지 아니하는 것은 마치 돼지 코에 금고리 같으니라"(22) 합니다. 잠언서는 불신자들에게 한 말씀이 아니라 하나님의 자녀들에게 "지혜"를 얻으라고 주신 말씀입니다. 그러므로 "유덕(有德)한 여자, 근면한 남자, 아름다운 여인" 등은 성도들을 가리키는 표현으로 보아야만 합니다. 성도들은 참으로 "존영"을 얻은 자들입니다. "왕 같은 제사장"보다 더한 존영이 무엇이 있겠는가? 또한 "아름다운 여인"과 같습니다. "어린양의 신부"보다 더 아름다운 여인이 누구겠는가? 그런데 "삼가지 않는다면 마치 돼지 코에 금고리 같다" 하심을 명심하

십시다. 성도들이란, "또한 외인(불신자)에게서도 선한 증거를 얻은 자라야"(딤전 3:7) 하는 것입니다. 이것이 "지혜로운 자와 미련한 자"입니다.

④ 묵상해보겠습니다.

㉠ "의인의 열매는 생명나무라" 한 30절에 대해서,

㉡ "정직한 자의 축원"으로 인하여 성읍이 진흥한다는 11절에 대해서,

㉢ 아름다운 여인과 돼지 코에 금고리(22) 비유에 대해서,

㉣ 11장에서 가장 감명 깊은 말씀과 그 의미에 대해서.

잠언 12장 개관도표

주제 : 여호와께 은총을 입을 자와 정죄를 당할 자

(도표 1)

절	의인의 길	악인의 길
1절	훈계를 좋아하는 자는 지식을 좋아하나니	징계를 싫어하는 자는 짐승과 같으니라
2절	선인은 여호와께 은총을 받으려니와	악을 꾀하는 자는 정죄하심을 받으리라
3절	의인의 뿌리는 움직이지 아니 하느니라	사람이 악으로 굳게 서지 못하나니
5절	의인의 생각은 공직하여도	악인의 도모는 궤휼이니라
7절	의인의 집은 서 있으리라	악인은 엎드러져서 소멸되려니와
10절	의인은 그 육축의 생명을 돌아보나	악인의 긍휼은 잔인이니라
12절	의인은 그 뿌리로 말미암아 결실하느니라	악인은 불의의 이를 탐하나
20절	화평을 논하는 자에게는 희락이 있느니라	악을 꾀하는 자의 마음에는 궤휼이 있고
21절	의인에게는 아무 재앙도 임하지 아니하려니와	악인에게는 앙화가 가득하리라
26절	의인은 그 이웃의 인도자가 되나	악인의 소행은 자기를 미혹하게 하느니라
28절	의로운 길에 생명이 있나니	그 길에는 사망이 없느니라

(도표 2)

절	의인의 입	악인의 입
6절	정직한 자의 입은 사람을 구원하느니라	악인의 말은 사람을 엿보아 피를 흘리자 하는 것이어니와
13절	의인은 환난에서 벗어나느니라	악인은 입술의 허물로 인하여 그물에 걸려도
17절	진리를 말하는 자는 의를 나타내어도	거짓 증인은 궤휼을 말하느니라
18절	지혜로운 자의 혀는 양약 같으니라	혹은 칼로 찌름 같이 함부로 말하거니와
19절	진실한 입술은 영원히 보존되거니와	거짓 혀는 눈 깜짝일 동안만 있을 뿐이니라
22절	진실히 행하는 자는 그의 기뻐하심을 받느니라	거짓 입술은 여호와께 미움을 받아도
25절	선한 말은 그것을 즐겁게 하느니라	근심이 사람의 마음에 있으면 그것으로 번뇌케 하나

(도표 3)

절	지혜 있는 자	미련한 자
8절	사람은 그 지혜대로 칭찬을 받으려니와	마음이 패려한 자는 멸시를 받으리라
11절	자기의 토지를 경작하는 자는 먹을 것이 많거니와	방탕한 것을 따르는 자는 지혜가 없느니라
14절	사람은 입의 열매로 인하여 복록에 족하며	그 손의 행하는 대로 자기가 받느니라
15절	지혜로운 자는 권고를 듣느니라	미련한 자는 자기 행위를 바른 줄로 여기나
16절	슬기로운 자는 수욕을 참느니라	미련한 자는 분노를 당장에 나타내거니와
23절	슬기로운 자는 지식을 감추어 두어도	미련한 자의 마음은 미련한 것을 전파하느니라

(도표 4)

절	부지런 한 자	게으른 자
4절	어진 여인은 그 지아비의 면류관이나	욕을 끼치는 여인은 그 지아비로 뼈가 썩음 같게 하느니라
9절	비천히 여김을 받을지라도 종을 부리는 자는	스스로 높은 체 하고도 음식이 핍절한 자보다 나으니라
24절	부지런한 자의 손은 사람을 다스리게 되어도	게으른 자는 부림을 받느니라
27절	사람의 부귀는 부지런한 것이니라	게으른 자는 그 잡을 것도 사냥하지 아니하나니

12장

여호와께 은총을 입을 자와 정죄를 당할 자

[2]선인은 여호와께 은총을 받으려니와 악을 꾀하는 자는 정죄하심을 받으리라.

12장에도 "여호와"라는 칭호가 두 번 등장하는데, "여호와께 은총을 받을 자(2)와, 여호와께 미움을 받을 자"(22)로 갈라집니다. 이는 작은 일도, 무심한 일도 아닙니다. 십계명의 서문은, "나는 너를 애굽 땅 종 되었던 집에서 인도하여 낸 너의 하나님 여호와로라"(출 20:2) 하고 시작이 되는데, "너희를 구속하여 내 백성을 삼은 여호와이기 때문에 여호와의 백성답게 살아가게 하기 위해서 이 계명을 명한다"는 뜻입니다. 그러므로 "여호와"라는 호칭은 "언약, 구원"과 결부되는 칭호입니다. 이런 맥락에서 잠언은 아무에게나 주어진 말씀이 아니라 하나님의 백성들로 하여금 "음녀"에게 빠지지 않도록 지혜롭게 하기 위해서 주신 경구(警句)들인 것입니다. 이를 염두에 두고 상고함이 마땅합니다.

도표 1. 의인의 길과 악인의 길

① 12장에도 "의인과 악인"의 대조가 8번이나 등장하는데 첫 말씀이, "훈계를 좋아하는 자는 지식을 좋아하나니 징계를 싫어하는 자는 짐승과 같으니라"(1) 합니다.

㉠ "훈계 또는 징계"를 싫어하는 것을 "짐승과 같다" 하십니다. 이 말씀에 비추어보면 오늘날 "짐승과 같은 자"는 교회 안에도 그득하다 하겠습니다. 왜 짐승과 같다 하는가? 훈계를 좋아하는 자는 지식이 더하여져서 성숙으로 나아가게 되나, 징계를 싫어하는 자는 신앙이 자라지를 않고 영적인 성숙이 없기 때문입니다.

② "선인은 여호와께 은총을 받으려니와 악을 꾀하는 자는 정죄하심을 받으리라"(2) 하고 말씀합니다. 이 말씀에는 "은총과, 정죄"가 대조(對照)되어 있습니다. 은총 아래 살아가는 사람이 있고, "그 날에 임할 진노를 쌓아가며"(롬 2:5) 살아가는 사람이 있습니다. "정죄"(定罪)는 11:18절에서 말씀한 "악인의 삯"입니다만, "은총"은 믿는 자에게 베푸시는 선물입니다.

③ 그러므로 "사람이 악으로 굳게 서지 못하나니 의인의 뿌리는 움직이지 아니 하느니라"(3) 합니다.

㉠ "움직이지 않는 뿌리와, 굳게 서지 못함"이 대조되어 있습니다. 12절에서도, "악인은 불의의 이를 탐하나 의인은 그 뿌리로 말미암아 결실하느니라" 합니다. "의인의 뿌리"를 10:25절에서는 "의인은 영원한 기초(基礎)같으니라" 하고 말씀합니다.

㉡ "믿음의 뿌리를 어디에 뻗고 있으며, 믿음의 기초를 어디에 두고 있느냐" 하는 점이 중요합니다. 이것이 부실하게 되면 "비가 내리고 창수가 나고 바람이 불어 그 집에 부딪히면"(마 7:25) 무너짐이 심하게 되는 것입니다. 오직 그리스도만이 굳건한 반석이 되시고, 복음만이 뽑히

지 않는 뿌리인 것입니다. 그리하여 의인의 뿌리는 많은 "결실"(結實)을 가져온다고 말씀합니다. 이점을 시편에서는, "저는 시냇가에 심은 나무가 시절을 좇아 과실을 맺으며 그 잎사귀가 마르지 아니함 같으니 다 형통하리로다"(시 1:3) 합니다.

④ 이런 맥락에서 "의인은 그 이웃의 인도자가 되나 악인의 소행은 자기를 미혹(迷惑)하게 하느니라"(26) 합니다. "인도자와, 미혹"이 대조되어 있는데 현대인의 성경은, "의로운 사람은 자기 이웃을 좋은 길로 인도하여도 악인은 자기 이웃을 못 된 길로 인도한다" 하고 번역하고 있습니다.

⑤ "의인은 그 육축의 생명을 돌아보나 악인의 긍휼은 잔인(殘忍)이니라"(10) 합니다. 여기에는 문자적인 의미가 있습니다만 그것이 전부는 아닐 것입니다. 왜냐하면 "육축의 생명"을 돌아보는 자가 비교할 수 없이 귀중한 "인간의 영혼"을 돌아보지 않을 수가 없을 것이기 때문입니다. 이럴 경우 바울은, "하나님께서 어찌 소들을 위하여 염려하심이냐 전혀 우리를 위하여 말씀하심이 아니냐"(고전 9:9-10) 하고 해석해주고 있습니다. 그러므로 "악인의 말은 사람을 엿보아 피를 흘리자 하는 것이 어니와 정직한 자의 입은 사람을 구원(救援)하느니라"(6) 합니다.

⑥ 7절에서는 "악인은 엎드러져서 소멸되려니와 의인의 집은 서 있으리라"(7) 말씀하고, 12장은 "의로운 길에 생명이 있나니 그 길에는 사망이 없느니라"(28) 하고 마치고 있는데 이 말씀으로 "의인의 길과 악인의 길"이라는 결론을 삼아도 좋을 것입니다.

도표 2, 의인의 입과 악인의 입

① 성경에는 "입"과 관련된 경계가 참으로 많습니다. 오죽해야 "저희

목구멍은 열린 무덤이요 그 혀로는 속임을 베풀며 그 입술에는 독사의 독이 있고 그 입에는 저주와 악독이 가득하다"(롬 3:13-14)고 말씀하겠습니까? 이점을 잠언이 침묵할 이가 있겠습니까? "죽고 사는 것이 혀의 권세에 달렸나니"(18:21) 하고 말씀할 정도입니다. 그러므로 본장에 만도 10번 정도나 나옵니다. "거짓 입술은 여호와께 미움을 받아도 진실히 행하는 자는 그의 기뻐하심을 받느니라"(22) 합니다.

② 반면 "진리를 말하는 자는 의를 나타내어도 거짓 증인은 궤휼을 말하느니라"(17) 합니다. 여기 "거짓 증인"이라는 말이 등장하는데 이것이 당시로는 법정에서 거짓 증언하는 자를 가리킬 수가 있습니다만, 이 말씀이 그리스도의 십자가를 통해서 신약의 성도들에게 적용이 될 때에는 "진리를 선포하는 증인과, 거짓을 말하는 증인"을 가리키는 것이 되는 것입니다.

㉠ 이런 맥락에서 "진리를 말하는 자는 의를 나타내어도" 하고, "진리와, 의"가 결부되어 있음을 주목해야만 합니다. 왜냐하면 우리가 가진 의는 율법에서 난 의가 아니라 오직 "진리"에서 난 의(빌 3:9)이기 때문입니다. 반면 비진리를 말하는 거짓 증인의 입술은 얼마나 미워하실 것인가?

③ 그래서 "혹은 칼로 찌름 같이 함부로 말하거니와 지혜로운 자의 혀는 양약(良藥) 같으니라"(18) 합니다.

㉠ 지혜로운 자의 혀가 어찌하여 "양약"(良藥)같다 하시는가? 상한 심령을 치료하는 방도는, "저(하나님)가 그 말씀을 보내어 저희를 고치사 위경에서 건지시는도다"(시 107:20) 하고, 지혜로운 자의 혀를 통하여 치료하시기 때문입니다. 그러므로 양약 같다는 말씀을, "의인의 입은 생명의 샘이라도 악인의 입은 독을 머금었느니라"(10:11)와 결부하여 생각해보시기를 바랍니다.

㉡ 그래서 "진실한 입술은 영원히 보존되거니와 거짓 혀는 눈 깜짝

일 동안만 있을 뿐이니라"(19) 합니다. 영원히 보존될 "진실한 입술"은 진실한 증인을 가리키고, 눈 깜짝할 동안만 있을 뿐이라는 "거짓 혀"는 거짓 증인을 가리킵니다. 그러므로 참 목자와 거짓목자의 시금석은 출신, 학위, 교세 등에 있는 것이 아니라, "네가 진리의 말씀을 옳게 분변하며"(딤후 2:15) 한 여부에 다렸다는 점을 명심해야만 합니다.

④ 그래서 "악인의 말은 사람을 엿보아 피를 흘리자 하는 것이 어니와 정직한 자의 입은 사람을 구원(救援)하느니라"(6) 하는 것입니다. 언어는 하나님께서 사람에게만 주신 선물이며, 입은 하나여도 죽이고 살리는 도구인 것입니다. 이것이 "의인의 입과 악인의 입"의 차이입니다.

도표 3. 지혜 있는 자와 미련한 자

① "미련한 자는 자기 행위를 바른 줄로 여기나 지혜로운 자는 권고를 듣느니라"(15) 합니다. 제가 성경을 상고하면서 재삼 터득하게 된 점은 자신의 잘못을 깨닫는다는 것이 얼마나 어려운 것인가 하는 점입니다. 첫째는 인간의 자력으로는 잘못조차도 깨닫지를 못하고, 둘째는 하나님께서 선지자들을 통해서 잘못을 지적을 하시면 받아드리고 돌이키는 것이 아니라 항변하면서 더욱 강퍅해 진다는 점입니다. 이점이 사울과 다윗의 다른 점인데 사울은 구차한 변명을 늘어놓았으나 다윗은 즉석에서, "내가 여호와께 죄를 범하였노라"(삼하 12:13) 하고 인정을 하고 받아드렸습니다.

② "미련한 자는 분노를 당장에 나타내거니와 슬기로운 자는 수욕을 참느니라(16), 슬기로운 자는 지식을 감추어 두어도 미련한 자의 마음은 미련한 것을 전파하느니라"(23) 합니다. "미련한 자와, 슬기로운 자"가 대조되어 있는데 어떤 차이인가? 성격이 냄비 같다는 말이 있는데

심령의 깊이와 얕음의 차이입니다.

③ "사람은 그 지혜대로 칭찬을 받으려니와 마음이 패려한 자는 멸시를 받으리라(8), 자기의 토지를 경작하는 자는 먹을 것이 많거니와 방탕한 것을 따르는 자는 지혜가 없느니라"(11) 합니다.

㉠ "자기 토지를 경작하는 것과, 방탕"이 대조가 되어 있는데, "방탕"이 일확천금을 노리는 심리라면, "경작"은 근실히 행하는 것을 가리킵니다. 주님은 농사(農事) 비유를 많이 들어 설명하셨는데, 목회란 "토지를 경작"하는 것과 같다 하겠습니다. 말하기는 쉬우나 이대로 실천하기란 쉬운 일이 아닙니다. 무엇이 문제인가? 나라고 하는 옛 사람이 죽지 않았기 때문입니다.

도표 4. 부지런한 자와 게으른 자

① 잠언서에서 강조하고 있는 경계 중 하나가 "게으름"입니다. 16번 정도 언급하고 있는데 이점이 왜 중요하냐 하면 "가난"이 죄는 아니지만 게을러서 가난하다면 그것은 죄인 것입니다. 문제는 영적인 빈곤입니다. 그것은 하나님이 주시지 않기 때문이 아니라, "게으른 자는 그 손을 그릇에 넣고도 입으로 올리기를 괴로워하느니라"(19:24) 한 "게으름" 때문입니다.

② "부지런한 자의 손은 사람을 다스리게 되어도 게으른 자는 부림을 받느니라(24), 게으른 자는 그 잡을 것도 사냥하지 아니하나니 사람의 부귀는 부지런한 것이니라"(27) 합니다.

③ 이 "게으름"이라는 주제와 결부하여, "내가 증왕에 게으른 자의 밭과 지혜 없는 자의 포도원을 지나며 본즉 가시덤불이 퍼졌으며 거친 풀이 지면에 덮였고 돌담이 무너졌기로 내가 보고 생각이 깊었고 내가 보

고 훈계를 받았었노라"(24:30-31) 한 말씀을 묵상해보시기를 바랍니다. 우리의 가난이, 그리고 목장의 빈곤이 "게으름과, 지혜 없음" 때문은 아닌지 깊이 생각해야할 것입니다.

④ 도표 4는 "어진 여인은 그 지아비의 면류관이나 욕을 끼치는 여인은 그 지아비로 뼈가 썩음 같게 하느니라"(4) 한 말씀을 음미하면서 마쳐야만 하겠습니다. 주님을 신랑으로, 나 자신을 신부로 여겨서 생각한다면, 우리는 주님께 영광을 돌리는 면류관 역할을 하고 있는가? 아니면 "뼈가 썩음 같게" 하고 있는 것은 아닌가 하고 자문하게 합니다.

⑤ 묵상해보겠습니다.

㉠ 훈계와 징계에 대해서 자신은 어떤 반응을 나타내는가에 대해서,

㉡ 자신은 주님의 면류관(영광)인가, 욕을 끼치는 자인가에 대해서,

㉢ "칼로 찌름 같은 말과, 양약 같다"는 말에 대해서,

㉣ 12장에서 가장 감명 깊은 구절과 그 의미에 대해서.

잠언 13장 개관도표

주제 : 말씀을 두려워하는 자와 멸시하는 자

(도표 1)

절	지혜로운 자	미련하고 교만한 자
1절	지혜로운 아들은 아비의 훈계를 들으나	거만한 자는 꾸지람을 즐겨 듣지 아니하느니라
10절	권면을 듣는 자는 지혜가 있느니라	교만에서는 다툼만 일어날 뿐이라
14절	지혜 있는 자의 교훈은 생명의 샘이라	사람으로 사망의 그물을 벗어나게 하느니라
15절	선한 지혜는 은혜를 베푸나	궤사한 자의 길은 험하니라
16절	무릇 슬기로운 자는 지식으로 행하여도	미련한 자는 자기의 미련한 것을 나타내느니라
18절	경계를 지키는 자는 존영을 얻느니라	훈계를 저버리는 자에게는 궁핍과 수욕이 이르거니와
19절	소원을 성취하면 마음에 달아도	미련한 자는 악에서 떠나기를 싫어하느니라
20절	지혜로운 자와 동행하면 지혜를 얻고	미련한 자와 사귀면 해를 받느니라

(도표 2)

절	의인의 길	악인의 길
5절	의인은 거짓말을 미워하나	악인은 행위가 흉악하여 부끄러운데 이르느니라
6절	의는 행실이 정직한 자를 보호하고	악은 죄인을 패망케 하느니라
9절	의인의 빛은 환하게 빛나고	악인의 등불은 꺼지느니라
21절	선한 보응은 의인에게 이르느니라	재앙은 죄인을 따르고
22절	선인은 그 산업을 자자손손에게 끼쳐도	죄인의 재물은 의인을 위하여 쌓이느니라
25절	의인은 포식하여도	악인의 배는 주리느니라

(도표 3)

절	말씀을 두려워하는 자	말씀을 멸시하는 자
2절	사람은 입의 열매로 인하여 복록을 누리거니와	마음이 궤사한 자는 강포를 당하느니라
3절	입을 지키는 자는 그 생명을 보전하나	입술을 크게 벌리는 자에게는 멸망이 오느니라
4절	부지런한 자의 마음은 풍족함을 얻느니라	게으른 자는 마음으로 원하여도 얻지 못하나
12절	소원이 이루는 것은 곧 생명 나무니라	소망이 더디 이루게 되면 그것이 마음을 상하게 하나니
13절	계명을 두려워하는 자는 상을 얻느니라	말씀을 멸시하는 자는 패망을 이루고
17절	충성된 사신은 양약이 되느니라	악한 사자는 재앙에 빠져도
24절	자식을 사랑하는 자는 근실히 징계하느니라	초달을 차마 못하는 자는 그 자식을 미워함이라

(도표 4)

절	늘어가는 재물	줄어가는 재물
7절	스스로 가난한 체 하여도 재물이 많은 자가 있느니라	스스로 부한체하여도 아무 것도 없는 자가 있고
8절	사람의 재물이 그 생명을 속할 수는 있으나	가난한 자는 협박을 받을 일이 없느니라
11절	손으로 모은 것은 늘어가느니라	망령되이 얻은 재물은 줄어가고
23절	가난한 자는 밭을 경작하므로 양식이 많아지거늘	혹 불의로 인하여 가산을 탕패하는 자가 있느니라

13장

말씀을 두려워하는 자와 멸시하는 자

[13]말씀을 멸시하는 자는 패망을 이루고 계명을 두려워하는 자는 상을 얻느니라.

13장도 "의인과 악인"의 대조, "지혜로운 자와 미련한 자"의 대조 등, 대구법(對句法), 병행구(竝行句) 등을 통해서 훈계를 합니다. "입을 지키는 자는 그 생명을 보전하나(3), 소원이 이루는 것은 곧 생명나무니라(12), 지혜 있는 자의 교훈은 생명의 샘이라"(14) 하고 "생명"이 강조되어 있습니다. 모든 교훈의 대조는, "말씀을 멸시하는 자와, 계명을 두려워하는 자"(13)에 있다 하겠습니다.

도표 1. 지혜로운 자와 미련하고 교만한 자

① "지혜로운 아들은 아비의 훈계를 들으나 거만한 자는 꾸지람을 즐겨 듣지 아니 하느니라"(1). 10절에서도 "교만에서는 다툼만 일어날 뿐이라 권면을 듣는 자는 지혜가 있느니라"(10) 합니다. 지혜로운 자와, 미련하고 교만한 자가 어떻게 다른가?

㉠ 첫째는 지혜로운 자는 훈계를 듣고 받아드리나, 미련한 자는 듣기를 싫어하고 배척한다는 것입니다.

② 어찌하여 훈계를 듣는 것이 지혜로운 자인가? "지혜 있는 자의 교훈은 생명의 샘이라 사람으로 사망의 그물을 벗어나게"(14) 하기 때문입니다.

㉠ 그러므로 둘째는, 지혜로운 자는 교훈을 받아 "생명의 샘"을 취하나, 미련한 자는 "사망의 그물"을 자취한다는 것입니다.

③ 그리하여 "무릇 슬기로운 자는 지식으로 행하여도 미련한 자는 자기의 미련한 것을 나타내느니라"(16) 합니다.

㉠ 결과가 어떻게 나타나는가? "지식으로 행한다"는 것이 중요합니다. 이는 들은 바 잠언의 말씀, 하나님의 말씀을 통해서 분별력을 행사하여 행동으로 옮기는 것을 의미하기 때문입니다. 그러나 "미련한 자는 자기의 미련한 것을 나타낸다"는 것은 결국 육신의 소욕대로 행한다는 것이 됩니다.

㉡ 그래서 "훈계를 저버리는 자에게는 궁핍과 수욕이 이르거니와 경계를 지키는 자는 존영을 얻느니라"(18) 하는 것입니다.

④ 그러므로 이 문단의 결론으로는, "지혜로운 자와 동행(同行)하면 지혜를 얻고 미련한 자와 사귀면 해를 받느니라"(20)는 말씀이 합당하다 하겠습니다. 여기서 "동행한다, 사귀면"은 단순한 의미가 아니라, "너희는 믿지 않는 자와 멍에를 같이 하지 말라 의와 불법이 어찌 함께

하며 빛과 어두움이 어찌 사귀며"(고후 6:14) 한 "멍에를 같이 하는" 교제를 가리킵니다. 그러니까 그 사람의 됨됨이를 알려면 그가 누구와 사귀고 있는가를 보면 알 수가 있다는 것입니다. 이것이 "지혜로운 자와 미련하고 교만한 자"의 다른 점입니다.

도표 2. 의인의 길과 악인의 길

① 도표 2는 "의인의 길과, 악인의 길", 즉 신자와 불신자가 대조되어 있습니다. "의인의 빛은 환하게 빛나고 악인의 등불은 꺼지느니라"(9) 합니다. "빛과 등불, 환하게 빛남과 꺼짐"이 대조가 되어 있는데 "의인의 빛"이란 태양(太陽)처럼 하나님께로 말미암은 것이기 때문에 점점 빛을 발하게 되나, "악인의 등불"은 인위적(人爲的)이요 일시적인 것을 의미하는 것으로 결국은 꺼지고 만다는 것입니다. 이점을 4:18-19절에서는, "의인의 길은 돋는 햇볕 같아서 점점 빛나서 원만한 광명에 이르거니와 악인의 길은 어둠 같아서 그가 거쳐 넘어져도 그것이 무엇인지 깨닫지 못하느니라" 합니다.

② 이런 맥락에서, "의인은 거짓말을 미워하나 악인은 행위가 흉악하여 부끄러운데 이르느니라(5), 의는 행실이 정직한 자를 보호하고 악은 죄인을 패망케 하느니라(6), 재앙은 죄인을 따르고 선한 보응은 의인에게 이르느니라"(21) 하는 것입니다. "부끄러운데 이른다, 패망케 한다, 재앙, 보응" 등의 표현은 종말적(終末的)인 표현인 것입니다.

③ 13장은, "의인은 포식하여도 악인의 배는 주리느니라"(25) 하고 마치고 있는데, 이 말씀을 본 문단의 결론으로 삼아도 합당할 것입니다. 왜냐하면 이것이 믿는 자에게 주어질 축복과 불신자가 당하게 될 화에 대한 구약적인 표현이기 때문입니다. 배는 저절로 부르게 되는 것

이 아닙니다. 주님은 말씀하십니다. "의에 주리고 목마른 자는 복이 있나니 저희가 배부를 것임이요"(마 5:6). "의에 주리고 목말라 하는" 사모하는 자만이 포식하게 될 것입니다.

도표 3. 말씀을 두려워하는 자와 멸시하는 자

① "말씀을 멸시하는 자는 패망을 이루고 계명을 두려워하는 자는 상을 얻느니라"(13) 합니다. 어떻게 하는 것이 "말씀을 멸시하는 것"인가?

㉠ 첫째는 성경은 하나님의 자기계시입니다. 그러므로 성경 말씀을 믿지 않는 것이 하나님을 멸시하는 것입니다. 나아가 말씀이 육신이 되어 오신 그리스도를 배척하는 것이 최대로 말씀을 멸시하는 일입니다.

㉡ 또한 말씀을 "듣고 잊어버리는 것"(약 2:25)도 말씀을 멸시하는 것이 될 것입니다. 그래서 "나를 얻는 자는 생명을 얻고 여호와께 은총을 얻을 것임이니라"(8:35) 한 것입니다.

② "사람은 입의 열매로 인하여 복록을 누리거니와 마음이 궤사한 자는 강포를 당하느니라" 한 2절과, "입을 지키는 자는 그 생명을 보전하나 입술을 크게 벌리는 자에게는 멸망이 오느니라" 한 3절은 모두가 "말"과 관련이 있는데, "입의 열매", 즉 입에서 나오는 말을 인하여 "생명을 보존하기도 하고, 멸망을 당하게도" 된다는 것입니다. 이는 "말씀" 증거와 관련이 있는 것입니다.

③ 그러므로 본 문단의 결론으로는, "악한 사자(使者)는 재앙에 빠져도 충성된 사신(使臣)은 양약이 되느니라"(17)는 말씀이 합당할 것입니다.

㉠ 잠언은 모든 성도들에게 주어진 것이나 특히 목회자에게 하신 "목회서신"과 같은 의미가 있습니다. 25:13절에서도, "충성된 사자는 그

를 보낸 이에게 마치 추수하는 날에 얼음냉수 같아서 능히 주인의 마음을 시원케 하느니라" 하고 말씀합니다.

㉡ 설교자는 모두가 보냄을 받은 사신(使臣)들입니다. "말씀"을 바로 대언(代言)을 하면 양약(良藥)같이 되지만, 만일 말씀을 곡해한다면 자신과 듣는 자들을 "재앙에 빠지게" 하는 것이 됩니다. 그래서 10:11절에서는, "의인의 입은 생명의 샘이라도 악인의 입은 독(毒)을 머금었느니라" 한 것입니다.

㉢ 주님은 찾으십니다. "충성되고 지혜 있는 종이 되어 주인에게 그 집 사람들을 맡아 때를 따라 양식을 나눠 줄 자가 누구뇨"(마 24:45). 형제가 "내가 여기 있나이다"(사 6:8) 하고 대답하시게 되기를 바랍니다.

도표 4. 늘어가는 재물과 줄어드는 재물

① 본문은 분명 "재물"에 관한 교훈이지만, "여호와를 경외하는 것이 지혜의 근본이라" 한 대 주제에 근거하여 생각한다면 영적인 의미도 있을 것입니다. 왜냐하면 여호와를 경외하는 자가 받게 될 축복을 구약에서는 물질적인 것으로 나타내고, 신약에서는 신령한 것으로 표현하고 있기 때문입니다. 19:23절을 보십시오. "여호와를 경외하는 것은 사람으로 생명에 이르게 하는 것이라" 말씀하면서, "경외하는 자는 족하게 지내고 재앙을 만나지 아니 하느니라", 즉 풍족하게 지나게 된다고 말씀을 합니다. 이것이 신약의 성도들에게는 영적인 만족으로 적용이 된다 하겠습니다.

② "스스로 부한 체하여도 아무 것도 없는 자가 있고 스스로 가난한 체 하여도 재물이 많은 자가 있느니라"(7) 합니다. "스스로 부한 체" 하

는 사람과, "스스로 가난한 체" 하는 사람이 대조되어 있는데, 은혜 많이 받고 신령한 척 자랑하는 자와 온유 겸손한 자에 대한 은유적인 표현일 수도 있습니다. 그러므로 "망령되이 얻은 재물은 줄어가고 손으로 모은 것은 늘어 가느니라(11) 합니다. 시편 기자는, "내 소유(所有)는 이것이니 곧 주의 법도(말씀)를 지킨 것이니이다"(시 119:56) 하고 말씀하는데 형제는 "스스로 부한 체"하는 자인가? 아니면 "스스로 가난한 체"하는 자인가?

③ "가난한 자는 밭을 경작하므로 양식이 많아지거늘 혹 불의로 인하여 가산을 탕패하는 자가 있느니라"(23) 합니다.

㉠ "밭을 경작(耕作)하므로" 라는 말은 의미심장한 표현입니다. 호세아 선지자는 외치기를, "너희가 자기를 위하여 의를 심고 긍휼을 거두라 지금이 곧 여호와를 찾을 때니 너희 묵은 땅을 기경하라 마침내 여호와께서 임하사 의를 비처럼 너희에게 내리시리라" 하고, 마음 밭을 기경하라 하고 말씀하기 때문입니다. 이렇게 하는 사람은 "양식이 많아져" 의에 배부르게 될 것입니다.

⑤ 묵상해보겠습니다.

㉠ 지혜 있는 자와 거만하고 교만한 자의 대조에 대해서,

㉡ "말씀을 멸시하는 자와 두려워하는 자"에 대해서,

㉢ 13장에서 가장 마음에 와 닿는 구절과 의미에 대해서.

잠언 14장 개관도표

주제 : 여호와를 경외하는 자와 경멸하는 자

(도표 1)

절	지혜 있는 자	미련한 자
1절	무릇 지혜로운 여인은 그 집을 세우되	미련한 여인은 자기 손으로 그것을 허느니라
3절	지혜로운 자는 입술로 스스로 보전하느니라	미련한 자는 교만하여 입으로 매를 자청하고
6절	명철한 자는 지식 얻기가 쉬우니라	거만한 자는 지혜를 구하여도 얻지 못하거니와
9절	정직한 자 중에는 은혜가 있느니라	미련한 자는 죄를 심상히 여겨도
12절	어떤 길은 사람의 보기에 바르나	필경은 사망의 길이니라
24절	지혜로운 자의 재물은 그의 면류관이요	미련한 자의 소유는 다만 그 미련한 것이니라
33절	지혜는 명철한 자의 마음에 머물거니와	미련한 자의 속에 있는 것은 나타나느니라

(도표 2)

절	여호와를 경외하는 자	여호와께 패역하는 자
2절	정직하게 행하는 자는 여호와를 경외하여도	패역하게 행하는 자는 여호와를 경멸히 여기느니라
11절	정직한 자의 장막은 흥하리라	악한 자의 집은 망하겠고
14절	선한 사람도 자기의 행위로 그러하리라	마음이 패려한 자는 자기 행위로 보응이 만족하겠고
19절	악인은 선인 앞에 엎드리고	불의자는 의인의 문에 엎드리느니라
20절	부요한 자는 친구가 많으니라	가난한 자는 그 이웃에게도 미움을 받게 되나
21절	빈곤한 자를 불쌍히 여기는 자는 복이 있는 자니라	그 이웃을 업신여기는 자는 죄를 범하는 자요
22절	선을 도모하는 자에게는 인자와 진리가 있으리라	악을 도모하는 자는 그릇 가는 것이 아니냐
26절	여호와를 경외하는 자에게는 견고한 의뢰가 있나니	그 자녀들에게 피난처가 있으리라
27절	여호와를 경외하는 것은 생명의 샘이라	사망의 그물에서 벗어나게 하느니라
31절	궁핍한 사람을 불쌍히 여기는 자는 주를 존경하는 자니라	가난한 사람을 학대하는 자는 그를 지으신 이를 멸시하는 자요
32절	의인은 그 죽음에도 소망이 있느니라	악인은 그 환난에 엎드러져도
34절	의는 나라로 영화롭게 하고	죄는 백성을 욕되게 하느니라

(도표 3)

절	슬기로운 자	어리석은 자
7절	너는 미련한 자의 앞을 떠나라	그 입술에 지식 있음을 보지 못함이니라
8절	슬기로운 자의 지혜는 자기의 길을 아는 것이라도	미련한 자의 어리석음은 속이는 것이니라
15절	슬기로운 자는 그 행동을 삼가느니라	어리석은 자는 온갖 말을 믿으나
16절	지혜로운 자는 두려워하여 악을 떠나나	어리석은 자는 방자하여 스스로 믿느니라
17절		노하기를 속히 하는 자는 어리석은 일을 행하고 악한 계교를 꾀하는 자는 미움을 받느니라
18절	슬기로운 자는 지식으로 면류관을 삼느니라	어리석은 자는 어리석음으로 기업을 삼아도
29절	노하기를 더디 하는 자는 크게 명철하여도	마음이 조급한 자는 어리석음을 나타내느니라

(도표 4)

절	신실한 증인	거짓 증인
4절	소의 힘으로 얻는 것이 많으니라	소가 없으면 구유는 깨끗하려니와
5절	신실한 증인은 거짓말을 아니 하여도	거짓 증인은 거짓말을 뱉느니라
10절	마음의 고통은 자기가 알고	마음의 즐거움도 타인이 참여하지 못하느니라
13절	웃을 때에도 마음에 슬픔이 있고	즐거움의 끝에도 근심이 있느니라
23절	모든 수고에는 이익이 있어도	입술의 말은 궁핍을 이룰 뿐이니라
25절	진실한 증인은 사람의 생명을 구원하여도	거짓말을 뱉는 사람은 속이느니라
28절	백성이 많은 것은 왕의 영광이요	백성이 적은 것은 주권자의 패망이니라
30절	마음의 화평은 육신의 생명이나	시기는 뼈의 썩음이니라
35절	슬기롭게 행하는 신하는 왕의 은총을 입고	욕을 끼치는 신하는 그의 진노를 당하느니라

14장

여호와를 경외하는 자와 경멸하는 자

[2]정직하게 행하는 자는 여호와를 경외하여도 패역하게 행하는 자는 여호와를 경멸히 여기느니라.

14장에는 "여호와"라는 호칭이 4번 등장하는데, 3번은 "여호와를 경외"(2, 26, 27)하는 것으로, 한번은 "여호와를 경멸"(2)하는 것과 결부가 되어 있습니다. 본장은 이를 기조(基調)로 하여, "여호와를 경외하는 자와 경멸하는 자, 지혜 있는 자와 미련한 자, 슬기로운 자와 어리석은 자, 신실한 증인과 거짓 증인"을 대조해서 보여줍니다. 이처럼 "대조법(對照法), 대구법(對句法), 병행구"(竝行句) 등의 방법으로 말씀하는 것은 이해를 극대화하기 위해서입니다.

도표 1. 지혜 있는 자와 미련한 자

① "무릇 지혜로운 여인은 그 집을 세우되 미련한 여인은 자기 손으로 그것을 허느니라"(1) 합니다. 같은 "여인"이지만 "지혜"를 갖고 있느냐 여부에 따라서 "집을 세우기도 하고, 헐기도" 한다는 점입니다.

㉠ 그렇다면 집을 세우는 분은 여인이 아니라 "지혜"인 것이 됩니다. 물론 이 말씀에는 교훈적인 의미가 있습니다만 이 잠언은 솔로몬의 다른 시, "여호와께서 집을 세우지 아니하시면 세우는 자의 수고가 헛되며 여호와께서 성을 지키지 아니하시면 파숫군의 경성함이 허사로다"(시 127:1) 한 말씀과 맥을 같이 한다하겠습니다.

㉡ 아모스 9:11절은, "그 날에 내가 다윗의 무너진 천막을 일으키고 그 틈을 막으며 그 퇴락한 것을 일으켜서 옛적과 같이 세우고" 합니다. 사탄은 계속적으로 헐고자 하지만 하나님은 다시 세우십니다. 그리고 우리는 가정을 세우고, 교회를 세우고 하나님의 나라를 건설하는데 쓰임을 받는 "건축자들이요, 지혜로운 여인"인 것입니다. 신약성경은 말씀합니다. "혹은 목사와 교사로 주셨으니 이는 성도를 온전케 하며 봉사의 일을 하게하며 그리스도의 몸을 세우려 하심이라"(엡 3:11-12).

② 어찌하여 지혜를 얻지 못하는가? "거만한 자는 지혜를 구하여도 얻지 못하거니와 명철한 자는 지식 얻기가 쉬우니라"(6) 한 거만 때문입니다. 33절을 보십시오. "지혜는 명철한 자의 마음에 머물거니와" 합니다. 10:14절에서는 "지혜로운 자는 지식을 간직하거니와" 합니다. "마음에 머문다, 간직한다", 얼마나 중요한 요점입니까?

③ 지혜만을 얻지 못하는 것이 아니라, "미련한 자는 죄를 심상히 여겨도 정직한 자 중에는 은혜가 있느니라"(9), 즉 "죄"를 대수롭지 않은 양 여긴다는 것입니다. 그리하여 3절에서는 "미련한 자는 교만하여 입으로 매를 자청하고 지혜로운 자는 입술로 스스로 보전하느니라"(3) 합

니다.

④ 이점이 "지혜로운 자의 재물은 그의 면류관이요 미련한 자의 소유는 다만 그 미련한 것이니라"(24) 한 말씀에서도 드러나는데 같은 "재물"이라도 지혜로운 자에게 주어지게 되면 "면류관"처럼 귀하게 쓰임을 받지만, 미련한 자에게는 "미련을 떠는 일"의 도구가 될 뿐이라는 말씀입니다.

㉠ 이 문단의 결론으로는, "어떤 길은 사람의 보기에 바르나 필경은 사망의 길이니라"(12) 한 말씀이 제격일 것 같습니다. 불신자들도 나름대로 바르게 산다고 여길 것입니다만 "필경은 사망"(死亡)의 길을 가고 있다는 경고입니다.

도표 2. 여호와를 경외하는 자와 패역하는 자

① "정직하게 행하는 자는 여호와를 경외하여도 패역하게 행하는 자는 여호와를 경멸히 여기느니라"(2) 합니다.

㉠ 26절에서도, "여호와를 경외하는 자에게는 견고한 의뢰가 있나니 그 자녀들에게 피난처가 있으리라" 말씀하고 27절에서도, "여호와를 경외하는 것은 생명의 샘이라 사망의 그물에서 벗어나게 하느니라" 합니다. 잠언서에 많은 말씀이 있다 하여도 모든 훈계가, "여호와를 경멸히 여기지 말고, 여호와를 경외하라"는 한 말씀 속에 다 들어 있다 해도 과언이 아닙니다. 왜냐하면 여호와를 경외하는 것이 사람의 본분이기 때문입니다.

② 그리하여 "악을 도모하는 자는 그릇 가는 것이 아니냐 선을 도모하는 자에게는 인자와 진리가 있으리라"(22), 즉 하나님을 경외하지 않는 것은 "잘못된 길"을 가고 있는 것이요, "선을 도모하는 자에게 인자

와 진리가 있으리라" 합니다.

㉠ "인자와 진리"라는 말이 3:3, 16:6, 20:28절에도 등장하는데 이는 신학적으로 대단히 중요한 요점입니다. 왜냐하면 "헤세드"(인자, 仁慈)는 신약의 아가페에 해당하는 하나님의 사랑을 의미하기 때문입니다. 그리고 인자만이 아니라 "진리"(眞理)도 함께 말씀합니다. 그렇다면 "인자와 진리"는, "말씀이 육신이 되어 우리 가운데 거하시매 우리가 그 영광을 보니 아버지의 독생자의 영광이요 〈은혜와 진리〉가 충만하더라"(요 1:14) 한 그리스도의 복음인 것입니다.

③ "마음이 패려한 자는 자기 행위로 보응이 만족하겠고 선한 사람도 자기의 행위로 그러하리라"(14), 즉 행한 대로 갚아주시는 "보응"(報應)이 따르게 될 것을 말씀하는데, "의는 나라로 영화롭게 하고 죄는 백성을 욕되게 하느니라(34), 악한 자의 집은 망하겠고 정직한 자의 장막은 흥하리라"(11) 합니다.

④ 도표 2의 결론은, "악인은 그 환난에 엎드러져도 의인은 그 죽음에도 소망이 있느니라"(32)는 말씀이 합당하겠습니다. "죽음에도 소망이 있다"는 부활신앙은 구약성경에서는 흔치 아니한 획기적인 말씀입니다. "죽음에도 소망이 있다"는 말은 11절의 표현대로 하면, "악한 자의 집은 망하겠고 정직한 자의 장막은 흥하리라"는 말씀입니다. "악인과 의인, 즉 여호와를 경외하는 자와 경멸하는 자"의 종말이 어떻게 다른가? "악인은 그 환난에 엎드러져도", 그러나 "의인은 그 죽음에도 소망이 있다"는 것이 다릅니다.

도표 3. 슬기로운 자와 어리석은 자

① "너는 미련한 자의 앞을 떠나라 그 입술에 지식 있음을 보지 못함

이니라"(7) 합니다. 이 말씀은 13:20절의, "지혜로운 자와 동행(同行)하면 지혜를 얻고 미련한 자와 사귀면 해를 받느니라" 한 말씀과 짝을 이룹니다. "그 입술에 지식 있음을 보지 못함이라" 한 미련한 자와 사귀면 얻을 것이 무엇이란 말인가? 그러나 "의인의 입은 생명의 샘이라"(10:11) 한 사람과 동행을 한다면 얻을 것이 풍성할 것입니다.

② "슬기로운 자의 지혜는 자기의 길을 아는 것이라도 미련한 자의 어리석음은 속이는 것이니라"(8) 합니다. "자기의 길을 안다"는 것이 중요합니다. 이는 말하는 것이나 행하는 일에 분별력을 행사하는 것을 가리킵니다. 이와는 반대로 "속인다"는 것은 남을 속일 뿐만이 아니라, 스스로도 속는 삶을 산다는 것입니다. 그리하여 "어리석은 자는 온갖 말을 믿으나 슬기로운 자는 그 행동을 삼가느니라"(15) 하는 것입니다.

③ 16절에서도 "지혜로운 자는 두려워하여 악을 떠나나 어리석은 자는 방자하여 스스로 믿느니라" 합니다. 15절과 16절에 "온갖 말을 믿는다, 스스로 믿는다" 하고 "믿는다"는 말이 나오는데 이는 좋은 뜻이 아니라 분별력이 없다는 말입니다. 아담 하와가 분별력을 행사했다면 유혹하는 말에 결코 넘어가지는 않았을 것입니다.

④ 본 문단은, "어리석은 자는 어리석음으로 기업을 삼아도 슬기로운 자는 지식으로 면류관을 삼느니라"(18)는 말씀으로 결론을 삼아야만 하겠습니다. 어리석은 자나 슬기로운 자나 모두가 "면류관"을 추구합니다. 그러나 추구하는 면류관은 전연 다른 것입니다. "지식", 즉 하나님을 아는 것으로 면류관을 삼은 사람이 있습니다. "또한 모든 것을 해로 여김은 내 주 그리스도 예수를 아는 지식이 가장 고상함을 인함이라 내가 그를 위하여 모든 것을 잃어버리고 배설물로 여김은 그리스도를 얻고"(빌 3:8) 한 바울입니다. 반면 불신자가 추구하는 면류관은, "저희의 마침은 멸망이요 저희의 신은 배요 그 영광은 저희의 부끄러움에 있고 땅의 일을 생각하는 자라"(빌 3:19) 합니다. 우리는 혹시 두 가지 면류관

을 다 가지려 하는 것은 아닌지.

도표 4. 신실한 증인과 거짓 증인

① "소가 없으면 구유는 깨끗하려니와 소의 힘으로 얻는 것이 많으니라"(4) 합니다. "잠언"이란 잘 알려진 표면적인 말을 통해서 신령한 의미를 전달하는데 묘미가 있는 것입니다. 여기서 "소가 없으면 구유는 깨끗하려니와" 한 말은 텅텅 비었다는 뜻이기도 합니다. 어떤 경우에 텅텅 비게 되는가? "소가 없으면" 말입니다. 그러므로 여기서 "소"는 묵묵히 순종하는 주의 종을 상징(참고, 고전 9:9)한다 하겠습니다. 이점이 이어지는, "신실한 증인은 거짓말을 아니 하여도 거짓 증인은 거짓말을 뱉느니라"(5) 한 말씀과도 조화를 이룹니다.

② 25절에서도, "진실한 증인은 사람의 생명을 구원하여도 거짓말을 뱉는 사람은 속이느니라"(25) 합니다. 5절과, 25절은 참으로 중요한 의미를 전달해줍니다. "신실(信實)한 증인과 거짓 증인, 진실(眞實)한 증인과 거짓말을 뱉는 사람"이 대조되어 있는데, "진실한 증인은 사람의 생명을 구원하여도 거짓말을 뱉는 사람의 속이는 말"은 죽이는 역할을 하는 것입니다.

③ "모든 수고에는 이익이 있어도 입술의 말은 궁핍을 이룰 뿐이니라"(23) 합니다. 이는 "신실한 증인"의 말까지를 가리키는 것이 아니라, "우매자의 웃음소리는 솥 밑에서 가시나무의 타는 소리 같으니"(전 7:6) 한 무가치할 뿐만 아니라 차라리 공해가 되는 그런 말을 가리킵니다. 오늘날은 TV 속에서, "솥 밑에서 가시나무 타는 소리" 같은 무가치한 웃음과 잡담이 인기를 끌자, 복음 진리가 선포되어야 할 강단에서까지 코미디 같은 설교가 난무하는 실정입니다.

④ 14장은, “슬기롭게 행하는 신하(臣下)는 왕의 은총을 입고 욕을 끼치는 신하는 그의 진노를 당하느니라”(35) 하는 말씀으로 끝을 맺고 있는데 이 말씀은 본 문단의 결론이 될 수도 있습니다. 13:17절에서도, “악한 사자(使者)는 재앙에 빠져도 충성된 사신(使臣)은 양약이 되느니라” 합니다. 우리는 그리스도의 사신들입니다. 문제는 욕을 끼치는 신하인가? 기쁘시게 하는 신하인가 하는 점입니다. 바라기는 “소의 힘으로 얻는 것이 많으니라” 한 충성스러운 종이 되어서, “백성이 많은 것은 왕의 영광이요”(28) 한 말씀을 이루어드리게 되기를 기원합니다.

⑤ 한 가지 부언할 것은, “신실한 증인, 진실한 증인”의 길이란 평탄한 길이 아닙니다. 때로는 “선을 행하다가 피곤하여지고 낙심할 때”도 있습니다. 이럴 경우, “마음의 고통은 자기가 알고 마음의 즐거움도 타인이 참여하지 못하느니라(10), 웃을 때에도 마음에 슬픔이 있고 즐거움의 끝에도 근심이 있느니라”(13) 한 말씀의 의미가 이해가 될 것입니다. 그럴 경우도 힘을 내시기 바랍니다. 형제의 마음의 고통과, 슬픔을 주 하나님만은 아실 것이기 때문입니다.

⑥ 묵상해보겠습니다.

㉠ “집을 세우는 자와 허는 자”(1)에 대해서,

㉡ 두 종류의 면류관에 대해서,

㉢ 신실한 증인과 거짓 증인에 대해서,

㉣ 14장에서 가장 감명 깊은 구절과 의미에 대해서.

잠언 15장 개관도표

주제 : 악인과 선인을 감찰하시는 여호와

(도표 1)

절	의인의 기도를 들으시는 여호와	악인의 제사를 미워하시는 여호와
3절	여호와의 눈은 어디서든지 악인과 선인을 감찰하시느니라	
8절	정직한 자의 기도는 그가 기뻐하시느니라	악인의 제사는 여호와께서 미워하셔도
9절	의를 따라가는 자는 그가 사랑하시느니라	악인의 길은 여호와께서 미워하셔도
10절		도를 배반하는 자는 엄한 징계를 받을 것이요 견책을 싫어하는 자는 죽을 것이니라
11절	음부와 유명도 여호와의 앞에 드러나거든 하물며 인생의 마음이리요	
29절	의인의 기도를 들으시느니라	여호와는 악인을 멀리 하시고
32절	견책을 달게 받는 자는 지식을 얻느니라	훈계 받기를 싫어하는 자는 자기의 영혼을 경히 여김이라
33절	여호와를 경외하는 것은 지혜의 훈계라 겸손은 존귀의 앞잡이니라	

(도표 2)

절	지혜 있는 자의 입, 눈, 귀	미련한 자의 입
1절	유순한 대답은 분노를 쉬게 하여도	과격한 말은 노를 격동하느니라
2절	지혜 있는 자의 혀는 지식을 선히 베풀고	미련한 자의 입은 미련한 것을 쏟느니라
4절	온량한 혀는 곧 생명나무라도	패려한 혀는 마음을 상하게 하느니라
7절	지혜로운 자의 입술은 지식을 전파하여도	미련한 자의 마음은 정함이 없느니라
18절	노하기를 더디 하는 자는 시비를 그치게 하느니라	분을 쉽게 내는 자는 다툼을 일으켜도
23절	사람은 그 입의 대답으로 말미암아 기쁨을 얻나니 때에 맞은 말이 얼마나 아름다운고	
28절	의인의 마음은 대답할 말을 깊이 생각하여도	악인의 입은 악을 쏟느니라
30절	눈의 밝은 것은 마음을 기쁘게 하고	좋은 기별은 뼈를 윤택하게 하느니라
31절	생명의 경계를 듣는 귀는	지혜로운 자 가운데 있느니라

(도표 3)

절	행복한 가정	번뇌하는 가정
6절	의인의 집에는 많은 보물이 있어도	악인의 소득은 고통이 되느니라
13절	마음의 즐거움은 얼굴을 빛나게 하여도	마음의 근심은 심령을 상하게 하느니라
15절	마음이 즐거운 자는 항상 잔치하느니라	고난 받는 자는 그 날이 다 험악하나
16절	가산이 적어도 여호와를 경외하는 것이	크게 부하고 번뇌하는 것보다 나으니라
17절	여간 채소를 먹으며 서로 사랑하는 것이	살진 소를 먹으며 서로 미워하는 것보다 나으니라
20절	지혜로운 아들은 아비를 즐겁게 하여도	미련한 자는 어미를 업신여기느니라
25절	여호와는 교만한 자의 집을 허시며	과부의 지계를 정하시느니라

(도표 4)

절	지혜로운 자의 길	미련한 자의 길
5절	경계를 받는 자는 슬기를 얻을 자니라	아비의 훈계를 업신여기는 자는 미련한 자요
12절	지혜 있는 자에게로 가지도 아니하느니라	거만한 자는 견책 받기를 좋아하지 아니하며
14절	명철한 자의 마음은 지식을 요구하고	미련한 자의 입은 미련한 것을 즐기느니라
19절	정직한 자의 길은 대로니라	게으른 자의 길은 가시울타리 같으나
21절	명철한 자는 그 길을 바르게 하느니라	무지한 자는 미련한 것을 즐겨하여도
22절	모사가 많으면 경영이 성립하느니라	의논이 없으면 경영이 파하고
24절	지혜로운 자는 위로 향한 생명길로 말미암음으로	그 아래 있는 음부를 떠나게 되느니라
26절	선한 말은 정결하니라	악한 꾀는 여호와의 미워하시는 것이라도
27절	뇌물을 싫어하는 자는 사느니라	이를 탐하는 자는 자기 집을 해롭게 하나

15장

악인과 선인을 감찰하시는 여호와

[3]여호와의 눈은 어디서든지 악인과 선인을 감찰하시느니라.

15장에는 "여호와"라는 칭호가 9번이나 나옵니다. ㉠ 감찰하시는 여호와(3), ㉡ 정직한 자의 기도를 들으시는 여호와(8), ㉢ 의를 따라가는 자를 사랑하시는 여호와(9), ㉣ 사람의 마음을 감찰하시는 여호와(11), ㉤ 여호와를 경외하는 자의 행복(16), ㉥ 과부의 재판장이 되시는 여호와(25), ㉦ 악한 꾀를 미워하시는 여호와(26), ㉧ 의인의 기도를 들으시는 여호와(29), ㉨ "여호와를 경외하는 것은 지혜의 훈계라"(33) 하십니다. 이는 잠언서의 중심주제가 "여호와 경외"에 있음을 말씀해줍니다. 그러므로 본장은 이를 염두에 두고 상고해야 마땅합니다.

도표 1. 의인의 기도를 들으시고, 악인의 제사를 미워하시는 여호와

① 잠언서에는 제의적(祭儀的)인 언급이 별로 없는데 15장에서, "악인의 제사(祭祀)는 여호와께서 미워하셔도 정직한 자의 기도는 그가 기뻐하시느니라"(8) 하고 말씀한다는 것은 잠언서를 이해하는데 중요한 정보를 제공해준다 하겠습니다.

㉠ 우선적으로 "악인"이 누구를 가리키는가 하는 점을 주목하게 합니다. 이제까지 "악인"이란 의인과 대조되는 불신자를 가리키는 것이라 했습니다. 그런데 "악인의 제사는 여호와께서 미워하신다" 하고 말씀한다면 불신자들도 하나님께 제사를 드린다는 말인가 하는 의문이 제기됩니다. 그렇다면 잠언이 말하는 "악인"은 교회 내에도 있다는 것이 됩니다.

㉡ 그러므로 두 번째로 생각할 점은 "미워하시는" 이유가 무엇인가 하는 점입니다. "악인"이기 때문에 미워하시는 것이 아닙니다. 그렇게 말한다면 윤리적(倫理的)으로는 맞을는지 모르나 신학적으로는 오류를 범하는 것이 됩니다. 왜냐하면 구약시대의 제사제도는 물론, 그리스도께서 육신을 입고 임마누엘 하신 목적도 의인을 위해서가 아니라 죄인을 위해서였기 때문입니다. 그러므로 구약의 제사제도는 그리스도께서 이루실 구속사역의 예표로 주어진 것이라는 점과, 그러므로 "악인의 제사를 미워하신다"는 "악인"은, 아브라함과 이삭과 야곱에게 세워주신 메시아언약은 망각한 체 의식적으로 제사를 드리는 자들을 가리키는 것이 됩니다.

② 그래서 "내 마음이 너희의 월삭과 정한 절기를 싫어하나니 그것이 내게 무거운 짐이라 내가 지기에 곤비하였느니라(사 1:14), 너희가 내 단 위에 헛되이 불사르지 못하게 하기 위하여 너희 중에 성전 문을 닫

을 자가 있었으면 좋겠도다"(말 1:10) 하시는 것입니다. 이런 맥락에서 본다면 오늘날도, "악인의 제사(祭祀)는 여호와께서 미워하셔도" 한, 미워하시는 예배가 있다는 경각심을 가져야만 하는 것입니다.

㉠ 반면, "정직한 자의 기도는 그가 기뻐하시느니라" 한 말씀도 저들에게 자격이나 공로가 있어서가 아니라, 메시아언약에 입각해서 드려지는 기도이기 때문이라는 뜻이 됩니다. 이점을 신약성경은, "그러므로 형제들아 우리가 예수의 피를 힘입어 성소에 들어갈 담력을 얻었나니, 그러므로 우리가 긍휼하심을 받고 때를 따라 돕는 은혜를 얻기 위하여 은혜의 보좌 앞에 담대히 나아갈 것이니라"(히 10:19, 4:16) 하고 말씀합니다.

③ 29절에서도, "여호와는 악인을 멀리 하시고 의인의 기도를 들으시느니라" 하고 말씀하는데, 기도를 드리는 "악인"은 불신자가 아니라 믿노라 하는 불신자를 가리키는 것이 됩니다.

㉠ 만일 "악인과, 의인"이라는 말을 윤리적인 뜻으로 여긴다면 저는 그분에게, "하나님은 당신을 멀리하시고, 미워하시고, 당신의 기도를 듣지 않으신다" 하고 대답할 것입니다. 왜냐하면 당신은 "의인은 없나니 하나도 없다" 한 의인이 아니기 때문입니다. 신약성경은 말씀합니다. "한 사람의 순종치 아니함으로 많은 사람이 죄인 된 것같이 한 사람의 순종하심으로 많은 사람이 의인이 되리라"(롬 5:19).

④ 이런 맥락에서, "도(道)를 배반(背叛)하는 자는 엄한 징계를 받을 것이요 견책을 싫어하는 자는 죽을 것이니라(10), 음부(陰府)와 유명(幽明)도 여호와의 앞에 드러나거든 하물며 인생의 마음이리요(11), 여호와의 눈은 어디서든지 악인과 선인을 감찰하시느니라(3), 하시는 것입니다.

⑤ 그러므로 "훈계 받기를 싫어하는 자는 자기의 영혼(靈魂)을 경(輕)히 여김이라 견책을 달게 받는 자는 지식을 얻느니라(32), 악인의 길은

여호와께서 미워하셔도 의를 따라가는 자는 그가 사랑하시느니라"(9) 합니다.

㉠ "의를 따라가는 자, 지식을 얻느니라" 한 의미가 무엇인가? "영생은 곧 유일하신 참 하나님과 그의 보내신 자 예수 그리스도를 아는 것"(요 17:3)을 가리킵니다. 한 마디로 여호와를 경외하는 자입니다. 잠언에는 같은 의미를 여러 방면으로 반복적으로 말씀합니다. 이점을 욥기에서는, "사람은 무관(無關)이 여겨도 하나님은 한 번 말씀하시고 다시 말씀하시되" 합니다. 왜 그런지 아십니까? "하나님이 사람에게 이 모든 일을 재삼(再三) 행하심은 그 영혼을 구덩이에서 끌어 돌이키고 생명의 빛으로 그에게 비취려 하심이니라"(욥 33:14, 29-30) 하고 대답하십니다.

⑥ 본 문단의 결론으로는, "여호와를 경외하는 것은 지혜의 훈계라 겸손(謙遜)은 존귀(尊貴)의 앞잡이니라"(33) 한 말씀이 합당할 것입니다. 그러면 넘어짐의 앞잡이는 무엇인가? 다음 장 18절에서는, "교만은 패망의 선봉이요 거만한 마음은 넘어짐의 앞잡이니라"(16:18) 합니다.

도표 2. 지혜 있는 자의 입과 미련한 자의 입

15장에는 "입의 말"과 결부된 훈계가 13번이나 나옵니다. 입에 대한 경계는 신약성경에도 많이 등장하는데, "스스로 경건하다 생각하며 자기 혀를 재갈 먹이지 아니하고 자기 마음을 속이면 이 사람의 경건은 헛것이라, 만일 말에 실수가 없는 자면 곧 온전한 사람이라"(약 2:26, 3:2) 합니다.

① "지혜 있는 자의 혀는 지식을 선히 베풀고 미련한 자의 입은 미련한 것을 쏟느니라"(2) 합니다. "지식을 베푸는 혀"란, "지혜 있는 자의

교훈은 생명의 샘이라 사람으로 사망의 그물을 벗어나게 하느니라"(13:14) 한 그런 뜻이요, "미련한 자의 입은 미련한 것을 쏟는다"는 말은 "악인의 입은 독을 머금었느니라"(10:11)와 같은 뜻입니다.

② 저는 성경을 상고하는 중에 바울이 "내가 선한 싸움을 싸웠다"는 싸움이 "말(Word)의 전쟁"이었다는 점을 절감했습니다. 계시록 16:13절에서는, "또 내가 보매 개구리 같은 세 더러운 영(靈)이 용의 입과 짐승의 입과 거짓 선지자의 입에서 나오니 저희는 귀신의 영이라" 합니다. 그런가하면 주님을 가리켜서, "그의 입에서 이(利)한 검이 나오니 그것으로 만국을 치겠고"(계 19:15, 1:16) 합니다. 그러니까 "영의 전쟁이 곧 말씀의 전쟁"인 것입니다. 그러므로 "지혜로운 자의 입술은 지식을 전파하여도 미련한 자의 마음은 정함이 없느니라"(7) 하는 것입니다.

③ "입"은 설교를 위해서만 필요한 것이 아니라 교제를 위해서도 요긴합니다. 그래서 "유순한 대답은 분노를 쉬게 하여도 과격한 말은 노를 격동하느니라(1), 온량한 혀는 곧 생명나무라도 패려한 혀는 마음을 상하게 하느니라"(4) 합니다. 그러므로 "사람은 그 입의 대답으로 말미암아 기쁨을 얻나니 때에 맞은 말이 얼마나 아름다운고"(23) 하는 것입니다.

④ 말의 실수가 없기 위해서는 어떻게 해야만 하는가? "의인의 마음은 대답할 말을 깊이 생각하여도 악인의 입은 악을 쏟느니라"(28) 한 말씀이 이에 대한 비결이 될 것입니다. 그러므로 "분을 쉽게 내는 자는 다툼을 일으켜도 노하기를 더디 하는 자는 시비를 그치게 하느니라"(18) 합니다.

⑤ 본 문단의 결론으로는 31절이 합당할 것입니다. 왜냐하면 입으로 말을 하기 위해서는 먼저, "생명의 경계를 듣는 귀는 지혜로운 자 가운데 있느니라"(31) 한 듣는 지혜가 선행이 되어야 하기 때문입니다. 이에 대한 좋은 말씀이 있는데, "주 여호와께서 학자(學者)의 혀를 내게

주사 나로 곤핍한 자를 말로 어떻게 도와줄 줄을 알게 하시고 아침마다 깨우치시되 나의 귀를 깨우치사 학자같이 알아듣게 하시는도다"(사 50-4) 하는 말씀입니다. 형제의 "입과, 귀"가 할례를 받아 의의 병기로 사용되기를 기원합니다.

도표 3, 행복한 가정과 번뇌하는 가정

도표 2의 "입과, 말"에 대한 경계가 공동체(共同體)와 결부가 된다면, 도표 3의 묶음은 가정(家庭)이 강조가 되어 있습니다.

① "의인의 집에는 많은 보물이 있어도 악인의 소득은 고통이 되느니라"(6) 합니다.

㉠ 의인의 집에 있는 보물이 무엇이겠습니까? 24:3-4절은 대답합니다. "집은 지혜로 말미암아 건축이 되고 명철로 말미암아 견고히 되며 또 방들은 지식으로 말미암아 각종 귀하고 아름다운 보배로 채우게 되느니라" 합니다. 그러므로 "의인의 집에 많은 보물이 있다"는 말을 물질적인 축복으로만 여겨서는 아니 됩니다.

㉡ 왜냐하면, "가산(家産)이 적어도 여호와를 경외하는 것이 크게 부하고 번뇌하는 것보다 나으니라"(16) 하고 말씀하기 때문입니다.

② 그러므로 한걸음 더 나아가 "여간 채소를 먹으며 서로 사랑하는 것이 살진 소를 먹으며 서로 미워하는 것보다 나으니라"(17) 말씀합니다. 이런 행복을 시편에서는,

여호와를 경외하며 그 도에 행하는 자마다 복이 있도다
네가 네 손이 수고한 대로 먹을 것이라
네가 복되고 형통하리로다

네 집 내실에 있는 네 아내는 결실한 포도나무 같으며
네 상에 둘린 자식은 어린 감람나무 같으리로다
여호와를 경외하는 자는 이같이 복을 얻으리로다 (시 128:1-4) 합니다.

③ "마음의 즐거움은 얼굴을 빛나게 하여도 마음의 근심은 심령을 상하게 하느니라"(13) 합니다. 물질보다도 "마음의 즐거움"이 더욱 소중합니다.

㉠ 그래서 "고난 받는 자는 그 날이 다 험악하나 마음이 즐거운 자는 항상 잔치하느니라"(15) 하는 것입니다. 가정에 늘 즐거움이 넘치어 잔치 집과 같은 여부는, "지혜로운 아들은 아비를 즐겁게 하여도 미련한 자는 어미를 업신여기느니라(20), 아비의 훈계를 업신여기는 자는 미련한 자요 경계를 받는 자는 슬기를 얻을 자니라"(5) 한 자녀들의 경건성과 긴밀한 관계가 있습니다.

④ 본 문단의 결론으로는, "여호와는 교만한 자의 집을 허시며 과부의 지계를 정하시느니라"(25) 한 말씀이 적합할 것입니다. "그 거룩한 처소에 계신 하나님은 고아의 아버지가 되시며 과부의 재판장이시라" (시 68:5) 하십니다.

도표 4, 지혜로운 자의 길과 미련한 자의 길

① "명철한 자의 마음은 지식을 요구하고 미련한 자의 입은 미련한 것을 즐기느니라"(14) 합니다. 영에 속한 사람과 육에 속한 사람이 어떤 점이 다른가?

㉠ 이는 눈으로 보아서 알 수 있는 것이 아니라 그가 갈구하고 있

는 것이 무엇인가를 보아서 알 수가 있습니다. 뽕잎을 먹는다면 누에요, 이슬을 먹는다면 나비인 것입니다. "팥죽"을 탐한다면 그는 육에 속한 자요, "장자의 축복"을 사모한다면 그는 영에 속한 자입니다. "육에 속한 사람은 하나님의 성령의 일을 받지 아니하나니 저에게는 미련하게 보임이요 또 깨닫지도 못하나니 이런 일은 영적으로라야 분변함이니라"(고전 2:14) 합니다. "지식을 요구한다"는 말은 말씀을 사모한다는 뜻이요, 그러나 "미련한 자는 미련한 것을 즐긴다" 합니다.

② 보십시오. "거만한 자는 견책 받기를 좋아하지 아니하며 지혜 있는 자에게로 가지도 아니 하느니라"(12) 합니다. 그런 "무지한 자는 미련한 것을 즐겨하여도 명철한 자는 그 길을 바르게 하느니라"(21), 그리하여 "게으른 자의 길은 가시울타리 같으나 정직한 자의 길은 대로(大路)니라"(19) 합니다.

㉠ 고위 공직자들이, "이(利)를 탐하는 자는 자기 집을 해롭게 하나 뇌물을 싫어하는 자는 사느니라"(27) 한 말씀을 명심했다면 하루아침에 파멸하지는 않았을 것입니다. 이점을 계시록에서는, "불의를 하는 자는 그대로 불의를 하고 더러운 자는 그대로 더럽고 의로운 자는 그대로 의를 행하고 거룩한 자는 그대로 거룩하게 하라"(계 22:11) 하십니다. 무슨 뜻이냐 하면 종말이 가까울수록 "의와 불의, 빛과 어두움"이 더욱 극명하게 갈라지게 될 것이라는 말씀입니다.

③ 본 문단의 결론은, "지혜로운 자는 위로 향한 생명 길로 말미암음으로 그 아래 있는 음부를 떠나게 되느니라"(24)는 말씀으로 마쳐야만 하겠습니다. 위로 향한 "생명 길"이 있고, 아래로 내려가는 "음부의 길"이 있다는 것입니다. 모든 사람들은 자신이 알든 모르든 인정을 하든지 하지 않든지 간에 둘 중의 어느 한 길을 가고 있는 것입니다.

④ 묵상해보겠습니다.

㉠ 의인의 기도를 들으시고, 악인의 제사를 미워하신다는 의미에

대해서,

㉡ 지혜 있는 자의 입과 미련한 자의 입에 대해서,

㉢ 행복한 가정과 번뇌하는 가정에 대해서,

㉣ 15장에서 가장 감명 깊은 구절과 그 의미에 대해서.

잠언 16장 개관도표

주제 : 사람이 경영해도 이루시는 분은 여호와시라

(도표 1)

절	사람이 계획해도	인도하시는 분은 여호와
1절	마음의 경영은 사람에게 있어도	말의 응답은 여호와께로서 나느니라
2절	사람의 행위가 자기 보기에는 모두 깨끗하여도	여호와는 심령을 감찰하시느니라
3절	너의 행사를 여호와께 맡기라	그리하면 너의 경영하는 것이 이루리라
4절	여호와께서 온갖 것을 그 씌움에 적당하게 지으셨나니	악인도 악한 날에 적당하게 하셨느니라
7절	사람의 행위가 여호와를 기쁘시게 하면	그 사람의 원수라도 그로 더불어 화목하게 하시느니라
8절	적은 소득이 의를 겸하면	많은 소득이 불의를 겸한 것보다 나으니라
9절	사람이 마음으로 자기의 길을 계획할지라도	그 걸음을 인도하는 자는 여호와시니라
33절	사람이 제비는 뽑으나	일을 작정하기는 여호와께 있느니라

(도표 2)

절	메시아왕국의 예표인	신정왕국
6절	인자와 진리로 인하여 죄악이 속하게 되고	여호와를 경외함으로 인하여 악에서 떠나게 되느니라
10절	하나님의 말씀이 왕의 입술에 있은즉	재판할 때에 그 입이 그릇하지 아니하리라
11절	공평한 간칭과 명칭은 여호와의 것이요	주머니 속의 추돌들도 다 그의 지으신 것이니라
12절	이는 그 보좌가 공의로 말미암아 굳게 섬이니라	악을 행하는 것은 왕의 미워할바니
13절	의로운 입술은 왕들의 기뻐하는 것이요	정직히 말하는 자는 그들의 사랑을 입느니라
14절	지혜로운 사람은 그것을 쉬게 하리라	왕의 진노는 살륙의 사자와 같아도
15절	왕의 희색에 생명이 있나니	그 은택이 늦은 비를 내리는 구름과 같으니라
20절	삼가 말씀에 주의하는 자는 좋은 것을 얻나니	여호와를 의지하는 자가 복이 있느니라
24절	선한 말은 꿀송이 같아서 마음에 달고	뼈에 양약이 되느니라

(도표 3)

절	금보다 나은 지혜	은보다 나은 명철
16절	지혜를 얻는 것이 금을 얻는 것보다 얼마나 나은고	명철을 얻는 것이 은을 얻는 것보다 더욱 나으니라
17절	악을 떠나는 것은 정직한 사람의 대로니	그 길을 지키는 자는 자기의 영혼을 보전하느니라
21절	마음이 지혜로운 자가 명철하나 일컬음을 받고	입이 선한 자가 남의 학식을 더하게 하느니라
22절	명철한 자에게는 그 명철이 생명의 샘이 되거니와	미련한 자에게는 그 미련한 것이 징계가 되느니라
23절	지혜로운 자의 마음은 그 입을 슬기롭게 하고	또 그 입술에 지식을 더하느니라
25절	어떤 길은 사람의 보기에 바르나	필경은 사망의 길이니라
26절	노력하는 자는 식욕을 인하여 애쓰나니	이는 그 입이 자기를 독촉함이니라
31절	백발은 영화의 면류관이라	의로운 길에서 얻으리라
32절	노하기를 더디하는 자는 용사보다 낫고	자기의 마음을 다스리는 자는 성을 빼앗는 자보다 나으니라

(도표 4)

절	교만은 패망의 선봉	교만은 넘어짐의 앞잡이
5절	피차 손을 잡을지라도 벌을 면치 못하리라	무릇 마음이 교만한 자를 여호와께서 미워하시나니
18절	교만은 패망의 선봉이요	거만한 마음은 넘어짐의 앞잡이니라
19절	겸손한 자와 함께하여 마음을 낮추는 것이	교만한 자와 함께하여 탈취물을 나누는 것보다 나으니라
27절	불량한 자는 악을 꾀하나니	그 입술에는 맹렬한 불같은 것이 있느니라
28절	패려한 자는 다툼을 일으키고	말장이는 친한 벗을 이간하느니라
29절	강포한 사람은 그 이웃을 꾀어	불선한 길로 인도하느니라
30절	눈을 감는 자는 패역한 일을 도모하며	입술을 닫는 자는 악한 일을 이루느니라

16장

사람이 경영해도 이루시는 분은 여호와시라

[1]마음의 경영은 사람에게 있어도 말의 응답은 여호와께로서 나느니라.

16장에는 "여호와"가 11번이나 등장하면서 하나님의 주권이 강조되어 있습니다. 그리고 "왕"의 언급도 4번이나 나옵니다. 본문의 왕은 세속국가의 왕을 가리키는 것이 아니라, "영원히 야곱의 집에 왕 노릇 하실"(눅 1:33) 메시아왕국의 예표로 세움을 받은 신정왕국의 왕을 가리킵니다. 또 하나 특징은 서로 반대되는 것을 대조(對照)하여 보여주던 이제까지의 대구법(對句法)과는 달리, 뜻이 같은 것을 나란히 놓는 병행법(竝行法)을 구사하고 있다는 점입니다. 이러한 본장은, "사람이 마음으로 자기의 길을 계획할지라도 그 걸음을 인도하는 자는 여호와시니라"(9) 한, 하나님의 주권을 염두에 두고 상고해야 할 것입니다.

도표 1. 사람이 계획을 해도 인도하시는 분은 여호와

① "마음의 경영은 사람에게 있어도 말의 응답은 여호와께로서 나느니라"(1) 합니다. "사람과 여호와, 마음의 경영과 말의 응답"이 병행(竝行)하고 있는데, 주권(主權)이 여호와의 장중에 있다는 것입니다.

㉠ 9절에서도, "사람이 마음으로 자기의 길을 계획할지라도 그 걸음을 인도하는 자는 여호와시니라" 합니다. 마지막 절에서도, "사람이 제비는 뽑으나 일을 작정하기는 여호와께 있느니라"(33) 하고, 하나님의 주권이 강조되어 있습니다. 이는 잠언서가 일반 격언과 같은 것이 아니라 하나님중심의 하나님의 말씀이라는 증거입니다.

② 이처럼 하나님의 주권(主權)을 집중적으로 강조하고 있는 의도가 무엇인가? 이는 하나님께서 다윗에게 세워주신 주권적인 언약과 결부되는 것으로 여겨집니다. 다윗은 생각하기를 자신은 왕궁(王宮)에 거하는데 하나님의 법궤는 휘장 가운데 있는 것을 송구하게 여기고 성전을 건축하려했습니다. 하나님은 나단 선지자를 통해서, "네가 나를 위하여 나의 거할 집을 건축하겠느냐, 여호와가 너를 위하여 집을 이루어"(삼하 7:5, 11) 주겠다고 말씀하십니다.

㉠ 주님께서도 "내가 이 반석 위에 내 교회를 세우리니"(마 16:18) 하십니다. 미련한 인간은 자신이 하나님의 집을 세워드리는 양 착각을 합니다. "너희가 하나님의 성전이라" 하신 우리의 구원은 하나님께서 자기 아들을 통해서 세워주신 전적인 하나님의 은혜입니다. 뿐만 아니라, "만일 죄를 범하면 내가 사람 막대기와 인생 채찍으로 징계하려니와 내가 네 앞에서 폐한 사울에게서 은총을 빼앗은 것 같이 그에게서 빼앗지 아니하리라"(삼하 7:14-15) 하십니다. 즉 구원을 주신 것만이 아니라 완성에 이르도록 끝까지 책임져주신다는 말씀입니다. 하나님의 주권(主權)이 이보다 더 분명하게 나타난 곳은 달리는 없습니다. 솔로몬

은 이를 염두에 두고 잠언을 말씀하는 것으로 여겨집니다.

③ "여호와께서 온갖 것을 그 쓰임에 적당하게 지으셨나니 악인도 악한 날에 적당하게 하셨느니라"(4) 합니다. 이 말씀에도 사도 바울이, "토기장이가 진흙 한 덩어리로 하나는 귀히 쓸 그릇을, 하나는 천히 쓸 그릇을 만드는 권이 없느냐"(롬 9:21) 한 여호와의 주권이 깔려 있는 것입니다.

㉠ 이 말씀들은 우리로 하여금 겸비(謙卑)케 합니다. 그리하여 "너의 행사를 여호와께 맡기라 그리하면 너의 경영하는 것이 이루리라"(3) 하는 것입니다.

④ "사람의 행위가 여호와를 기쁘시게 하면 그 사람의 원수라도 그로 더불어 화목하게 하시느니라"(7) 합니다. 이런 은혜는 실제로 경험하는 바입니다.

㉠ 이삭이 하나님의 뜻을 거역하고 그랄로 내려갔을 때에는 블레셋 사람과의 분쟁이 끊임없이 일어났으나, 잘못을 깨닫고 브엘세바로 올라오자 하나님이 그에게 나타나 말씀하여 주시고, 그를 대적하던 자들이 제 발로 찾아와서는, "여호와께서 너와 함께 계심을 우리가 분명히 보았으므로 우리의 사이 곧 우리와 너 사이에 맹세를 세워 너와 계약을 맺으리라"(창 26:28) 하고 화평을 제의하는 것을 보게 됩니다.

⑤ 그러므로 "적은 소득이 의(義)를 겸하면 많은 소득이 불의(不義)를 겸한 것보다 나으니라"(8) 하는 것입니다. 본 문단의 결론으로는, 사람의 행위가 자기 보기에는 모두 깨끗하여도 여호와는 심령을 감찰하시느니라"(2) 한 말씀이 합당할 것입니다. 다윗은 이렇게 기도합니다.

하나님이여 나를 살피시사 내 마음을 아시며
나를 시험하사 내 뜻을 아옵소서
내게 무슨 악한 행위가 있나 보시고

나를 영원한 길로 인도하소서 (시 139:23-24).

도표 2. 메시아왕국의 예표인 신정왕국

① 도표 2에는 "왕"이란 말이 5번이나 등장하는데 이는 메시아왕국에 대한 예표로 세우신 신정왕국(神政王國)을 염두에 두고 한 말씀입니다. "악을 행하는 것은 왕의 미워할 바니 이는 그 보좌(寶座)가 공의(公義)로 말미암아 굳게 섬이니라"(12) 합니다. 그런데 역사서를 보면 왕이 공의로 통치한 기간이 얼마나 유지가 되었던가? 그러므로 본문은 메시아왕국에 대한 비전입니다. 이점이 다윗의 시편에 분명히 나타납니다.

내가 인자와 공의를 찬송하겠나이다
내가 완전한 마음으로 내 집 안에서 행하리이다
나는 비루한 것을 내 눈 앞에 두지 아니할 것이요
배도자들의 행위를 미워하니 이것이 내게 붙접지 아니 하리이다
그 이웃을 그윽히 허는 자를 내가 멸할 것이요
눈이 높고 마음이 교만한 자를 내가 용납지 아니 하리로다
거짓 행하는 자가 내 집안에 거하지 못하며
거짓말하는 자가 내 목전에 서지 못하리로다 (시편 101편 중에서) 합니다. 우리는 하나님의 교회를 이같이 섬겨야할 것입니다.

② "의로운 입술은 왕들의 기뻐하는 것이요 정직히 말하는 자는 그들의 사랑을 입느니라(13), 하나님의 말씀이 왕의 입술에 있은즉 재판할 때에 그 입이 그릇하지 아니하리라"(10) 합니다. 여기 심판의 예표로 "재판"(裁判)이라는 말이 등장하는데, "하나님의 말씀이 왕의 입술에 있

기만" 한다면 그릇할 리가 없습니다. 그러나 이처럼 공의로 심판하실 이는 그리스도 외에는 없는 것입니다.

③ "왕의 진노는 살륙의 사자와 같아도 지혜로운 사람은 그것을 쉬게 하리라"(14) 합니다. 본문에는 "왕의 진노"가 있는데 이를 쉬게 할 자가 누군가?

㉠ 성경은, "전에는 우리도 다 그 가운데서 우리 육체의 욕심을 따라 지내며 육체와 마음이 원하는 것을 하여 다른 이들과 같이 본질상 진노의 자녀이었더니" 합니다. 이 진노(震怒)를 누가 쉬게 해주셨는가? "긍휼에 풍성하신 하나님이 우리를 사랑하신 그 큰 사랑을 인하여 허물로 죽은 우리를 그리스도와 함께 살리셨고 (너희가 은혜로 구원을 얻은 것이라)"(엡 2:3-5) 한, 그리스도의 대속뿐입니다.

④ 본문에서는 이점을, "인자와 진리로 인하여 죄악이 속하게 되고 여호와를 경외함으로 인하여 악에서 떠나게 되느니라"(6) 하고 말씀합니다.

㉠ 6절 안에는 복음적인 요소들인, ㉮ "인자(仁慈)와 진리"(眞理), ㉯ "죄악과 속(贖)함" 등이 다 들어 있습니다. 하나님께서 우리의 죄(罪)를 속(贖)하여주신 것은 그냥 하신 일이 아닙니다. 인자, 즉 사랑하시기 때문입니다. 그러나 사랑으로만 하신 것이 아니라 진리, 곧 그리스도의 대속을 통해서만이 가능하여진 것입니다. 그리하여 "왕의 진노"를 쉬게 하신 것입니다.

⑤ 진노만을 면한 것이 아니라, "왕의 희색(喜色)에 생명이 있나니 그 은택(恩澤)이 늦은 비를 내리는 구름과 같으니라"(15) 하고 이른 비와 늦은 비의 은혜를 입게 된 것입니다.

㉠ "선한 말은 꿀송이 같아서 마음에 달고 뼈에 양약이 되느니라"(24) 합니다. 왜냐하면 이것이 복음이기 때문입니다. 그러므로 본 문단의 결론으로는, "삼가 말씀에 주의하는 자는 좋은 것을 얻나니 여호와

를 의지하는 자가 복이 있느니라"(20)는 말씀이 합당할 것입니다. 어찌하여 은혜를 입지 못한 가난하고 가련한 자같이 살아가게 되는가? "삼가 말씀에 주의 하지" 않기 때문입니다.

도표 3. 금보다 나은 지혜, 은보다 나은 명철

① "지혜를 얻는 것이 금을 얻는 것보다 얼마나 나은고! 명철을 얻는 것이 은을 얻는 것보다 더욱 나으니라"(16) 합니다.

㉠ 8:11절에서도 "대저 지혜는 진주보다 나으므로 무릇 원하는 것을 이에 비교할 수 없음이니라" 했습니다. 그래서 "지혜가 제일이니 지혜를 얻으라"(4:7) 하는 것입니다. 어찌하여 지혜가 이토록 소중한가? "대저 나를 얻는 자는 생명(生命)을 얻고 여호와께 은총을 얻을 것임이니라 그러나 나를 잃는 자는 자기의 영혼을 해하는 자라 무릇 나를 미워하는 자는 사망(死亡)을 사랑하느니라"(8:35-36) 하고 대답합니다.

② 그러므로 "마음이 지혜로운 자가 명철하다 일컬음을 받고 입이 선한 자가 남의 학식을 더하게 하느니라"(21) 합니다.

㉠ 또한 "명철한 자에게는 그 명철이 생명의 샘이 되거니와 미련한 자에게는 그 미련한 것이 징계가 되느니라(22), 지혜로운 자의 마음은 그 입을 슬기롭게 하고 또 그 입술에 지식을 더하느니라"(23) 합니다. "학식을 더하게(21), 생명의 샘(22), 지식을 더 하느니라"(23) 한 표현들은 모두가 가르치고 배우는 훈련을 통해서 이루어지는 것입니다. 영적 전쟁을 수행할 군사들은 이처럼 제자훈련을 통해서 양성이 되는 것입니다.

③ "악을 떠나는 것은 정직한 사람의 대로니 그 길을 지키는 자는 자기의 영혼을 보전하느니라"(17) 합니다.

㉠ 여기 "대로"(大路)가 있는데 시편에서는, "주께 힘을 얻고 그 마음에 시온의 대로가 있는 자는 복이 있나이다"(시 84:5) 합니다. ㉮ "대로"는 마음에 있습니다. ㉯ 그 대로(大路)는 "시온"에서 출발하여 천국으로 뚫려 있는 길입니다. ㉰ 이 대로를 신약성경에서는, "그 길은 우리를 위하여 휘장 가운데로 열어 놓으신 새롭고 한 길"(히 10:20)이라고 말씀합니다.

④ 그 길을 지키는 자만이, "백발은 영화의 면류관이라 의로운 길에서 얻으리라"(31) 한 잘 익은 과실 같이 성숙한 경지에 이르게 되고, "노하기를 더디 하는 자는 용사보다 낫고 자기의 마음을 다스리는 자는 성을 빼앗는 자보다 나으니라"(32) 하는 승리의 삶을 살 수가 있다 하겠습니다.

㉠ "자기의 마음을 다스리기가" 얼마나 어렵고 귀한 일이면 "성(城)을 빼앗는 자보다 나으니라" 하겠는가? 타락한 죄인은 늙으면 추해지기 마련입니다. 그런데 "백발은 영화의 면류관이라" 하심은 아무 사람에게나 주어지는 영예가 아니라, "내가 선한 싸움을 싸우고 나의 달려갈 길을 마치고 믿음을 지켰으니 이제 후로는 나를 위하여 의의 면류관이 예비되었으므로 주 곧 의로우신 재판장이 그 날에 내게 주실 것이니"(딤후 4:7-8) 한, 선한 싸움을 싸운 전사, 끝까지 믿음을 지킨 승리자에게 주어지는 면류관인 것입니다.

⑤ 본 문단은, "어떤 길은 사람의 보기에 바르나 필경은 사망의 길이니라"(25) 한 말씀으로 마쳐야만 하겠습니다.

㉠ 잠언이 말씀하는 "지혜로운 자"는, 사람이 보기에는 도리어 미련하게 여기는 길을 가는 자요, "미련하고, 어리석은 자"들이 도리어 지혜로운 자로 여겨질 수가 있습니다. 그러나 "필경은 사망(死亡)의 길이니라" 합니다. 마지막이 다릅니다. 그 날에야 누가 참으로 지혜로운 자인가가 판명이 나게 될 것입니다.

도표 4. 교만은 패망의 선봉, 넘어짐의 앞잡이

① "무릇 마음이 교만한 자를 여호와께서 미워하시나니 피차 손을 잡을지라도 벌을 면치 못하리라"(5) 합니다.

㉠ "어찌하여 열방이 분노하며 민족들이 허사를 경영하는고 세상의 군왕들이 나서며 관원들이 서로 꾀하여 여호와와 그 기름 받은 자를 대적하며 우리가 그 맨 것을 끊고 그 결박을 벗어버리자 하도다 하늘에 계신 자가 웃으심이여 주께서 저희를 비웃으시리로다"(시 2:1-4) 하십니다.

② 27-30절 안에는, "불량한 자, 패려한 자, 강포한 사람, 패역한 자" 등이 있습니다. 이들을 조직 폭력배쯤으로 여겨서는 아니 됩니다. "여호와와 그 기름 받은 자"(그리스도)를 대적하는 자들을 가리키는 표현들입니다. 그래서 "눈을 감는 자(음모를 꾸미기 위해서)는 패역한 일을 도모하며 입술을 닫는 자(분한 마음으로 입술을 깨무는 자)는 악한 일을 이루느니라"(30) 합니다.

㉠ "불량한 자는 악을 꾀하나니 그 입술에는 맹렬한 불같은 것이 있느니라(27), 패려한 자는 다툼을 일으키고 말장이는 친한 벗을 이간하느니라(28), 강포한 사람은 그 이웃을 꾀어 불선한 길로 인도하느니라"(29) 합니다.

③ 그러므로 "겸손한 자와 함께하여 마음을 낮추는 것이 교만한 자와 함께하여 탈취물을 나누는 것보다 나으니라"(19) 합니다. 본 문단은, 그리고 16장은, "교만은 패망의 선봉이요 거만한 마음은 넘어짐의 앞잡이니라"(18) 하는 말씀으로 마쳐야만 하겠습니다. 안다고 말하지 맙시다. 믿는다고 말하지 맙시다. 이 말씀들을 마음 판에 새기고 명심, 또 명심하십시다.

④ 묵상해보겠습니다.

㉠ 인간의 책임보다 하나님의 주권을 앞세우고 있는 의도에 대해서,
㉡ 메시아의 예표로 세움 받은 왕들의 역기능에 대해서,
㉢ 금이나 은보다 더 소중하다는 지혜에 대해서,
㉣ 16장에서 가장 감명 깊은 말씀과 그 의미에 대해서.

잠언 17장 개관도표

주제 : 허물을 덮어주는 사랑, 위급한 때를 위한 형제

(도표 1)

절	연단하시는 여호와	악을 미워하시는 여호와
3절	도가니는 은을, 풀무는 금을 연단하거니와	여호와는 마음을 연단하시느니라
7절	분외의 말을 하는 것도 미련한 자에게 합당치 아니하거든	하물며 거짓말을 하는 것이 존귀한 자에게 합당하겠느냐
10절	한 마디로 총명한 자를 경계하는 것이	매 백 개로 미련한 자를 때리는 것보다 더욱 깊이 박이느니라
15절	악인을 의롭다 하며 의인을 악하다 하는	이 두 자는 다 여호와의 미워하심을 입느니라
22절	마음의 즐거움은 양약이라도	심령의 근심은 뼈로 마르게 하느니라
26절	의인을 벌하는 것과	귀인을 정직하다고 때리는 것이 선치 못하니라

(도표 2)

절	친구는 사랑이 끊이지 아니하고	형제는 위급한 때를 위하여 났느니라
2절	슬기로운 종은 주인의 부끄러움을 끼치는 아들을 다스리겠고	또 그 아들들 중에서 유업을 나눠 얻으리라
5절	가난한 자를 조롱하는 자는 이를 지으신 주를 멸시하는 자요	사람의 재앙을 기뻐하는 자는 형벌을 면치 못할 자니라
9절	허물을 덮어 주는 자는 사랑을 구하는 자요	그것을 거듭 말하는 자는 친한 벗을 이간하는 자니라
14절	다투는 시작은 방축에서 물이 새는 것 같은즉	싸움이 일어나기 전에 시비를 그칠 것이니라
17절	친구는 사랑이 끊이지 아니하고	형제는 위급한 때까지 위하여 났느니라
19절	다툼을 좋아하는 자는 죄과를 좋아하는 자요	자기 문을 높이는 자는 파괴를 구하는 자니라
27절	말을 아끼는 자는 지식이 있고	성품이 안존한 자는 명철하니라

(도표 3)

절	미련한 자식	근심하는 아버지
1절	마른 떡 한 조각만 있고도 화목하는 것이	육선이 집에 가득하고 다투는 것보다 나으니라
6절	손자는 노인의 면류관이요	아비는 자식의 영화니라
12절	차라리 새끼 빼앗긴 암콤을 만날지언정	미련한 일을 행하는 미련한 자를 만나지 말 것이니라
16절	미련한 자는 무지하거늘	손에 값을 가지고 지혜를 사려 함은 어찜인고
18절	지혜 없는 자는 남의 손을 잡고	그 이웃 앞에서 보증이 되느니라
21절	미련한 자를 낳는 자는 근심을 당하나니	미련한 자의 아비는 낙이 없느니라
24절	지혜는 명철한 자의 앞에 있거늘	미련한 자는 눈을 땅 끝에 두느니라
25절	미련한 아들은 그 아비의 근심이 되고	그 어미의 고통이 되느니라
28절	미련한 자라도 잠잠하면 지혜로운 자로 여기우고	그 입술을 닫히면 슬기로운 자로 여기우느니라

(도표 4)

절	악인의 길	재앙에 빠지는 길
4절	악을 행하는 자는 궤사한 입술을 잘 듣고	거짓말을 하는 자는 악한 혀에 귀를 기울이느니라
8절	뇌물은 임자의 보기에 보석 같은즉	어디로 향하든지 형통케 하느니라
11절	악한 자는 반역만 힘쓰나니	그러므로 그에게 잔인한 사자가 보냄을 입으리라
13절	누구든지 악으로 선을 갚으면	악이 그 집을 떠나지 아니하리라
20절	마음이 사특한 자는 복을 얻지 못하고	혀가 패역한 자는 재앙에 빠지느니라
23절	악인은 사람의 품에서 뇌물을 받고	재판을 굽게 하느니라

17장

허물을 덮어주는 사랑, 위급한 때를 위한 형제

[9]허물을 덮어주는 자는 사랑을 구하는 자요 그것을 거듭 말하는 자는 친한 벗을 이간하는 자니라.

17장에는 "여호와"라는 언급이 2번(3, 15) 등장합니다. 본장에서 하나님은, "마음을 연단하시는 여호와"(3), "허물을 덮어주시는 사랑"(9), "위급한 때를 위한 형제"(17) 등으로 나타납니다. 16장이 하나님의 주권을 강조하고 있다면, 17장은 하나님의 사랑이 강조되어 있다고 말씀드릴 수가 있습니다. 이점을 본문관찰에서 보게 될 것입니다.

도표 1. 우리의 마음을 연단하시는 여호와

① "도가니는 은을, 풀무는 금을 연단하거니와 여호와는 마음을 연단

(鍊鍛)하시느니라"(3) 합니다.

㉠ "연단하신다"는 말씀 속에는 하나님을 경외하는 자에게는 징계와 고난(苦難)이 따른다는 의미가 있습니다. 이점을 시편에서는, "고난당한 것이 내게 유익이라 이로 인하여 내가 주의 율례를 배우게 되었나이다"(시 119:71) 하고 말씀합니다. 그런데 27:21절에서는, "도가니로 은을, 풀무로 금을, 칭찬으로 사람을 시련하느니라" 합니다. "칭찬으로 사람을 시련하신다" 말씀하는데, 환난으로 "마음을 연단"하는 것과 어느 것이 더욱 어려운 시험이겠습니까? 고난의 연단보다 칭찬의 시련이 더욱 어려울 수가 있습니다.

② 그러면 경건한 자를 연단하는 고난이 어떤 방도로 오는가? "의인을 벌하는 것과 귀인을 정직하다고 때리는 것이 선치 못하니라"(26) 한 박해를 통해서 옵니다. 그래서 "악인을 의롭다 하며 의인을 악하다 하는 이 두 자는 다 여호와의 미워하심을 입느니라"(15) 합니다. 고난이 성도들에게는 연단이 되지만, 박해하는 자는 여호와께서 미워하신다고 말씀합니다.

③ "한 마디로 총명한 자를 경계하는 것이 매 백 개로 미련한 자를 때리는 것보다 더욱 깊이 박이느니라"(10) 합니다.

㉠ "분외(分外)의 말을 하는 것도 미련한 자에게 합당치 아니하거든 하물며 거짓말을 하는 것이 존귀(尊貴)한 자에게 합당하겠느냐"(7) 말씀하는데, "총명한 자, 존귀한 자"라는 표현은 성도의 신분과 정체성을 생각하게 합니다. 본 문단의 결론으로는, "마음의 즐거움은 양약(良藥)이라도 심령의 근심은 뼈로 마르게 하느니라"(22) 하는 말씀으로 마쳐야 하겠습니다. 바울과 실라는 매를 많이 맞고 투옥되었으면서도 "마음은 즐거울" 수가 있었습니다. 형제의 처지와 형편이 어떠하든지 "마음을 연단하시는 여호와"를 의뢰하면서 마음의 평강을 누리게 되시기를 기원합니다.

도표 2. 친구의 사랑과, 위급한 때를 위한 형제

① 도표 2에는 "사랑과, 은혜"가 풍성합니다. 이런 사랑과 은혜가 어디로 말미암아 나는 것인가? 이점이, "허물을 덮어 주는 자는 사랑을 구하는 자요 그것을 거듭 말하는 자는 친한 벗을 이간하는 자니라"(9) 한 말씀에 나타납니다.

㉠ "허물을 덮어준다"는 말을 구속사의 맥락에서 보면 엄청난 의미가 있습니다. 한마디로 구원계획이란 우리의 허물을 덮어주시려는 계획입니다. 왜냐하면 자력으로 구원을 얻을 수 있는 의인은 한 사람도 없기 때문입니다. 그러나 공의의 하나님에게는 그냥 덮어주신다는 것이 용납이 되지 않았던 것입니다. 그리하여 자기 아들의 대속(代贖)을 통해서 행해주셨다는 것이 "인자와 진리"로 행해주신 구속교리입니다.

② 이에 확고하기 위해서 성경의 못자리라 말하는 창세기를 들어서 말씀드리겠습니다. (창세기 파노라마 참고). 아담과 하와는, "내가 벗었으므로 두려워하여 숨었나이다"(창 3:10) 하고 말했습니다.

㉠ "죄인"이란 말은 하나님 앞에 마치 벌거벗은 자와 같음을 의미합니다. 그러므로 "죄인(罪人)이 (두려워서 하나님 앞에) 어디 서리요"(벧전 4:18) 하는 것입니다. "여호와 하나님이 아담과 그 아내를 위하여 가죽옷을 지어 입히시니라"(창 3:21) 합니다. "옷"이 왜 필요했는가? 벌거벗은 것을 가려주기 위해서입니다. 이것이 본문이 말씀하는 "허물을 덮어 주는 자"입니다.

③ 벌거벗은 것은 아담과 하와만이 아니라 방주에서 나온 노아도 "벌거벗은지라"(창 9:21) 합니다. 이를 기록케 하심은 사람은 자기 행위로 의롭다함을 얻을 자가 없음을 드러내기 위해서입니다.

㉠ 이를 "셈과 야벳"이 "덮는 자"로 등장합니다. 그런데 이를 안 노아는 셈이나 야벳을 칭찬하는 것이 아니라 하나님을 찬양합니다. 그렇

다고 셈과 야벳의 하나님이라고 말하는 것도 아닙니다. "셈의 하나님 여호와를 찬송하리로다"(창 9:26) 합니다. 무슨 뜻인가? 성령께서는 이를 통해서 셈의 줄기에서 그리스도를 보내셔서 우리의 벌거벗은 수치를 가려주실 구속교리를 증거하고 있는 것입니다. "허물을 덮어 주는 자는 사랑을 구하는 자요" 한 말씀을 대하면서 이 영광스러움을 생각하지 못한다면 그는 수건이 마음에서 아직 벗어지지 아니한 증거(고후 3:14)라 할 것입니다.

④ 다윗도 자신이 하나님 앞에 벌거벗은 자임을 깨달았습니다. 밧세바의 사건으로 인하여, "내가 죄악 중에 출생하였음이여 모친이 죄 중에 나를 잉태하였나이다"(시 51:5) 하고, 원죄 하에 태어났음을 고백한 다윗은, "허물의 사함을 얻고 그 죄의 가리움을 받은 자는 복이 있도다"(시 32:1) 하고 벌거벗은 자와 같은 자신을 "덮어주시는" 칭의 교리를 깨닫고 찬양하기에 이릅니다. 이것이 "허물을 덮어 주는 자"라는 말씀 속에 함의되어 있는 것입니다.

⑤ 그러면 "그것을 거듭 말하는 자는 친한 벗을 이간하는 자니라"는 어떤 의미가 있는가?

㉠ 노아는 함의 자손 "가나안은 저주를 받아 그 형제의 종들의 종이 되기를 원하노라"(창 9:25) 하고 저주합니다. 이는 할아버지가 손자를 저주한 그런 이야기가 아닙니다. 하나님은 아담에게, "누가 너의 벗었음을 네게 고하였느냐"(창 3:11) 하셨습니다. 이는 고한 자가 있었음을 나타내는 것인데, 어찌하여 함의 자손을 저주를 했는가? 그는 "덮어주시려는" 하나님의 구원계획과는 반대로, "그 아비의 하체를 보고 밖으로 나가서 두 형제에게 고하매" 한, 사탄의 심부름, 즉 "이간하는 자"의 역할을 했기 때문입니다.

⑥ "친구는 사랑이 끊이지 아니하고 형제는 위급한 때까지 위하여 났느니라"(17) 합니다.

㉠ 우리에게 "끊이지 않는" 그런 변함이 없는 사랑을 베푼 "친구"는 누군가? "사람이 친구를 위하여 자기 목숨을 버리면 이에서 더 큰 사랑은 없나니"(요 15:13) 하신 우리 주 예수 그리스도이십니다.

㉡ "위급한 때까지 위하여 났느니라" 한 "형제"는 누군가? "거룩하게 하시는 자와 거룩하게 함을 입은 자들이 다 하나에서 난지라 그러므로 형제라 부르시기를 부끄러워 아니하시고" 한, 하나님의 아들이십니다.

㉢ 얼마나 위급한 처지에 있는 자들을 형제라 부르시기를 부끄러워 아니하셨는가? "또 죽기를 무서워하므로 일생에 매여 종노릇하는 모든 자들"(히 2:11, 15)이라 말씀합니다. 이보다 더한 "위급(危急)한 때가 무엇이란 말인가? "말과 혀로만 사랑"(요일 3:18) 하신 것이 아닙니다. 자기 목숨을 대속제물로 내어주셨던(히 2:17) 것입니다.

⑦ "슬기로운 종은 주인의 부끄러움을 끼치는 아들을 다스리겠고 또 그 아들들 중에서 유업을 나눠 얻으리라"(2) 합니다.

㉠ 이상 말씀드린 맥락에서 "슬기로운 종과, 부끄러움을 끼치는 아들"이 누구일까를 생각한다면, 나 자신이 슬기로운 종이 되어서 아직 어리기 때문에 "부끄러움을 끼치는" 하나님의 자녀들을 잘 돌보아야 하겠다는 깨달음을 얻게 합니다. 25:13절에서는 "충성(忠誠)된 사자는 그를 보낸 이에게 마치 추수하는 날에 얼음냉수 같아서 능히 그 주인의 마음을 시원케 하느니라" 합니다.

⑧ "가난한 자를 조롱하는 자는 이를 지으신 주를 멸시하는 자요 사람의 재앙을 기뻐하는 자는 형벌을 면치 못할 자니라"(5) 합니다. 잠언 말씀에는 주옥같은 교훈적인 의미가 있습니다만 그렇게만 본다면 명언집이나 처세술 같이 되고 말 것입니다. 시편을 보면 하나님을 경외하는 자들을 "가난한 자"로 표현하고 있는 것을 보게 됩니다. 이들을 조롱하거나, 환난을 당할 때에 기뻐한다면 하나님은 결코 묵과하시지 않을 것입니다.

⑨ 끝으로, "다툼을 좋아하는 자는 죄과를 좋아하는 자요 자기 문을 높이는 자는 파괴를 구하는 자니라"(19) 한 말씀입니다.

㉠ "다툼, 죄과, 파괴"를 좋아하는 자가 누군가? "허물을 덮어주는 자, 슬기로운 종"과는 반대로 대적하는 자입니다. "자기 문을 높이는 자"라는 표현은 "소슬 대문"을 연상하게 하는 것으로, 교만하여 가까이 할 수 없는 자를 가리킵니다. 이는 "가난한 자를 조롱하는 자"(5)일 것입니다. 형제여, 우리의 친구와 형제가 되어주셔서 자신의 목숨을 던져 구원해주신 그리스도의 사랑을 입었다면, 허물을 덮어주는 자가 되십시다. 슬기로운 종이 되어 주인의 자녀들을 잘 돌보는 자들이 되십시다.

도표 3, 미련한 자식, 근심하는 아버지

① "마른 떡 한 조각만 있고도 화목(和睦)하는 것이 육선이 집에 가득하고 다투는 것보다 나으니라"(1) 합니다.

㉠ 15:16-17절에서도, "가산이 적어도 여호와를 경외하는 것이 크게 부하고 번뇌하는 것보다 나으니라, 여간 채소를 먹으며 서로 사랑하는 것이 살진 소를 먹으며 서로 미워하는 것보다 나으니라" 했습니다. 바울은 목회서신에서, "우리가 세상에 아무것도 가지고 온 것이 없으매 또한 아무것도 가지고 가지 못하리니 우리가 먹을 것과 입을 것이 있은즉 족한 줄로 알 것이니라"(딤전 6:7-8) 합니다. 이를 모를 이가 없건만 어찌하여, "그 두령은 뇌물을 위하여 재판하며 그 제사장은 삯을 위하여 교훈하며 그 선지자는 돈을 위하여 점을 치다가"(미 3:11) 예루살렘이 멸망을 당했다는 말인가? 어찌하여 "바리새인들은 돈을 좋아하는 자라"(눅 16:14) 하는가?

② 6절에서는, "손자는 노인의 면류관이요 아비는 자식의 영화니라"

하고 말씀하는가 하면 21절에서는 반대로, "미련한 자를 낳는 자는 근심을 당하나니 미련한 자의 아비는 낙이 없느니라" 하고, 25절에서는 "미련한 아들은 그 아비의 근심이 되고 그 어미의 고통이 되느니라" 하고 상반(相反)된 말씀을 합니다.

③ 그러면 어찌하여 "고통이 되는 자식"이 되는가? "차라리 새끼 빼앗긴 암곰을 만날지언정 미련한 일을 행하는 미련한 자를 만나지 말 것이니라"(12) 한, 미련 때문입니다.

㉠ 자식만이 미련한 것이 아니라, "미련한 자는 무지하거늘 손에 값을 가지고 지혜를 사려 함은 어찜인고"(16) 합니다. 즉 돈만 있으면 "행복도, 지혜도, 구원"도 다 살 줄로 여기는 물질만능이 이런 자식을 만든다는 것이 됩니다. 그러므로 "마른 떡 한 조각만 있고도 화목하는 것이" (1) 하고 청빈(淸貧)의 행복을 말씀한 것입니다.

④ 본 문단은, "지혜는 명철한 자의 앞에 있거늘 미련한 자는 눈을 땅 끝에 두느니라"(24) 한 말씀으로 마쳐야만 하겠습니다.

㉠ 바로 눈 "앞과, 땅 끝"이 대조되어 있는데 무슨 뜻이냐 하면 "지혜", 즉 "말씀이 네게 심히 가까워서 네 앞에 있다는 말씀입니다. 그런데 미련한 자는 "땅 끝", 즉 허황된 데서 찾고 있다는 것입니다. 형제여, 가정의 행복과, 구원문제가, "하늘에 올라가겠느냐, 음부에 내려가겠느냐" 하는데 있는 것이 아닙니다. "네 입에 있으며 네 마음에 있다" 하십니다. "입으로 예수를 주로 시인을 하고 또 하나님께서 그를 죽은 자 가운데서 살리신 것을 네 마음에 믿으면 구원을 얻으리니"(롬 10:6-9) 하고, 아주 가까운데 있음을 명심하십시다.

도표 4. 악인의 길, 재앙에 빠지는 길

① 도표 4에는 "악, 또는 악인"이라는 말이 자주 등장하는데 이는 교회 안팎에 있는 불신자들의 특성을 나타내는 표현입니다. "악을 행하는 자는 궤사한 입술을 잘 듣고 거짓말을 하는 자는 악한 혀에 귀를 기울이느니라"(4) 합니다. 불신자들이 잘 듣는 말은 "궤사한 입술"이요, 저들이 귀를 기울이는 것은 "악한 혀"라는 것입니다. 그러나 복음진리에는 귀를 막고 들으려하지 않는 것입니다.

② "누구든지 악으로 선을 갚으면 악이 그 집을 떠나지 아니하리라(13), 마음이 사특한 자는 복을 얻지 못하고 혀가 패역한 자는 재앙에 빠지느니라(20), 악인은 사람의 품에서 뇌물을 받고 재판을 굽게 하느니라"(23) 합니다. 이런 맥락에서 "뇌물은 임자의 보기에 보석 같은즉 어디로 향하든지 형통케 하느니라"(8) 한 말씀은 좋은 뜻으로 한 말이 아니라 세태(世態)를 풍자하는 의미가 됩니다.

③ 본 문단은, "악한 자는 반역만 힘쓰나니 그러므로 그에게 잔인한 사자가 보냄을 입으리라"(11) 하는 말씀으로 결론을 삼아야 하겠습니다. "반역만 힘쓴다"는 점을 사도 바울은, "다만 네 고집과 회개치 아니한 마음을 따라 진노의 날 곧 하나님의 의로우신 판단이 나타나는 그 날에 임할 진노를 네게 쌓는도다"(롬 2:5) 하고 표현합니다. 끝내 고집(반역)을 한다면 그에게는 "잔인한 사자가 보냄을 입으리라"는, 심판 외에 다른 방도는 없는 것입니다.

④ 묵상해보겠습니다.

㉠ "허물을 덮어주는 사랑, 위급한 때를 위한 형제"에 대해서,

㉡ "마른 떡 한 조각"의 행복에 대해서,

㉢ "주인의 부끄러운 자식을 다스리는 슬기로운 종"에 대해서,

㉣ 17장에서 가장 감명 깊은 말씀과 그 의미에 대해서.

잠언 18장 개관도표

주제 : 여호와의 이름은 견고한 망대라

(도표 1)

절	견고한 망대이신 여호와의 이름	견고한 성인 부자의 재물
10절	여호와의 이름은 견고한 망대라	의인은 그리로 달려가서 안전함을 얻느니라
11절	부자의 재물은 그의 견고한 성이라	그가 높은 성벽 같이 여기느니라
12절	사람의 마음의 교만은 멸망의 선봉이요	겸손은 존귀의 앞잡이니라
14절	사람의 심령은 그 병을 능히 이기려니와	심령이 상하면 그것을 누가 일으키겠느냐
22절	아내를 얻는 자는 복을 얻고	여호와께 은총을 받는 자니라

(도표 2)

절	자기중심적인 자	자기 소욕을 따르는 자
1절	무리에게서 스스로 나뉘는 자는	자기 소욕을 따르는 자라 온갖 참 지혜를 배척하느니라
2절	미련한 자는 명철을 기뻐하지 아니하고	자기의 의사를 드러내기만 기뻐하느니라
3절	악한 자가 이를 때에는 멸시도 따라오고	부끄러운 것이 이를 때에는 능욕도 함께 오느니라
5절	악인을 두호하는 것과 재판할 때에	의인을 억울하게 하는 것이 선하지 아니 하니라
15절	명철한 자의 마음은 지식을 얻고	지혜로운 자의 귀는 지식을 구하느니라
16절	선물은 그 사람의 길을 너그럽게 하며	또 존귀한 자의 앞으로 그를 인도하느니라
17절	송사에 원고의 말이 바른 것 같으나	그 피고가 와서 밝히느니라
18절	제비 뽑는 것은 다툼을 그치게 하여	강한 자 사이에 해결케 하느니라
19절	노엽게 한 형제와 화목하기가 견고한 성을 취하기보다 어려운즉	이러한 다툼은 산성 문빗장 같으니라
24절	많은 친구를 얻는 자는 해를 당하게 되거니와	어떤 친구는 형제보다 친밀하니라

(도표 3)

절	미련한 자의 입	지혜의 샘과 같은 입
4절	명철한 사람의 입의 말은 깊은 물과 같고	지혜의 샘은 솟쳐 흐르는 내와 같으니라
6절	미련한 자의 입술은 다툼을 일으키고	그 입은 매를 자청하느니라
7절	미련한 자의 입은 그의 멸망이 되고	그 입술은 그의 영혼의 그물이 되느니라
8절	남의 말하기를 좋아하는 자의 말은	별식과 같아서 뱃속 깊은 데로 내려가느니라
9절	자기의 일을 게을리 하는 자는	패가하는 자의 형제니라
13절	사연을 듣기 전에 대답하는 자는	미련하여 욕을 당하느니라
20절	사람은 입에서 나오는 열매로 하여 배가 부르게 되나니 곧	그 입술에서 나는 것으로 하여 만족하게 되느니라
21절	죽고 사는 것이 혀의 권세에 달렸나니	혀를 쓰기 좋아하는 자는 그 열매를 먹으리라
23절	가난한 자는 간절한 말로 구하여도	부자는 엄한 말로 대답하느니라

18장

여호와의 이름은 견고한 망대라

[10]여호와의 이름은 견고한 망대라 의인은 그리로 달려가서 안전함을 얻느니라.

18장에는 "여호와"라는 칭호가 두 번(10, 22) 나오는데, "여호와의 이름은 견고한 망대라" 하고, 잠언서에서 유일(唯一)하게 "여호와의 이름"(10)이 등장합니다. "여호와, 여호와의 이름"이라는 표현이 비슷한 듯하지만, "여호와의 이름"이라함은 하나님의 신성과 명예(名譽)와 권위(權威)를 나타내는 것으로 더욱 깊은 뜻이 있습니다. 본장은 이를 염두에 두고 상고함이 마땅합니다.

도표 1. 견고한 망대이신 여호와의 이름

① "여호와의 이름은 견고한 망대라 의인은 그리로 달려가서 안전함을 얻느니라"(10) 합니다.

㉠ 잠언서에는, "여호와를 경외하는 것이 지식의 근본이어늘"(1:7)로 시작하여, "여호와를 경외하는 여자는 칭찬을 받을 것이라"(31:30) 하고 마치기까지 "여호와"라는 호칭이 87번이나 등장합니다. 그런데 어찌하여 이 대목에서는 "여호와는 견고한 망대라" 하지 않고 "여호와의 〈이름〉은 견고한 망대라" 하고 말씀하고 있는가? 이것이 별 차이가 없는 것으로 여길 수가 있으나 그렇지가 않습니다. "여호와"라 하면 칭호(稱號)가 되지만, "여호와의 이름"이라고 하면 인격(人格)을 나타내는 것입니다.

② 구원계획에는 "여호와의 이름"이라는 명예(名譽)가 걸려있다는 점을 인식한다는 것은 구원계획을 인식하는데 있어서 사활적으로 중요한 요점이 됩니다.

㉠ 하나님은 말씀하십니다. "내가 이렇게 행함은 너희를 위함이 아니요 너희가 들어간 그 열국에서 더럽힌 나의 거룩한 이름을 위함이라 열국 가운데서 더럽힘을 받은 이름 곧 너희가 그들 중에서 더럽힌 나의 큰 이름을 내가 거룩하게 할지라(겔 36:22-23), 내가 나를 위하며, 내가 나를 위하여 이를 이룰 것이라 어찌 내 이름을 욕되게 하리요 내 영광을 다른 자에게 주지 아니하리라"(사 48:11) 하십니다.

③ 이런 맥락에서, "여호와의 이름은 견고한 망대라"(10상) 한 것은 성경에 등장하는, "구원의 방주, 피란처, 도피성" 등과 같은 의미인 것입니다.

㉠ 그래서 "의인은 그리로 달려가서 안전(安全)함을 얻느니라"(10하) 하는 것입니다. "달려가서 안전함을 얻는다"는 표현은 즉각적으로

"도피성(逃避城)을 연상하게 합니다. 그렇다면 "여호와의 이름은 견고한 망대라" 한 "망대"는, "나는 내 아버지의 이름으로 왔다"(요 5:43) 하신 "그리스도" 외에 다른 것은 상정할 수가 없는 것입니다. 그러므로 "여호와의 이름"이 걸려있는 "견고한 망대"로 달려가서 피하는 자는 절대적으로 안전이 보장이 된다는 것과, 여호와의 이름이 걸려있는 구원계획은 기필코 완성이 되고야 만다는 확신을 하게 됩니다.

④ 생각해 보십시오. 홍수심판 당시에 안전한 곳이 어디였으며, 애굽 천지를 심판하시는 유월절의 밤에 안전한 곳이 어디였는가? 그러므로 "그리스도 예수 안에만" 소망과 구원과 안전이 있는 것입니다. "주는 나의 피난처시오 원수를 피하는 견고한 망대심이니이다"(시 61:3) 합니다.

⑤ 그런데 불신자들은 무엇으로 "견고한 성"을 삼고 있는가? "부자의 재물은 그의 견고한 성이라 그가 높은 성벽 같이 여기느니라"(11) 한 "재물"(財物)입니다. 이는 "여호와의 이름은 견고한 망대라" 한 것과 대조(對照)되는 의미에서 한 말씀입니다.

⑥ "사람의 심령은 그 병을 능히 이기려니와 심령이 상하면 그것을 누가 일으키겠느냐"(14) 합니다.

㉠ 이 말씀에는 "심령과, 육체"가 대조되어 있는데 보다 중요한 것은 "영혼"임을 나타냅니다. 물질도 필요하고, 육체의 건강도 소중합니다. 그러나 만일 "심령이 상하면" 건강도, 재물도 모든 것을 잃게 된다는 뜻입니다. 주님이 말씀하신 대로 온 천하를 얻었다 하여도 생명을 잃으면 "그것을 무엇으로 일으키겠느냐"는 것입니다.

㉡ "사람의 마음의 교만은 멸망의 선봉이요 겸손은 존귀의 앞잡이니라"(12) 하십니다. 한마디만 하라면 "교만하지 말라" 할 것이요, 한마디만 더 하라면 "겸손하라" 할 것입니다. 구원계획에는 "견고한 망대이신 여호와의 이름"이 걸려 있다는 점을 잊지 마십시다. 신약성경은, "이는 하나님이 거짓말을 하실 수 없는 이 두 가지 변치 못할 사실을 인하

여 앞에 있는 소망을 얻으려고 피하여 가는 우리로 큰 안위를 받게 하려 하심이라"(히 6:18) 하고 말씀합니다.

도표 2. 자기중심적인 자, 자기소욕을 따르는 자

도표 2에는 공동체와 결부되는 말씀들이 주를 이루고 있습니다. 사람은 하나님과의 관계, 이웃과의 관계라는 두 관계성(關係性) 속에서만 존재의미가 있는 것입니다. 하나님과의 바른 관계를 유지하고 있는 자들을 잠언서에서는 "의인"이라고 부릅니다. 하나님과 바른 관계를 회복하게 된 자들은 독불장군들이 아니라 몸 된 교회의 지체라는 것입니다. 이점을 시편에서는 "형제가 연합하여 동거함이 어찌 그리 선하고 아름다운고"(시 133:1) 하고 찬양을 합니다. "선하고 아름다운" 만큼 "형제가 연합하여 동거"하는 삶은 유지해나가기가 어려운 것입니다.

① "무리에게서 스스로 나뉘는 자는 자기 소욕을 따르는 자라 온갖 참 지혜를 배척하느니라"(1) 합니다.

㉠ 교회라는 공동체 내에는 "무리에게서 스스로 나뉘는 자"가 있기 마련입니다. 12 사도 중에도 가룟 유다가 있었습니다. 왜 그렇게 되는가? "자기 소욕(所欲)을 따르는 자"라고 말씀합니다. 타락했다는 것은 하나님중심에서 자기중심(自己中心)이 되었음을 의미합니다. 그래서 아담의 후예들은 정도의 차이는 있을지라도 누구나 자기중심적인 사고(思考)를 가지고 있습니다. 그래서 사도 바울은, "마음을 같이 하여 같은 사랑을 가지고 뜻을 합하며 한 마음을 품으라, 너희 안에 이 마음을 품으라 곧 그리스도 예수의 마음이니"(빌 2:2, 5) 하고 권면합니다.

② 하나님의 역사는 하나 되게 하시고 세우려 하시는데, "나뉘는 자"는 결국 파괴하는 역사가 됩니다. 그래서 "온갖 참 지혜를 배척(排斥)하

느니라"(1하) 하는 것입니다. 이어지는 말씀을 보십시오.

㉠ "미련한 자는 명철을 기뻐하지 아니하고 자기의 의사를 드러내기만 기뻐하느니라"(2) 합니다. 자기만이 옳은 양 자기 주장을 내세우는 자는 스스로는 지혜 있는 자로 여길지라도 실상은 "미련한 자"라 합니다. 이런 "악한 자가 이를 때에는 멸시도 따라오고 부끄러운 것이 이를 때에는 능욕도 함께 오느니라"(3), 교회 공동체는 어려움을 겪게 된다는 것입니다.

③ "명철한 자의 마음은 지식을 얻고 지혜로운 자의 귀는 지식을 구하느니라"(15) 합니다.

㉠ 이 말씀을 3절과 결부해서 생각해본다면 "악한 자와, 명철한 자"의 대조가 됩니다. 어떤 차이인가? "자기의 의사(意思)를 드러내기만 기뻐하는"(2) 것과, "명철한 자의 마음은 지식을 얻고, 지식을 구한다", 즉 배우기를 원한다는 차이입니다.

④ "선물은 그 사람의 길을 너그럽게 하며 또 존귀한 자의 앞으로 그를 인도하느니라"(16)하는데, 여기서 말씀하는 선물은 17:8, 23절에서 말씀한 "뇌물"과는 전연 다른 것입니다.

㉠ 예수 그리스도는 하나님의 선물입니다. 그리고 "한 번 죄를 위하여 죽으사 의인으로서 불의한 자를 대신" 하신 것은, "이는 우리를 하나님 앞으로 인도하려 하심이라"(벧전 3:18) 합니다. 다시 말하면 우리를 "존귀한 자 앞으로 인도하기" 위해서입니다. 주님께서 승천하시면서 "목사와 교사" 등 말씀의 사역자들을 교회에 선물로 주신(엡 4:8-11) 목적도, 성도들을 "존귀(尊貴)한 자" 앞으로 인도하기 위해서인 것입니다.

⑤ "송사에 원고의 말이 바른 것 같으나 그 피고가 와서 밝히느니라"(17) 한 말씀은 교회 공동체를 치리함에 있어서 "아무 일도 편벽(偏僻)되이 하지 말며"(딤전 5:21) 한 말씀을 생각하게 합니다.

㉠ 그리고 "노엽게 한 형제와 화목하기가 견고한 성을 취하기보다

어려운즉 이러한 다툼은 산성 문빗장 같으니라"(19) 한 말씀은, 공동체의 화목을 파괴하기는 쉬우나 이를 회복하는 화목의 역사가 얼마나 어려운 것인가를 나타냅니다. 그래서 17:14절에서는, "다투는 시작은 방축에서 물이 새는 것 같은즉 싸움이 일어나기 전에 시비를 그칠 것이라" 하는 것입니다.

⑥ 본 문단의 결론으로는, "많은 친구를 얻는 자는 해를 당하게 되거니와 어떤 친구는 형제보다 친밀하니라"(24) 한 마지막절로 삼아야만 하겠습니다.

㉠ 여기 "많은 친구와, 어떤 친구"가 대조되어 있는데 해(害)를 끼치는 "많은 친구"는 세속적(世俗的)인 친구를 가리킬 것입니다. 그런 친구들 중에는 물질적인 해를 끼칠 수도 있지만 이는 적은 손해요, 큰 손실은 영적으로 손해를 입히는 일입니다. 그러면 "형제보다 친밀한 어떤 친구"는 누구이겠습니까? 예수 그리스도이십니다. 또한 형제가 그런 친구가 되시기를 바랍니다.

도표 3. 미련한 자의 입과 지혜의 샘과 같은 입

도표 3에는 "입", 즉 말과 결부된 잠언들이 주를 이루고 있습니다. 공동체란 사람(人口), 즉 입들이 모인 곳이기 때문입니다. 그런데 말에는 세우는 건설적인 말이 있고, 허무는 파괴적인 말이 있습니다.

① "명철한 사람의 입의 말은 깊은 물과 같고 지혜의 샘은 솟쳐 흐르는 내와 같으니라"(4), "사람은 입에서 나오는 열매로 하여 배가 부르게 되나니 곧 그 입술에서 나는 것으로 하여 만족하게 되느니라"(20) 한 "입"은 세우는 역할을 합니다.

② 반면 "미련한 자의 입술은 다툼을 일으키고 그 입은 매를 자청하

느니라(6), 미련한 자의 입은 그의 멸망이 되고 그 입술은 그의 영혼의 그물이 되느니라”(7) 한 “입”은 파괴하는 역할을 합니다.

③ 그런데 문제는 남의 말을 하는 “입”만이 문제가 아니라, 남의 말을 듣기 좋아하는 “귀”도 문제라는 것입니다. 8절에서 “남의 말하기를 좋아하는 자의 말은 별식과 같아서 뱃속 깊은 데로 내려가느니라”(8) 한 말씀은 타락한 인간의 심성(心性)을 적나라하게 드러냅니다.

④ 이런 맥락에서 “자기의 일을 게을리 하는 자는 패가(敗家)하는 자의 형제니라”(9) 한 말씀을 음미해 볼 수가 있습니다. “패가”(9)하는 자가 있는가 하면, “배부르고 만족”(20)한 사람도 있습니다. 어떤 차이인가? 게으름 때문입니다. 이는 육적인 차이만이 아닙니다.

㉠ 하나님께서 자기 아들까지 아끼지 아니하시고 화목제물로 내어 주신 엄청난 사랑과 은혜가 성경 안에 충족되게 계시가 되어 있습니다. 이 “지식”을 깨달아 마음으로 믿으면 내 것이 되어 충만하여 질 수가 있는데, 어찌하여 평생을 가난하고 가련한 그리스도인의 모습으로 지나게 되는가? 게을러서입니다. 26:15절을 보십시오. “게으른 자는 그 손을 그릇에 넣고도 입으로 올리기를 괴로워하느니라” 합니다. 그런 사람에게 다른 비법은 없는 것입니다.

⑤ 이런 사람일수록 “손”은 게으른데, “입”은 바쁘다는 것입니다. 사도 바울은 목회서신에서, “또 저희가 게으름을 익혀 집집에 돌아다니고 게으를 뿐 아니라 망령된 폄론을 하며 일을 만들며 마땅히 아니할 말을 하나니”(딤전 5:13) 합니다.

㉠ 그러므로 본 문단의 결론은, “죽고 사는 것이 혀의 권세에 달렸나니 혀를 쓰기 좋아하는 자는 그 열매를 먹으리라” 한 21절로 삼아야 하겠습니다. “죽이고 살리는” 권세가 어떻게 혀에게 달렸다는 것인가? 형제여, “혀”는 자동으로 작동되는 것이 아니라, “마음과 생각”의 도구 노릇을 할 뿐입니다. 율법은 돌비에 기록이 되었으나 새 언약은, “내 법

을 저희 마음에 두고 저희 생각에 기록하리라"(히 10:16, 렘 31:33) 하십니다. 심비에 기록된 말씀은 마음과 생각을 지배(支配) 하고, 그의 "혀"를 통해서 열매를 산출하게 하십니다. 형제의 혀가 죽은 심령을 살리는 의의 병기로 쓰임을 받게 되기를 기원합니다.

⑥ 묵상해보겠습니다.

㉠ "여호와의 이름"에 함의되어 있는 구속사적 의미에 대해서,

㉡ "노엽게 한 형제와의 화목"이 얼마나 어려운가에 대해서,

㉢ "죽고 사는 것이 혀의 권세에 달렸다"는 의미에 대해서,

㉣ 본장에서 가장 감명 깊은 구절과 그 의미에 대해서.

잠언 19장 개관도표

주제 : 온전히 세워질 여호와의 도

(도표 1)

절	미련해서 잘못하고는	하나님을 원망한다
1정	성실히 행하는 가난한 자는	입술이 패려하고 미련한 자보다 나으니라
2절	지식 없는 소원은 선치 못하고	발이 급한 사람은 그릇 하느니라
3절	사람이 미련하므로 자기 길을 굽게 하고	마음으로 여호와를 원망 하느니라
4절	재물은 많은 친구를 더하게 하나	가난한즉 친구가 끊어지느니라
6절	너그러운 사람에게는 은혜를 구하는 자가 많고	선물을 주기를 좋아하는 자에게는 사람마다 친구가 되느니라
7절	가난한 자는 그 형제들에게도 미움을 받거든	하물며 친구야 그를 멀리 아니하겠느냐 따라가며 말하려 할지라도 그들이 없어졌으리라
17절	가난한 자를 불쌍히 여기는 것은 여호와께 꾸이는 것이니	그 선행을 갚아 주시리라

(도표 2)

절	많은 계획을 세워도	여호와의 뜻이 서리라
11절	노하기를 더디하는 것이 사람의 슬기요	허물을 용서하는 것이 자기의 영광이니라
12절	왕의 노함은 사자의 부르짖음 같고	그의 은택은 풀 위에 이슬 같으니라
13절	미련한 아들은 그 아비의 재앙이요	다투는 아내는 이어 떨어지는 물방울이니라
14절	집과 재물은 조상에게서 상속하거니와	슬기로운 아내는 여호와께로서 말미암느니라
21절	사람의 마음에는 많은 계획이 있어도	오직 여호와의 뜻이 완전히 서리라
22절	사람은 그 인자함으로 남에게 사모함을 받느니라	가난한 자는 거짓말 하는 자보다 나으니라
23절	여호와를 경외하는 것은 사람으로 생명에 이르게 하는 것이라	경외하는 자는 족하게 지내고 재앙을 만나지 아니 하느니라
26절	아비를 구박하고 어미를 쫓아내는 자는	부끄러움을 끼치며 능욕을 부르는 자식이니라

(도표 3)

절	영혼을 잠들게 하는 게으름	게으른 사람은 주릴 것이다
15절	게으름이 사람으로 깊이 잠들게 하나니	해태한 사람은 주릴 것이니라
16절	계명을 지키는 자는 자기의 영혼을 지키거니와	그 행실을 삼가지 아니하는 자는 죽으리라
18절	네가 네 아들에게 소망이 있은즉	그를 징계하고 죽일 마음은 두지 말지니라
19절	노하기를 맹렬히 하는 자는 벌을 받을 것이라	네가 그를 건져 주면 다시 건져 주게 되리라
20절	너는 권고를 들으며 훈계를 받으라	그리하면 네가 필경은 지혜롭게 되리라
24절	게으른 자는 그 손을 그릇에 넣고도	입으로 올리기를 괴로와하느니라
25절	거만한 자를 때리라 그리하면 어리석은 자도 경성하리라	명철한 자를 견책하라 그리하면 그가 지식을 얻으리라

(도표 4)

절	진리에서 떠나게 하는	거짓 증인의 말을 듣지 말라
5절	거짓 증인은 벌을 면치 못할 것이요	거짓말을 내는 자도 피치 못하리라
8절	지혜를 얻는 자는 자기 영혼을 사랑하고	명철을 지키는 자는 복을 얻느니라
9절	거짓 증인은 벌을 면치 못할 것이요	거짓말을 내는 자는 망할 것이니라
10절	미련한 자가 사치하는 것이 적당치 못하거든	하물며 종이 방백을 다스림이랴
27절	내 아들아 지식의 말씀에서 떠나게 하는	교훈을 듣지 말지니라
28절	망령된 증인은 공의를 업신여기고	악인의 입은 죄악을 삼키느니라
29절	심판은 거만한 자를 위하여 예비 된 것이요	채찍은 어리석은 자의 등을 위하여 예비된 것이니라

19장

온전히 세워질 여호와의 도

[21]사람의 마음에는 많은 계획이 있어도 오직 여호와의 뜻이 완전히 서리라.

19장에는 "여호와"가 4번 등장합니다. ㉠ 미련해서 자신이 잘못하고는 여호와를 원망한다(3). ㉡ 가난한 사람을 도와주는 것은 여호와께 꾸이는 것이라(17). ㉢ 사람이 계획을 해도 여호와의 뜻이 서리라(21). ㉣ 여호와를 경외하는 것이 생명에 이르게 하는 것이라(23) 합니다. 그러면 이렇게 정리할 수가 있겠습니다. "여호와의 뜻은, 생명에 이르게 하는 것이라", 본장은 이를 염두에 두고 상고해야 할 것입니다.

도표 1. 미련해서 잘못하고는 하나님을 원망한다

① "지식 없는 소원은 선치 못하고 발이 급한 사람은 그릇 하느니라"(2) 합니다.

㉠ 이는 참으로 중요하고도 심각하게 받아야 할 말씀입니다. 왜냐하면 "지식 없는" 소원만 선치 목한 것이 아니라, "지식 없는 예배, 기도, 전도, 헌금, 열심" 등 모든 분야가 선치 못한 것이라는 뜻으로 적용이 될 수 있기 때문입니다. 시편에서는, "여호와께서 저희의 요구(要求)한 것을 주셨을지라도 그 영혼을 파리하게 하셨도다"(시 106) 하고 말씀하고 있습니다. 그러므로 "지식 없는 소원은 선치 못한" 것만이 아니라, 도리어 해로울 수가 있습니다.

㉡ 그러면 본문이 말씀하는 "지식"이란 구체적으로 무엇을 가리키는가? 오늘날은 "지식"에 대해서 너무나 등한히 하고 덮어놓고, "기도 많이 하라, 전도 많이 하라, 헌금 많이 하라" 하고 독려합니다. 그리하여 모로 가도 서울만 가면 된다는 식으로 성장(成長)에 올인을 하고 있습니다. 그러므로 이점을 좀 더 생각해보아야만 합니다. 잠언서에는 "지식"이라는 말이 40번 이상 등장하는데 잠언이 말씀하는 "지식"이란, "여호와를 경외하는 것이 지식의 근본이어늘"(1:7) 한, "여호와 경외", 즉 하나님을 아는 것입니다.

㉢ 그런대 여호와를 경외하기 위해서는 "여호와 경외하기를 깨달으며 하나님을 알게 되리니"(2:5) 한, 하나님을 바로 알아야만 바르게 경외할 수가 있다는 점입니다. 그래서 호세아 선지자는, "내 백성이 지식이 없으므로 망하는도다" 하면서, "그러므로 우리가 여호와를 알자 힘써 여호와를 알자"(호 4:6, 6:3) 하고 외쳤던 것입니다. 이것은 무엇을 말해주느냐 하면 구약교회가 심판을 당한 원인이 열심이 없어서도 아니요, 예배(제물)를 드리지 않았기 때문도 아니요, 근본적인 원인은 "여호와

아는 지식"이 없어서 멸망했다는 뜻이 됩니다.

㉣ 그런데 문제의 심각성은 지식이 없어서 멸망한 것이 그때가 마지막이 아니라는 점입니다. "내가 증거하노니 저희가 하나님께 열심(熱心)이 있으나 지식을 좇은 것이 아니라 하나님의 의를 모르고 자기 의를 세우려고 힘써 하나님의 의를 복종치 아니 하였느니라"(롬 10:2-3) 하고 주님 당시에 재연이 되었던 것입니다. 그리하여 예루살렘이 심판을 당하고 성전은 또다시 불타고 말았던 것입니다.

㉤ 그러면 신약교회는 안전하단 말인가? 이 심각성을 알았기에 옥중 바울의 첫 기도제목은, "지혜와 계시의 영을 너희에게 주사 하나님을 알게"(엡 1:17) 해달라는 것이었습니다. 성경은 하나님의 자기계시입니다. 그러므로 성경에 계시하신 하나님을 모르고 하는 "지식 없는 소원, 기도, 열심" 등은 동명이인(同名異人)의 하나님을 섬기는 것이 될 수가 있다는 경각심이 있어야 하는 것입니다. 이런 위험은 기독교 2천년사가 증언을 하고 있습니다. 그런 중에 현대교회에 이르러서는 그 위험수위를 넘었다 해도 과언은 아닐 것입니다.

② 이런 맥락에서, "사람이 미련하므로 자기 길을 굽게 하고 마음으로 여호와를 원망 하느니라"(3) 합니다.

㉠ 참으로 우리의 마음을 꿰뚫어보는 말씀입니다. 그러므로 "의인의 입술은 여러 사람을 교육하나 미련한 자는 지식이 없으므로 죽느니라"(10:21) 하는 것입니다. 그래서 "너희가 은을 받지 말고 나의 훈계를 받으며 정금보다 지식을 얻으라(8:10), 사특한 자는 입으로 그 이웃을 망하게 하여도 의인은 그 지식으로 말미암아 구원을 얻느니라"(11:9) 한 것입니다.

㉡ 이런 맥락에서 "지식"이 무엇을 의미하는가 하는 점이 더욱 분명해집니다. 주님은 대제사장적인 기도에서, "영생은 곧 유일하신 참 하나님과 그의 보내신 자 예수 그리스도를 아는 것이니이다"(요 17:3) 하

십니다. 하나님께서 선(善)하게 여기시는 소원이란, "예수 그리스도로 말미암은 소원"입니다. 그러므로 "발이 급한 사람은 그릇 하느니라"(2하)는 의미는, "아버지의 뜻대로 마옵시고 나의 원대로 하옵소서" 하고 제 마음대로 고집하는 것이 될 것입니다.

③ 4절에서는, "재물은 많은 친구를 더하게 하나 가난한즉 친구가 끊어지느니라" 말씀하고,

㉠ 7절에서는 "가난한 자는 그 형제들에게도 미움을 받거든 하물며 친구야 그를 멀리 아니하겠느냐 따라가며 말하려 할지라도 그들이 없어졌으리라"(7) 합니다. 이렇게 말씀하는 의도가 무엇인가? "가난한 자"의 가련함을 드러내기 위해서입니다. 그러니까 가난하지 말라는 것입니다. 하나님이 가련하게 여기시는 가난은 물질적인 가난이 아니라 독생자까지 아낌없이 주셨건만 이를 모르고 처량한 모습을 하고 있는 영적 빈곤입니다.

④ 이 말씀을 상고하면서 누가 생각이 나십니까? 가난한 자는 "형제"도 기피합니다. "친구"는 더욱 없습니다. 그러나 그에게, "형제라 부르시기를 부끄러워 아니하신"(히 2:11) 분이 계십니다. 하나님의 아들 예수 그리스도께서 우리의 친구가 되어주셨다는 말씀입니다.

㉠ 말로만이 아닙니다. 우리가 짊어지고 있는 빚(죄값)을 대신 갚아주시기 위해서 자신의 목숨을 내어주셨다는 은혜요, 복음이 생각이 나지 않습니까? 그래도 형제는 가난한 자입니까? 성경은 "우리 주 예수 그리스도의 은혜를 너희가 알거니와 부요하신 자로서 너희를 위하여 가난하게 되심은 그의 가난함을 인하여 너희로 부요케 하려 하심이니라"(고후 8:9) 합니다. 그러므로 그리스도인들이란, "근심하는 자 같으나 항상 기뻐하고 가난한 자 같으나 많은 사람을 부요하게 하고 아무 것도 없는 자 같으나 모든 것을 가진 자로다"(고후 6:10) 합니다.

⑤ 이런 맥락에서, "가난한 자를 불쌍히 여기는 것은 여호와께 꾸이

는 것이니 그 선행을 갚아 주시리라"(17) 하는 것입니다.

㉠ 14:31절에서도, "가난한 사람을 학대하는 자는 그를 지으신 이를 멸시하는 자요 궁핍한 사람을 불쌍히 여기는 자는 주를 존경하는 자니라" 합니다. "여호와께 꾸이는 것"이라 말씀하는데 하나님이 우리에게 빚을 지고 계실 분이십니까? 그래서 "갚아주시리라" 하시는 것입니다. 어찌하여 가난한 자를 돌아보는 것이 "주를 존경하는 것"인가? 그를 대속하신 분은 그리스도요, 그는 주의 소유이기 때문입니다. 도달하게 되는 결론은, "성실히 행하는 가난한 자는 입술이 패려하고 미련한 자보다 나으니라"(1)는 말씀이 됩니다. 형제여, 물질적으로는 가난하다 하드라도 영적으로는 하나님 아는 지식으로 부요하게 되시기를 기원합니다.

도표 2. 많은 계획을 세워도 여호와의 뜻이 서리라

① 도표 2에는 본장에 등장하는 3번의 "여호와"가 다 들어 있습니다. 그러므로 하나님의 주권이 강조되어 있습니다. "사람의 마음에는 많은 계획이 있어도 오직 여호와의 뜻이 완전(完全)히 서리라"(21) 합니다.

㉠ 이는 마치 하나님의 주권을 강조하고 있는 바울 신학을 대하는 느낌이 듭니다. 바울은 "하나님의 뜻으로 말미암아 그리스도 예수의 사도 된 바울은"(엡 1:1) 하고 언제나 "하나님의 뜻"을 맨 앞에 내세우고 있습니다. 오늘날은 하나님의 주권은 뒷전으로 밀리고 "사람의 마음에는 많은 계획이 있어도" 한 인간의 수단 방법만이 난무하고 있습니다.

㉡ "여호와의 뜻이 완전히 서리라" 합니다. 이사야 40:8절에서는, "풀은 마르고 꽃은 시드나 우리 하나님의 말씀은 영영히 서리라 하라" 하십니다. 선지자는 "영영히 서리라" 하고, 잠언 기자는 그냥 "서리라"가 아니라 "완전히 서리라" 하고 말씀을 합니다. 그렇다면 이는, "이루

었도다 나는 알파와 오메가요 처음과 나중이라"(계 21:6) 하고 선언하실 구원계획이 완성(完成)되리라는 비전인 것입니다.

② 그러므로 "여호와를 경외하는 것은 사람으로 생명에 이르게 하는 것이라 경외하는 자는 족하게 지내고 재앙을 만나지 아니 하느니라"(23) 합니다. 그리스도인들처럼 "환난"을 많이 당한 사람도 없을 것입니다. 그런데 "재앙을 만나지 아니 하느니라" 한다면 이는 심판을 당하지 않는다는 뜻이 됩니다. 그래서 "생명에 이르게 하는 것이라" 하는 것입니다.

③ 이런 맥락에서, "집과 재물은 조상에게서 상속하거니와 슬기로운 아내는 여호와께로서 말미암느니라"(14) 합니다. 하나님께서 한 가지 소원을 말하라 하신다면 "슬기로운 아내를 주십시요" 할 것입니다. 왜냐하면 아내는 평생의 동역자이기 때문입니다. 그리고 이는 그리스도와 교회의 연합(聯合)에 대한 예표인 것입니다.

㉠ 그런데 "미련한 아들은 그 아비의 재앙이요 다투는 아내는 이어 떨어지는 물방울이니라"(13) 합니다. 그리고 26절에서는, "아비를 구박하고 어미를 쫓아내는 자는 부끄러움을 끼치며 능욕을 부르는 자식이니라" 합니다. 이것이 죄로 말미암은 역기능(逆機能)인 것입니다. 구원이란 이런 것들을 하나님의 본래 목적대로 순기능으로 회복하는 일입니다. 그렇다면 어찌하여 "아버지와, 남편"에 대한 훈계(訓戒)는 없는 것일까요? 잠언은 우리의 아버지가 되시고 남편이 되시는 하나님께서 그의 아내와 자녀 되는 우리들에게 하시는 말씀이기 때문으로 여겨집니다.

④ 12절에는, "왕의 노함은 사자의 부르짖음 같고 그의 은택은 풀 위에 이슬 같으니라" 하고, "진노와, 은택"이 함께 등장합니다. "성경이 말씀하는 궁극적인 왕은, "하나님은 예로부터 나의 왕이시라 인간에 구원을 베푸셨나이다"(시 74:12) 한 하나님 곧 그리스도이십니다.

㉠ 그리고 "은택과, 진노"는 언제나 함께 나타납니다. 십자가사건은

최대의 은혜이지만, 우리에게 쏟으셔야할 진노를 자기 아들에게 담당케 한 최대의 진노의 사건임을 잊지 말아야만 합니다. 그러므로 복음 전도자는 "은혜와 진노"를 함께 전해주어야만 합니다. 어찌하여 복음이 필요한가? 하나님의 진노가 나타나기 때문입니다. 이 은총을 입은 자라면, "노하기를 더디 하는 것이 사람의 슬기요 허물을 용서하는 것이 자기의 영광이니라"(11) 한 삶을 살아야 마땅하다 할 것입니다.

도표 3. 영혼을 잠들게 하는 게으름

① 잠언서에는 "게으름"에 대한 경계가 많이 등장합니다. 20번 이상 등장합니다. 육적으로 게으른 것도 병폐이지만 영적인 게으름은 하나님의 나라건설에 합당하지 못한 치명적인 병인 것입니다. "게으름이 사람으로 깊이 잠들게 하나니 해태한 사람은 주릴 것이니라"(15) 합니다.

㉠ "깊이 잠들게 한다"는 점을 유념하시기를 바랍니다. 다윗이 두려워한 것은 밖으로부터 침략해 들어오는 대적이 아니라, "두렵건대 내가 사망의 잠을 잘까 하오며"(시 13:3) 한 영혼의 잠이었습니다. 그처럼 조심했던 다윗도 간음죄를 범하는 잠에 빠진 때가 있었던 것입니다.

② "게으른 자는 그 손을 그릇에 넣고도 입으로 올리기를 괴로워하느니라"(24) 합니다.

㉠ 이 말씀을 26:15절에서도 거듭 경계하고 있는데 우리에게는 어떤 의미로 적용이 되는가? "그릇에 넣는다"는 것은 먹는 모양은 있다는 말씀입니다. 그러나 "입으로 올리기를 괴로워한다"면 아무 유익이 없는 것입니다. 이 말씀을 "곧 지혜가 네 마음에 들어가며 지식이 네 영혼에 즐겁게 될 것이요"(2:10) 한 말씀과 결부해서 생각한다면 의미는 분명해지는 것입니다. 지혜는 먹어서 "마음에 들어가야 영혼이 즐거워" 질

수가 있다는 것이 됩니다. 그러므로 "계명을 지키는 자는 자기의 영혼을 지키거니와 그 행실을 삼가지 아니하는 자는 죽으리라"(16) 하는 것입니다.

③ 그래서 "네가 네 아들에게 소망이 있은즉 그를 징계하고 죽일 마음은 두지 말지니라"(18) 한 "징계"(懲戒)가 있어야 하고, "노하기를 맹렬히 하는 자는 벌을 받을 것이라"(19상) 한 "책벌"(責罰)이 필요하다는 것입니다. "사랑, 사랑" 하고 이를 묵과한다면, "네가 그를 건져 주면 다시 건져 주게 되리라"(19하), 즉 개선은 없고, 악순환이 계속되리라는 것입니다. 이는 진정한 사랑은 아닌 것입니다.

④ 징계의 필요는 장본인만을 위한 것이 아니라, "거만한 자를 때리라 그리하면 어리석은 자도 경성(警醒)하리라 명철한 자를 견책하라 그리하면 그가 지식을 얻으리라"(25) 합니다. 이점을 목회서신에서는, "범죄한 자들을 모든 사람 앞에 꾸짖어 나머지 사람으로 두려워하게 하라"(딤전 5:20) 합니다. 본 문단의 결론으로는, "너는 권고를 들으며 훈계를 받으라 그리하면 네가 필경은 지혜롭게 되리라"(20) 한 말씀이 적격입니다.

도표 4. 진리에서 떠나게 하는 거짓 증인의 말을 듣지 말라

① 도표 4에는 "거짓 증인(5, 9), 망령된 증인"(28)이 있는가 하면, "지식의 말씀을 떠나게 하는 교훈"(27)이 있습니다. "거짓 증인은 벌을 면치 못할 것이요 거짓말을 내는 자도 피치 못하리라"(5), 즉 벌을 피할 수 없다 합니다. 9절에서도, "거짓 증인은 벌을 면치 못할 것이요 거짓말을 내는 자는 망할 것이니라"(9) 하고 거듭 경고하십니다.

② 28절에서도, "망령된 증인은 공의를 업신여기고 악인의 입은 죄악

을 삼키느니라" 합니다. "거짓 증인"이 당시로는 재판과 결부되는 경계였겠으나 "내 증인이 되리라" 하신 명을 받은 이후 시대를 살아가는 우리들에게는 "거짓선지자, 거짓교사"에 대한 경계가 되고, 우리들에게는 하나님의 말씀을 바로 증거하라는 격려가 됩니다.

③ 그래서 "내 아들아 지식의 말씀에서 떠나게 하는 교훈을 듣지 말지니라"(27) 하고, "거짓 선지자, 거짓 교사"의 말을 듣지 말라고 경계하는 것입니다.

㉠ 거짓 교훈에 현혹되지 않으려면 어떻게 해야 하는가? "지혜를 얻는 자는 자기 영혼을 사랑하고 명철을 지키는 자는 복을 얻느니라"(8) 한 "지혜를 얻는 것" 외에 다른 방도는 없는 것입니다. 잠언서를 통해서도 이단에 대한 경계를 듣게 되다니 참으로 성경은 충족된 계시입니다.

④ 19장은, "심판(審判)은 거만한 자를 위하여 예비 된 것이요 채찍은 어리석은 자의 등을 위하여 예비(豫備)된 것이니라"(29) 하고, "심판"으로 마치고 있는데 이는 본 문단과 19장 전체의 결론으로 합당한 것입니다.

㉠ 이 말씀에는 "거만한 자와, 어리석은 자"의 분별이 있습니다. "어리석은 자"는 채찍으로 징계하여 구원에 이르게 할 수가 있으나, "거만한 자"를 위해서는 "심판"만이 있을 뿐이라는 것입니다. 신앙에 있어서 교만은 "암"과 같은 치명적인 병입니다. 문제는 교만한 자는 교만한 줄을 모른다는데 있습니다. 조기에 발견만 한다면 고침을 받을 수가 있는데 말입니다.

⑤ 묵상해보겠습니다.

㉠ "지식 없는 소원은 선치 못하다"는 말씀에 대해서,

㉡ 미련해서 잘못하고는 하나님을 원망한다는 말씀에 대해서,

㉢ 거짓 증인과 "교훈을 듣지 말라"는 경계에 대해서,

㉣ 19장에서 가장 감명 깊은 말씀과 그 의미에 대해서.

잠언 20장 개관도표

주제 : 내 죄를 깨끗하게 하였다 할 자가 누구랴

(도표 1)

절	사람의 영혼은 여호와의 등불	사람의 중심을 살피신다
1절	포도주는 거만케 하는 것이요 독주는 떠들게 하는 것이라	무릇 이에 미혹되는 자에게는 지혜가 없느니라
2절	왕의 진노는 사자의 부르짖음 같으니	그를 노하게 하는 것은 자기의 생명을 해하는 것이니라
8절	심판 자리에 앉은 왕은	그 눈으로 모든 악을 흩어지게 하느니라
9절	내가 내 마음을 정하게 하였다	내 죄를 깨끗하게 하였다 할 자가 누구뇨
26절	지혜로운 왕은 악인을 키질 하며	타작하는 바퀴로 그 위에 굴리느니라
27절	사람의 영혼은 여호와의 등불이라	사람의 깊은 속을 살피느니라
28절	왕은 인자와 진리로 스스로 보호하고	그 위도 인자함으로 말미암아 견고하니라

(도표 2)

절	제각기 잘난 척하니	누가 충성된 자를 만나랴
5절	사람의 마음에 있는 모략은 깊은 물 같으니라	그럴지라도 명철한 사람은 그것을 길어 내느니라
6절	많은 사람은 각기 자기의 인자함을 자랑하나니	충성된 자를 누가 만날 수 있으랴
7절	완전히 행하는 자가 의인이라	그 후손에게 복이 있느니라
11절	비록 아이라도 그 동작으로	자기의 품행의 청결하며 정직한 여부를 나타내느니라
16절	타인을 위하여 보증이 된 자의 옷을 취하라	외인들의 보증이 된 자는 그 몸을 볼모잡힐 지니라
22절	너는 악을 갚겠다 말하지 말고	여호와를 기다리라 그가 너를 구원하시리라
29절	젊은 자의 영화는 그 힘이요	늙은 자의 아름다운 것은 백발이니라
30절	상하게 때리는 것이 악을 없이 하나니	매는 사람의 속에 깊이 들어가느니라

(도표 3)

절	잠자기를 좋아하지 말라	모략을 베풀고 전쟁하라
4절	게으른 자는 가을에 밭 갈지 아니하나니	그러므로 거둘 때에는 구걸할지라도 얻지 못하리라
12절	듣는 귀와 보는 눈은	다 여호와의 지으신 것이니라
13절	너는 잠자기를 좋아하지 말라 네가 빈궁하게 될까 두려우니라	네 눈을 뜨라 그리하면 양식에 족하리라
14절	사는 자가 물건이 좋지 못하다 좋지 못하다 하다가	돌아간 후에는 자랑하느니라
15절	세상에 금도 있고 진주도 많거니와	지혜로운 입술이 더욱 귀한 보배니라
18절	무릇 경영은 의논함으로 성취하나니	모략을 베풀고 전쟁할 지니라
19절	두루 다니며 한담하는 자는 남의 비밀을 누설하나니	입술을 벌린 자를 사귀지 말지니라

(도표 4)

절	사람의 걸음은 여호와께 있다	기다리라 여호와께서 구원하시리라
3절	다툼을 멀리 하는 것이 사람에게 영광이어늘	미련한 자마다 다툼을 일으키느니라
10절	한결 같지 않은 저울추와 말은	다 여호와께서 미워하시느니라
17절	속이고 취한 식물은 맛이 좋은듯하나	후에는 그 입에 모래가 가득하게 되리라
20절	자기의 아비나 어미를 저주하는 자는	그 등불이 유암 중에 꺼짐을 당하리라
21절	처음에 속히 잡은 산업은	마침내 복이 되지 아니 하느니라
23절	한결 같지 않은 저울추는 여호와의 미워하시는 것이요	속이는 저울은 좋지 못한 것이니라
24절	사람의 걸음은 여호와께로서 말미암나니	사람이 어찌 자기의 길을 알 수 있으랴
25절	함부로 이 물건을 거룩하다 하여 서원하고	그 후에 살피면 그것이 그물이 되느니라

20장

내 죄를 깨끗하게 하였다 할 자가 누구랴

[9]내가 내 마음을 정하게 하였다 내 죄를 깨끗하게 하였다 할 자가 누구뇨.

20장에는 "여호와"가 4번 등장합니다. ㉠ "듣는 귀와 보는 눈은 여호와의 지으신 것이라"(12), ㉡ "악을 갚겠다 말하지 말고 여호와를 기다리라 그가 너를 구원하시리라"(22), ㉢ "사람의 걸음은 여호와께로서 말미암나니"(24), ㉣ "사람의 영혼은 여호와의 등불이라"(27) 합니다. 여기에 20장을 말씀하는 의도가 나타나 있습니다. 그러므로 본장은 이를 염두에 두고 의미를 구함이 마땅하다 하겠습니다.

도표 1, 사람의 영혼은 여호와의 등불, 사람의 중심을 살피신다

① 도표 1에는 "왕"이 4번이나 등장합니다. 이는 세속적인 "왕"을 가리키는 것이 아니라 신정왕국의 왕을 염두에 두고 하는 말씀으로 보아야만 합니다. 이점이 "왕은 인자와 진리로 스스로 보호하고 그 위(位)도 인자함으로 말미암아 견고하니라"(28) 한 말씀에 드러납니다.

㉠ "인자(仁慈)와 진리"(眞理)는 하나님의 구원행사를 나타내는 말인데, "왕은 인자와 진리로 스스로 보호하고" 라고 말씀한다면 이는 메시아왕국을 지향하는 예언적인 말씀이 됩니다. 보십시오. 이렇게 훈계한 솔로몬 왕 자신이 타락하고 마는 것을.

② "인자와 진리"로 다스리는 왕은 또한, "심판 자리에 앉은 왕"(8)이기도 합니다. 그리하여 "그 눈으로 모든 악을 흩어지게 하느니라"(8) 합니다.

㉠ 그리고 "지혜로운 왕은 악인을 키질 하며 타작하는 바퀴로 그 위에 굴리느니라"(26) 하고 말씀한다면 이는 심판주로 오실 왕 중 왕에 대한 비전이라 할 수가 있습니다. 그래서 "왕의 진노(震怒)는 사자의 부르짖음 같으니 그를 노하게 하는 것은 자기의 생명을 해하는 것이니라"(2) 하는 것입니다.

③ 이런 맥락에서 "포도주는 거만케 하는 것이요 독주는 떠들게 하는 것이라 무릇 이에 미혹(迷惑)되는 자에게는 지혜가 없느니라"(1) 한 말씀도 특별히 왕(지도자)을 염두에 두고 한 경계로 볼 수가 있습니다.

㉠ 왜냐하면 31:4-5절에서, "포도주를 마시는 것이 왕에게 마땅치 아니하고 왕에게 마땅치 아니하며 독주를 찾는 것이 주권자에게 마땅치 않도다 술을 마시다가 법을 잊어버리고 모든 간곤한 백성에게 공의(公義)를 굽게 할까 두려우니라" 경계하고 있기 때문입니다.

④ "사람의 영혼은 여호와의 등불이라 사람의 깊은 속을 살피느니라"(27) 합니다. 참으로 중요한 말씀입니다.

㉠ 사람에게 "영혼"이 있음을 말씀하는데 하나님은 사람만을 "생기를 불어 넣어 생령(生靈)이 되게" 창조하셨습니다. 그런데 "깊은 속을 살피느니라" 말씀하는데 어떤 상태로 타락을 했는가? "만물보다 거짓되고 심히 부패한 것은 마음이라 누가 능히 이를 알리요 마는 나 여호와는 심장을 살피며 폐부를 시험하신다"(렘 17:9-10) 하고 말씀합니다.

⑤ 그러므로 "내가 내 마음을 정하게 하였다 내 죄를 깨끗하게 하였다 할 자가 누구뇨"(9) 합니다.

㉠ 16:2절에서는, "사람의 행위가 자기 보기에는 모두 깨끗하여도 여호와는 심령을 감찰하시느니라" 합니다. "사람의 깊은 속을 살피시는" 하나님 앞에는 "율법의 행위로 그의 앞에 의롭다 하심을 얻을 육체가 없다"(롬 3:20)는 그런 뜻입니다. 여기에 잠언서 기자의 구원관이 간접적으로 드러납니다. 그는 지금 "잠언"을 말씀하면서 이를 지킬 것을 명하고 있습니다. 그러나 우리의 구원은 잠언을 행함으로 의롭다함을 얻었다고 주장할 수가 없다는 말씀입니다. 이는 로마서의 죄론과 상통하는 구원관입니다.

도표 2. 제각기 잘난 척하니 누가 충성된 자를 만나랴

① "많은 사람은 각기 자기(自己)의 인자함을 자랑하나니 충성(忠誠)된 자를 누가 만날 수 있으랴"(6) 합니다. 충성된 사람을 마난다는 것은 참으로 중요합니다.

㉠ 주님은 "충성되고 지혜 있는 종이 되어 주인에게 그 집 사람들을 맡아 때를 따라 양식을 나눠줄 자가 누구뇨"(마 14:45) 하고, 충성된 종

을 찾으십니다. 바울은 디모데에게, “또 네가 많은 증인 앞에서 내게 들은 바를 충성된 사람들에게 부탁하라”(딤후 2:2) 합니다. 그런데 제각기 충성된 자로 자처하니 어떻게 알 수가 있단 말이냐는 뜻입니다.

② 그래서 “사람의 마음에 있는 모략은 깊은 물 같으니라”, 즉 열길 물속과 같아서 알 수가 없다는 것입니다. “그럴지라도 명철한 사람은 그것을 길어 내느니라”(5) 합니다. 이점을 사도 바울은, “신령한 자는 모든 것을 판단하나”(고전 2:15) 합니다.

③ “비록 아이라도 그 동작(動作)으로 자기의 품행의 청결하며 정직(正直)한 여부를 나타내느니라”(11), 즉 그 사람의 “동작”을 보아 알 수가 있다는 것입니다. “비록 아이라도” 말입니다.

㉠ 이는 주님께서 “그의 열매로 그들을 알지니”(마 7:16) 한 것과 상통합니다. 그래서 “완전히 행하는 자가 의인이라 그 후손에게 복이 있느니라”(7) 합니다. 성경이 말씀하는 “완전한 자”란, 완전무결한 자가 아니라 성숙한 자를 가리킵니다.

④ 성숙한 자는, “너는 악을 갚겠다 말하지 말고 여호와를 기다리라” 한 “기다릴 줄” 아는 자입니다. 왜냐하면 “그가 너를 구원하시리라”(22) 한 “여호와의 구원하심”을 믿기 때문입니다. 신약성경은, “내 사랑하는 자들아 너희가 친히 원수를 갚지 말고 진노하심에 맡기라 기록되었으되 원수 갚는 것이 내게 있으니 내가 갚으리라고 주께서 말씀하시니라”(롬 12:19) 합니다.

⑤ 본 문단의 결론은, “젊은 자의 영화는 그 힘이요 늙은 자의 아름다움은 그 백발(白髮)이니라”(29) 한 말씀이 적합할 것입니다. “백발”이 늙은 자의 아름다움이라니, 지혜자는 언어유희(遊戱)를 하고 있단 말인가? “힘”이 젊은 자의 영화가 되는 것은 일할 수 있기 때문이요, “백발”이 늙은 자의 아름다움이라 한 것은 일을 마친 후 마치 잘 익은 과일과 같다는 신앙의 완숙(完熟)을 가리키는 것이 아니겠는가?

도표 3. 잠자지 말고 모략을 베풀고 전쟁하라

① 도표 3은 복음 증거와 결부되는 말씀들이라 할 수가 있습니다. 이 점이 "게으른 자는 가을에 밭 갈지 아니하나니 그러므로 거둘 때에는 구걸할지라도 얻지 못하리라"(4)는 말씀에 나타납니다.

㉠ 성경은 "눈물을 흘리며 씨를 뿌리는 자는 기쁨으로 거두리로다"(시 126:5) 하고 말씀하는데 파종 때에, "너는 잠자기를 좋아하지 말라 네가 빈궁하게 될까 두려우니라"(13상) 한 대로 "잠을 자고" 있다면, 거둘 때는 "빈궁하게 되어 구걸"하게 되리라는 것입니다. 그러므로 "네 눈을 뜨라 그리하면 양식에 족하리라"(13하) 하는 것입니다. "눈을 뜬다"는 것은 자다가 깨는 각성(覺醒)을 의미합니다.

② 그래서 "세상에 금도 있고 진주도 많거니와 지혜로운 입술이 더욱 귀한 보배니라"(15) 합니다. 어찌하여 "지혜로운 입술"이 금이나 진주보다 귀하다 하시는가? "의인의 입은 생명의 샘(10:11)이요, 지혜 있는 자의 교훈은 생명의 샘이라 사람으로 사망의 그물에서 벗어나게"(13:14) 하기 때문입니다.

③ "사는 자(買)가 물건이 좋지 못하다 좋지 못하다 하다가 (파는 자가) 돌아간 후에는 (정말 좋더라) 자랑하느니라"(14) 합니다.

㉠ 웃음을 머금게 하는 재치 있는 잠언이나 깊이 음미해보아야 할 말씀입니다. 복음을 증거하게 되면 목전에서는, "좋지 못하다 좋지 못하다" 하고 배척을 할지라도, "돌아간 후에는 자랑하느니라", 즉 마음속으로 깊이 생각하게 된다는 것입니다. 설교도 당장 듣기에 좋은 값싼 복음이 있습니다. 그래서 목전에서는 "아멘, 아멘" 하지만 돌아간 후에는 남는 것이 없는 공허한 설교도 많이 있는 것입니다.

④ "무릇 경영은 의논함으로 성취하나니 모략을 베풀고 전쟁(戰爭)할지니라"(18) 합니다.

㉠ 전쟁이나 사업은 물론이려니와 복음 증거에도 "경영"(經營)이 필요하고, 이 경영은 의론(議論), 즉 "충성된 자"(6)들의 의론을 통해서 이루어진다는 것입니다. 이처럼 "모략을 베풀고 전쟁할 지니라" 말씀하는데, 여기서 이 잠언이 예사 말씀이 아님이 드러납니다. "전쟁할 지니라" 하는데 이것이 문자적인 의미란 말인가? 영적 전쟁에 있어서는 "뱀 같은 지혜", 즉 모략도 필요하다는 것입니다.

⑤ 이런 전쟁의 날에 복음을 증거해야 할 입술로, "두루 다니며 한담(閑談)하는 자"(19상)가 있다면 그는 "남의 비밀을 누설하나니 입술을 벌린 자를 사귀지 말지니라"(19) 합니다.

㉠ 그러므로 이 문단의 결론으로는, "듣는 귀와 보는 눈은 다 여호와의 지으신 것이니라"(12) 하신 말씀으로 삼아야만 하겠습니다. 주님은 말씀하십니다. "그러나 너희 눈은 봄으로, 너희 귀는 들음으로 복이 있도다"(마 13:16). 형제에게 "듣는 귀와 보는 눈"을 주시기를 기원합니다.

도표 4. 사람의 걸음은 여호와께 있으니 기다리라

① "사람의 걸음은 여호와께로서 말미암나니 사람이 어찌 자기의 길을 알 수 있으랴"(24) 합니다. 잠언을 흔히 명언(名言), 격언(格言)으로 여기는 경향이 있습니다. 그런데 놀라게 되는 것은 "하나님의 주권"을 굳게 세우고 있다는 점입니다.

㉠ "사람의 걸음은 여호와께로서 말미암나니(24), 마음의 경영은 사람에게 있어도 말의 응답은 여호와께로서 나느니라"(16:1),

㉡ "사람이 마음으로 자기의 길을 계획할 지라도 그 걸음을 인도하는 자는 여호와시니라"(16:9),

㉢ "왕의 마음이 여호와의 손에 있음이 마치 보의 물과 같아서 그가 임의로 인도하시느니라"(21:1),

㉣ "싸울 날을 위하여 마병을 예비하거니와 이김은 여호와께 있느니라"(21:31),

㉤ "사람의 마음에는 많은 계획이 있어도 오직 여호와의 뜻이 완전히 서리라"(19:21), "사람의 길은 여호와께서 결정하시는데 우리가 어떻게 자기 길을 알 수 있겠는가"(현대인의 성경) 합니다. 성경 66권 중에서 이토록 하나님의 주권을 굳게 세우는 책도 달리는 없다 하겠습니다. 마치 바울의 신학을 대하는 듯합니다.

② "함부로 이 물건을 거룩하다 하여 서원(誓願)하고 그 후에 살피면 그것이 그물이 되느니라"(25) 합니다.

㉠ 이를 현대인의 성경은, "신중히 생각해 보지도 않은 채 무턱대고 하나님께 바치겠다는 약속을 해 놓고 나중에 후회하는 것은 어리석고 경솔한 짓이다" 하고 의역하고 있습니다. 덧붙여서 생각하게 되는 것은 우리는 너무나 경솔하게 "하나님의 뜻이다" 하는 말을 합니다. 그런데 불과 얼마 지나지 않아서 아닌 것이 드러납니다. 내가 한 말이 "그물", 즉 올무가 되고 만다는 것입니다.

③ "한결 같지 않은 저울추와 말(斗)은 다 여호와께서 미워하시느니라"(10) 합니다.

㉠ 23절에서도 "한결 같지 않은 저울추는 여호와의 미워하시는 것이요 속이는 저울은 좋지 못한 것이니라" 하고 거듭 말씀합니다. 법원 현관에는 "공정"(公正)의 상징으로 천칭(天秤) 저울이 새겨져 있습니다. 여기서 말하는 "한 결 같지 않은 저울, 속이는 저울" 등은 인간의 거짓됨을 나타냅니다. 특히 말씀 증거가 "한결 같지 않은 저울 추"와 같아서야 되겠는가? 성경을 상고하면서 도달하게 되는 결론은 사도 바울이, "사람은 다 거짓되되 오직 하나님은 참되시다 할지어다"(롬 3:4) 하고

고백한 말씀입니다.

④ 그래서 "속이고 취한 식물은 맛이 좋은듯하나 후에는 그 입에 모래가 가득하게 되리라"(17) 하는 것입니다. 형제여, "사람의 영혼은 여호와의 등불이라 사람의 깊은 속을 살피느니라"는 말씀을 명심하면서, 충성된 자가 되어 모략을 베풀고 선한 싸움을 싸우십시다.

⑤ 묵상해보겠습니다.

㉠ "많은 사람은 각기 자기의 인자함을 자랑한다"는 말에 대해서,
㉡ "모략을 베풀고 전쟁하라"는 말씀에 대해서,
㉢ "사람의 영혼은 여호와의 등불이라"는 말씀에 대해서,
㉣ 20장에서 가장 감명 깊은 말씀과 그 의미에 대해서.

잠언 21장 개관도표

주제 : 제사보다 긍휼을 원하시는 여호와

(도표 1)

절	의와 공평 행하는 것을	제사보다 기뻐하시는 여호와
1절	왕의 마음이 여호와의 손에 있음이 마치	보의 물과 같아서 그가 임의로 인도하시느니라
2절	사람의 행위가 자기 보기에는 모두 정직하여도	여호와는 심령을 감찰하시느니라
3절	의와 공평을 행하는 것은 제사 드리는 것보다	여호와께서 기쁘게 여기시느니라
12절	의로우신 자는 악인의 집을 감찰하시고	악인을 환난에 던지시느니라
21절	의와 인자를 따라 구하는 자는	생명과 의와 영광을 얻느니라
27절	악인의 제물은 본래 가증하거든	하물며 악한 뜻으로 드리는 것이랴
30절	지혜로도, 명철로도, 모략으로도	여호와를 당치 못하느니라
31절	싸울 날을 위하여 마병을 예비하거니와	이김은 여호와께 있느니라

(도표 2)

절	지혜 있는 자의 길	교만한 자의 길
4절	눈이 높은 것과 마음이 교만한 것과	악인의 형통한 것은 다 죄니라
11절	거만한 자가 벌을 받으면 어리석은 자는 경성하겠고	지혜로운 자가 교훈을 받으면 지식이 더 하리라
16절	명철의 길을 떠난 사람은	사망의 회중에 거하리라
20절	지혜 있는 자의 집에는 귀한 보배와 기름이 있으나	미련한 자는 이것을 다 삼켜 버리느니라
22절	지혜로운 자는 용사의 성에 올라가서	그 성의 견고히 의뢰하는 것을 파하느니라
23절	입과 혀를 지키는 자는	그 영혼을 환난에서 보전하느니라
24절	무례하고 교만한 자를 이름하여	망령된 자라 하나니 이는 넘치는 교만으로 행함이니라

(도표 3)

절	악인의 길과	의인의 길
7절	악인의 강포는 자기를 소멸하나니	이는 공의 행하기를 싫어함이니라
8절	죄를 크게 범한 자의 길은 심히 구부러지고	깨끗한 자의 길은 곧으니라
10절	악인의 마음은 남의 재앙을 원하나니	그 이웃도 그 앞에서 은혜를 입지 못하느니라
14절	은밀한 선물은 노를 쉬게 하고	품의 뇌물은 맹렬한 분을 그치게 하느니라
15절	공의를 행하는 것이 의인에게는 즐거움이요	죄인에게는 패망이니라
18절	악인은 의인의 대속이 되고	궤사한 자는 정직한 자의 대신이 되느니라
26절	어떤 자는 종일토록 탐하기만 하나	의인은 아끼지 아니하고 시제하느니라
28절	거짓 증인은 패망하려니와	확실한 증인의 말은 힘이 있느니라

(도표 4)

절	다투며 성내는 아내	광야에서 혼자 사는 것이 나은 남편
5절	부지런한 자의 경영은 풍부함에 이를 것이나	조급한 자는 궁핍함에 이를 따름이니라
6절	속이는 말로 재물을 모으는 것은	죽음을 구하는 것이라 곧 불려 다니는 안개니라
9절	다투는 여인과 함께 큰 집에서 사는 것보다	움막에서 혼자 사는 것이 나으니라
13절	귀를 막아 가난한 자의 부르짖는 소리를 듣지 아니하면	자기의 부르짖을 때에도 들을 자가 없으리라
17절	연락을 좋아하는 자는 가난하게 되고	술과 기름을 좋아하는 자는 부하게 되지 못하느니라
19절	다투며 성내는 여인과 함께 사는 것보다	광야에서 혼자 사는 것이 나으니라
25절	게으른 자의 정욕이 그를 죽이나니	이는 그 손으로 일하기를 싫어함이니라
29절	악인은 그 얼굴을 굳게 하나	정직한 자는 그 행위를 삼가느니라

21장

제사보다 긍휼을 원하시는 여호와

³의와 공평을 행하는 것은 제사 드리는 것보다 여호와께서
기쁘게 여기시느니라.

21장에는 "여호와"가 5번 등장합니다. ㉠ 왕의 마음이 여호와의 손에 있어서 임의로 인도하신다(1). ㉡ 여호와는 심령을 감찰하신다(2). ㉢ 공평을 행하는 것을 제사보다 기뻐하시는 여호와(3), ㉣ 지혜와 모략에 능하신 여호와(30), ㉤ 사람이 마병을 예비하나 이김은 여호와께 있다(31) 하고 말씀합니다. 12절에서는 "의로우신 자"는 악인의 집을 감찰(監察)하신다 하고, 하나님을 "의로우신 자"라 말씀하는데, 이런 말씀들이 21장을 상고하는데 길잡이가 됩니다.

도표 1. 제사보다 의와 공평을 원하시는 여호와

① 잠언서에는 특성상 제사법전(祭祀法典)적인 내용이 별로 없습니다. 그런 중에 본장에 "제사(3), 제물"(27)이라는 말이 등장하는 것은 중요한 정보를 제공해주고 있습니다. "의와 공평을 행하는 것은 제사(祭祀) 드리는 것보다 여호와께서 기쁘게 여기시느니라"(3) 합니다.

㉠ 이는 주님께서 "너희는 가서 내가 긍휼을 원하고 제사를 원치 아니하노라 하신 뜻이 무엇인지 배우라"(마 9:13) 하신 말씀과 상통합니다. 구약시대에 행하여진 번제, 속죄제 등의 구속사적 의미가 무엇인가?

㉡ 하나님은 말씀하십니다. "내가 네 집에서 수소나 네 우리에서 수염소를 취지 아니하리니 이는 산림의 짐승들과 천산의 생축이 다 내 것이며 산의 새들도 나의 아는 것이며 들의 짐승도 내 것임이로다" 하십니다. 심각하게 생각해보시기 바랍니다. 천지의 대주재자가 되시는 창조주 하나님이신, "내가 수소의 고기를 먹으며 염소의 피를 마시겠느냐" (시 50:9-13) 하십니다.

㉢ 그렇다고 "제사를 원치 아니 하신다"는 말이 번제, 화목제, 속죄제를 당장 중단하라는 그런 뜻은 아니라는 말씀입니다. 왜냐하면, 하나님께서 제사제도를 명하신 의도는 자기 아들을 통해서 이루어주실 구속사역에 대한 예표로 주어진 것이기 때문입니다. 좀 더 말씀을 드린다면 그림자로 주어진 제사제도를 준행하면서 자기 몸을 단번에 드려주실 그리스도를 대망(待望)케 하기 위해서 주어진 것이라는 말씀입니다. 이는 마치 신약의 성도들이 성찬을 행함으로 주의 죽으심을 오실 때까지 전하는 것과 같은 원리입니다. 그러므로 "하나님이 제사와 예물을 원치 아니하시고 오직 나를 위하여 한 몸을 예비하셨도다"(히 10:5) 한데까지 나아가야만 하는 것입니다.

② 그래서 "악인의 제물(祭物)은 본래 가증하거든 하물며 악한 뜻으로 드리는 것이랴"(27) 하시는 것입니다.

㉠ 15:8절에서도 "악인의 제사는 여호와께서 미워하신다" 말씀하는데, "악인의 제사, 악인의 제물"이라는 말을 깡패들이 제물을 드린다는 그런 뜻으로 여겨서는 아니 됩니다. 예루살렘이 바벨론에 의하여 멸망당할 무렵의 신앙상태가 어떠했는가? "너희 무수(無數)한 제물이 내게 무엇이 유익하뇨 나는 수양의 번제와 살진 짐승의 기름에 배불렀다"(사 1:11), 즉 열심히 제물을 드렸다는 것입니다. 잘한 일이 아닌가? 메시아 언약은 망각한 체 우상에게 하듯 했다는데 문제가 있습니다. 그런 그들이 어찌하여 제물은 부지런히 드렸는가? 복 받기 위해서! 이것이 "악인의 제사, 제물"이라는 뜻입니다.

③ 그래서 "의(義)와 인자(仁慈)를 따라 구(求)하는 자는 생명과 의와 영광을 얻느니라"(21) 하는 것입니다.

㉠ 그런데 저들은 "의, 진리, 인자, 긍휼,"은 버리고, 이방인들이 우상에게 제사하듯이 기복적으로 행했던 것입니다. 이런 맥락에서, "악인의 제물(祭物)은 본래 가증하거든 하물며 악한 뜻으로 드리는 것이랴" 하는 말씀은, 오늘의 예배가 그리스도의 구속에 근거한 "신령과 진리"로 드려지는 예배인가? 아니면 금송아지 앞에서 "먹고 마시며 일어나서 뛰놀더라"(출 32:6) 한 그런 것은 아닌지 심각하게 고민하게 합니다.

④ 그래서 "사람의 행위가 자기 보기에는 모두 정직하여도 여호와는 심령을 감찰하시느니라"(2) 하십니다.

㉠ 16:2절에서도 같은 말씀을 하시는데 무슨 뜻인가? 이처럼 곡해를 하고 있으면서도 자신들은 바르게 잘하고 있는 것으로 알고 있다는 것입니다. 그러나 "여호와는 심령을 감찰하시느니라(2하), 사람의 깊은 속을 살피신다"(20:27) 하고 말씀하십니다. 성경을 상고하노라면 분명 잘못을 범하고 있는데도 자신들의 잘못을 모르고, "어떻게 주의 이름을

멸시하였나이까? 우리가 어떻게 주를 더럽게 하였나이까"(말 1:6, 7) 항변하고 있는 것을 보게 됩니다. 현대교회라고 예외는 아닐 것입니다.

⑤ "의로우신 자는 악인의 집을 감찰하시고 악인을 환난에 던지시느니라"(12) 합니다.

㉠ 본문에서는 여호와가 "의로우신 자, 감찰하시는" 분으로 계시되어 있습니다. 예배란 의로우신 하나님 보좌 앞에 나아가 감찰하시는 중에 드리는 것입니다. 의로우신 보좌 앞에 나아가는 것이 어떻게 가능하여졌는가? 이를 확신하면서 드리는 예배와, 의식적으로 하는 것과는 전연 다른 것입니다. 만일 "여호와의 명하시지 않은 다른 불을 담아 여호와 앞에 분향"(레 10:1)하듯 하고 있다면, "악한 뜻으로 드리는 것이라"(27하)는 책망을 면치 못할 것입니다.

⑥ 20장에서도 지적을 했습니다만 잠언서에서, "왕의 마음이 여호와의 손에 있음이 마치 보의 물과 같아서 그가 임의(任意)로 인도하시느니라"(1) 하는 하나님의 절대주권을 대한다는 것은 놀랍고도 감격스러운 일입니다. "마치 보의 물과 같다"는 표현은 저수지의 물을 수로(水路)를 통해서 이리 저리 대듯이 하나님께서 왕의 마음을 임의로 주장하신다는 말씀입니다. 마음과 생각이 하나님의 영에 의해서 지배를 받고 있는 사람이 온전한 사람, 즉 성숙한 그리스도인입니다.

⑦ 21장은, "지혜로도, 명철로도, 모략으로도 여호와를 당치 못하느니라(30).

㉠ "싸울 날을 위하여 마병을 예비하거니와 이김은 여호와께 있느니라"(31) 하고 하나님의 주권을 세움으로 마치고 있습니다. 우리의 몸과 영과 마음과 생각 전체가 여호와 하나님에 의하여 인도되어서, "승리"하는 삶을 살아가게 되기를 원합니다.

도표 2. 지혜 있는 자와 교만한 자

① 도표 2에는 주로 지혜 있는 자와, 교만한 자가 대조가 되어 있습니다. "눈이 높은 것과 마음이 교만한 것과 악인의 형통한 것은 다 죄니라"(4) 합니다. 어찌하여 "형통"까지가 죄가 되는가? 더욱 기고만장(氣高萬丈)할 것이기 때문입니다. 다윗은 이렇게 기도합니다.

여호와여 내 마음이 교만치 아니하고
내 눈이 높지 아니하오며
내가 큰일과 미치지 못할 기이한 일을
힘쓰지 아니 하나이다

실로 내가 내 심령으로 고요하고 평온케 하기를
젖 뗀 아이가 그 어미 품에 있음 같게 하였나니
내 중심이 젖 뗀 아이와 같도다
이스라엘아 지금부터 영원까지 여호와를 바랄 지어다 (시 131편).

② "거만한 자가 벌을 받으면 어리석은 자는 경성하겠고 지혜로운 자가 교훈을 받으면 지식이 더 하리라"(11) 합니다.

㉠ "거만한자, 어리석은 자, 지혜로운 자"가 있습니다. "거만한 자와, 어리석은 자"는 차원이 다릅니다. "거만한 자"는 교만한 자로 구제불능한 자입니다. 그래서 "거만한 자"에게는 훈계가 아니라 "벌", 즉 심판이 있을 뿐입니다. 그렇게 하면 어리석은 자가 정신을 차리게 된다는 것입니다. 반면 지혜로운 자에게는 "교훈"을 줌으로 더욱 성장하고 성숙하게 된다는 것입니다. 자신은 어느 부류에 속하는 자인가?

③ "명철의 길을 떠난 사람은 사망의 회중에 거하리라"(16) 합니다.

㉠ "떠난 사람"이라 합니다. 이는 배도(背道)하는 자를 가리킵니다. 어디로 갔는가? "사망(死亡)의 회중(會中)에 거하게 된다"는 경고입니다. 그러므로 "무례하고 교만한 자를 이름 하여 망령된 자라 하나니 이는 넘치는 교만으로 행함이니라"(24) 하고 이런 자를 "망령(妄靈)된 자"라 합니다.

㉡ "지혜 있는 자의 집에는 귀한 보배와 기름이 있으나 미련한 자는 이것을 다 삼켜 버리느니라"(20) 하는데, 지혜로운 자의 집에는 있고, 미련한 자는 삼켜버리는 "귀한 보배와 기름"이 무엇이겠는가? 당시로는 가산(家產)을 저축하는 것과 탕진하는 것을 가리킬 것이지만 우리에게는 "믿음과 은혜"로 받을 수가 있을 것입니다.

④ "지혜로운 자는 용사의 성에 올라가서 그 성의 견고히 의뢰하는 것을 파하느니라"(22) 합니다.

㉠ 견고한 적진을 파할 만큼 능력이 있다는 "지혜"가 무엇인가? 이 점을 신약성경에서는, "우리의 싸우는 병기는 육체에 속한 것이 아니요 오직 하나님 앞에서 견고한 진(陣)을 파하는 강력이라 모든 이론을 파하며 하나님 아는 것을 대적하여 높아진 것을 다 파하고 모든 생각을 사로잡아 그리스도에게 복종케 하는"(고후 10:4-5) 선한 싸움을 가리키는 것인데, 이는 무력(武力)으로 되는 것이 아니라 "지혜" 곧 복음진리로만이 가능하여진다는 것입니다.

⑤ 반면 "입과 혀를 지키는 자는 그 영혼을 환난에서 보전하느니라"(23) 한 말씀은 무슨 뜻인가?

㉠ 이는 22절과 결부되는 의미로 볼 수가 있는데, 견고한 성을 파하는 능력도 "입과 혀"를 통해서요, 그러므로 함부로 사용하지 말고 "보존"(保存)해야 하는 것도 "입과 혀"라는 뜻이기 때문입니다. 형제의 입과 혀는 사탄의 견고한 성을 파하는데 쓰임 받는 의의 병기입니다. 그러므로 파수꾼을 세워 굳게 지켜야 하는 것입니다.

도표 3. 의인의 길, 악인의 길

① 도표 3에는 주로 "의인과, 악인"의 대조를 보여줍니다. "공의를 행하는 것이 의인에게는 즐거움이요 죄인에게는 패망(敗亡)이니라"(15) 합니다.

㉠ 의를 행하는 것이 즐거운 사람이 있고, 싫은 사람이 있다는 것입니다. 예를 들어서 같은 예배를 드려도 은혜를 입은 자에게는 즐거운 일이지만 억지로 참석한 자에게는 그 시간이 몹시 괴롭고 지루하게 느껴질 것입니다. 그래서 15절은, "정의(正義)가 실현이 되면 의로운 사람이 기뻐하지만 악인은 두려워한다"(현대인의 성경) 하고 말씀합니다. 불신자들은 "지옥, 천당"이라는 말을 듣기 싫어합니다. 그런데 약속하신 대로 주님께서 재림하셔서 최후심판이 실현(實現)이 된다면 불신자들은 어떠할 것인가? 두려워서 공포에 떨게 되리라는 것입니다.

② 그래서 "악인의 강포는 자기를 소멸하나니 이는 공의(公義) 행하기를 싫어함이니라"(7) 하는 것입니다.

㉠ "죄를 크게 범한 자의 길은 심히 구부러지고 깨끗한 자의 길은 곧으니라"(8), "구부러짐과, 곧음"이 대조되어 있고, "악인의 마음은 남의 재앙을 원하나니 그 이웃도 그 앞에서 은혜를 입지 못하느니라"(10) 하고, "재앙과, 은혜"가 대조되어 있습니다. 악인은 자신만이 구부러진 길로 가는 것이 아니라 다른 사람까지 끌고 가려합니다. 반면 의인은 자신만이 은혜를 입는 것이 아니라 이웃에게까지 나눠주기를 바라는 사람들이라는 뜻입니다. 그러므로 "어떤 자는 종일토록 탐(貪)하기만 하나 의인은 아끼지 아니하고 시제(施濟)하느니라"(26) 하는 것입니다.

③ "악인은 의인의 대속이 되고 궤사한 자는 정직한 자의 대신이 되느니라"(18) 합니다. 여기에는 "악인과, 의인"을 대조하면서 악인이 의인의 "대속, 대신"이 된다고 말씀하는데 무슨 뜻인가? 이를 현대인의 성

경에서는, "악인은 의로운 사람을 해치려다가 오히려 자기가 희생을 당한다" 하고 의역을 하고 있습니다.

㉠ 본 문단의 결론으로는, "거짓 증인은 패망하려니와 확실한 증인의 말은 힘이 있느니라"(28)는 말씀으로 삼아야 하겠습니다. "확실한 증인의 말은 힘이 있다"고 말씀합니다. 성경이 말씀하는 가장 확실한 증거가 무엇인지 아십니까? "너희가 죽인 예수를 하나님이 다시 살리셨다"는 증거입니다. 그리하여 "하나님 우편에 계신 자요, 산 자와 죽은 자를 심판하러 오신다"는 증거입니다. "아무개가 말하기를" 하지 마시고, "이는 하나님의 말씀입니다" 하고 선포하십시오. "나는 생각합니다" 하지 말고, "이는 기록된 말씀입니다" 하고 증거하시기 바랍니다. 이것이 확실한 증인의 말이요, 힘 있는 설교입니다.

도표 4. 다투며 성내는 아내, 광야에서 혼자 사는 것이 나은 남편

① "부지런한 자의 경영은 풍부함에 이를 것이나 조급한 자는 궁핍함에 이를 따름이니라(5), 게으른 자의 정욕이 그를 죽이나니 이는 그 손으로 일하기를 싫어함이니라"(25) 합니다.

㉠ "부지런함과 게으름, 풍부와 궁핍"이 대조가 되어 있는데, 잠언뿐만이 아니라 신약성경에도 "게으름"에 대한 경계가 많이 있습니다. 그리고 게으름의 결과는 물질의 궁핍만이 아니라 영적인 빈곤을 가져온다는 점입니다. 그래서 "게으른 자의 정욕이 그를 죽이나니" 하는 것입니다.

② 게으른 자의 "정욕"이란 "어떤 자는 종일토록 탐하기만 한다"(26)는 탐욕을 말합니다. 게으르면서 욕심만 부린다면 그 종말은 죽음에 이

를 뿐이라는 것입니다. 17절에서는, "연락을 좋아하는 자는 가난하게 되고 술과 기름을 좋아하는 자는 부하게 되지 못하느니라" 하는데 가난의 원인이 "게으름, 연락, 술과 기름"을 좋아하기 때문이라면 "다 죄니라"(4하)는 말이 해당이 되는 것입니다.

③ 그래서 "속이는 말로 재물을 모으는 것은 죽음을 구하는 것이라 곧 불려 다니는 안개니라"(6) 하는 것입니다.

㉠ 또한 "귀를 막아 가난한 자의 부르짖는 소리를 듣지 아니하면 자기의 부르짖을 때에도 들을 자가 없으리라"(13) 합니다. 참으로 명심해야할 말씀입니다. 사람만이 들을 자가 없는 것이 아니라 하나님께서도, "그 때에 너희가 나를 부르리라 그래도 내가 대답지 아니하겠고"(1:28) 하십니다. 이 말씀을 "어떤 자는 종일토록 탐하기만 하나 의인은 아끼지 아니하고 시제(施濟)하느니라"(26) 한 말씀과 결부시키면 뜻은 더욱 분명해집니다. 그래서 29:7절에서는, "의인은 가난한 자의 사정을 알아주나 악인은 알아 줄 지식이 없느니라" 하는 것입니다.

④ 끝으로, "다투는 여인과 함께 큰 집에서 사는 것보다 움막에서 혼자 사는 것이 나으니라"(9) 한 말씀을 음미해보고자 합니다.

㉠ 19절에서도, "다투며 성내는 여인과 함께 사는 것보다 광야에서 혼자 사는 것이 나으니라"(19) 하고 거듭 말씀합니다. 25:24절에서도 또다시 말씀하고, 19:13절에서도 "다투는 아내는 이어 떨어지는 물방울이니라" 하고 언급하고 있습니다. 문자만을 본다면 잠언 기자는 심한 공처가(恐妻家)로 여겨질 정도입니다. 여기에는 교훈적인 의미가 있을 것입니다. 그런데 교훈이 전부라면 편협한 것이 되고 맙니다. 왜냐하면 자식이나 아내에 대한 훈계는 있으나, "아비나 남편"에 대한 경계는 없기 때문입니다.

㉡ 이는 하나님께서 "아비나 남편"의 입장에서 말씀하시기 때문으로 여겨집니다. 그러므로 이 말씀을 통해서 신약성경이 말씀하고 있는바,

"아내들이여 자기 남편에게 복종하기를 주께 하듯 하라, 남편들아 아내 사랑하기를 그리스도께서 교회를 사랑하시고 위하여 자신을 주심같이 하라"(엡 5:22, 25) 말씀하면서, "이 비밀이 크도다 내가 그리스도와 교회에 대하여 말하노라"(엡 5:32) 한 말씀으로 나아간다는 것은 합당한 일이라 할 것입니다.

⑤ 성도들을 가리켜 "어린양의 아내"라고 말씀합니다. 그리고 예배는 사랑의 교제입니다. 그런데 예배를 통해서 바른 교제가 이루어지지 않고 마치 "다투는 여인"과 함께 지내는 것과 같다면, 우리 신랑 그리스도께서는, "광야에서 혼자 사는 것이 편하다" 하시지 않겠는가! 실제로 하나님께서는, "내 마음이 너희 월삭과 정한 절기를 싫어하나니 그것이 내게 무거운 짐이라 내가 지기에 곤비하였느니라(사 1:14), 성전(하나님의 집) 문을 닫을 자가 있었으면 좋겠도다"(말 1:10) 하십니다. 즉 난 혼자 사는 것이 좋다 하시지 않겠는가!

⑥ 묵상해보겠습니다.

㉠ 의와 공평을 제사보다 기뻐하신다는 점에 대해서,

㉡ 다투는 여인에 대한 교훈적인 면과 신령한 의미에 대해서,

㉢ 5번 등장하는 "여호와"와 결부된 말씀에 대해서,

㉣ 21장에서 가장 감명 깊은 말씀과 그 의미에 대해서.

잠언 22장 개관도표

주제 : 들은 말씀을 마음에 두고 입술에 있게 하라

(도표 1)

절	마음의 정결을 사모하는 자	임금의 친구가 되느니라
1절	많은 재물보다 명예를 택할 것이요	은이나 금보다 은총을 더욱 택할 것이니라
3절	슬기로운 자는 재앙을 보면 숨어 피하여도	어리석은 자들은 나아가다가 해를 받느니라
4절	겸손과 여호와를 경외함의 보응은	재물과 영광과 생명이니라
5절	패역한 자의 길에는 가시와 올무가 있거니와	영혼을 지키는 자는 이를 멀리 하느니라
11절	마음의 정결을 사모하는 자의 입술에는	덕이 있으므로 임금이 그의 친구가 되느니라
12절	여호와께서는 지식 있는 자를 그 눈으로 지키시나	궤사한 자의 말은 패하게 하시느니라
13절	게으른 자는 말하기를 사자가 밖에 있은즉	내가 나가면 거리에서 찢기겠다 하느니라
14절	음녀의 입은 깊은 함정이라	여호와의 노를 당한 자는 거기 빠지리라

(도표 2)

절	빈부가 섞여 살거니와	그를 지으신 이는 여호와시라
2절	빈부가 섞여 살거니와	무릇 그들을 지으신 이는 여호와시니라
6절	마땅히 행할 길을 아이에게 가르치라	그리하면 늙어도 그것을 떠나지 아니하리라
7절	부자는 가난한 자를 주관하고	빚진 자는 채주의 종이 되느니라
8절	악을 뿌리는 자는 재앙을 거두리니	그 분노의 기세가 쇠하리라
9절	선한 눈을 가진 자는 복을 받으리니	이는 양식을 가난한 자에게 줌이니라
10절	거만한 자를 쫓아내면 다툼이 쉬고	싸움과 수욕이 그치느니라
15절	아이의 마음에는 미련한 것이 얽혔으나	징계하는 채찍이 이를 멀리 쫓아내리라
16절	이를 얻으려고 가난한 자를 학대하는 자와	부자에게 주는 자는 가난하여질 뿐이니라

(도표 3)

	절	
여호와를 의뢰하게	17-21	
	17	너는 귀를 기울여 **지혜 있는 자의 말씀을 들으며 내 지식에 마음을 둘지어다**
	18	이것을 ① **네 속에 보존하며 네 입술에 있게 함이 아름다우니라**
	19	내가 ② **너로 여호와를 의뢰하게 하려 하여** 이것을 오늘 특별히 네게 알게 하였노니
	20	내가 모략과 지식의 아름다운 것을 기록하여
	21	③ **너로 진리의 확실한 말씀을 깨닫게 하며 또 너를 보내는 자에게 진리의 말씀으로 회답하게 하려 함이 아니냐**
올무에 빠지지 않게 하려 함	22-29	
	22	④ **약한 자를 약하다고 탈취하지 말며** 곤고한 자를 성문에서 압제하지 말라
	23	**대저 여호와께서 신원하여 주시고** 또 그를 노략하는 자의 생명을 빼앗으시리라
	24	⑤ **노를 품는 자와 사귀지 말며** 울분한 자와 동행하지 말찌니
	25	**그 행위를 본받아서** 네 영혼을 올무에 빠칠까 두려움이니라
	26	⑥ **너는 사람으로 더불어 손을 잡지 말며** 남의 빚에 보증이 되지 말라
	27	만일 갚을 것이 없으면 네 누운 침상도 빼앗길 것이라 네가 어찌 그리하겠느냐
	28	네 선조의 세운 옛 지계석을 옮기지 말지니라
	29	⑦ **네가 자기 사업에 근실한 사람을 보았느냐 이러한 사람은 왕 앞에 설 것이요** 천한 자 앞에 서지 아니하리라

22장

들은 말씀을 마음에 두고 입술에 있게 하라

[17-18]너는 귀를 기울여 지혜 있는 자의 말씀을 들으며 내 지식에 마음을 둘지어다 이것을 네 속에 보존하며 네 입술에 있게 함이 아름다우니라.

22장은 도표에 나타난 대로 두 가지 문체(文體)로 되어 있습니다. 그리하여 22:17-24:34절의 말씀을 다른 "지혜자"의 글로 분류하나 솔로몬을 통해서 주신 말씀으로 받는 것이 옳을 것입니다. 첫째는 이 문단 안에도 ㉠ "여호와"라는 호칭이 5번(19, 23, 23:17, 24:18, 21)이나 등장하여 교훈의 근거를 동일(同一)하게 여호와께 두고 있고, ㉡ "내 아들아" 하고 부르기를 5번(23:15, 19, 26, 24:13, 21)이나 함으로 동일한 격식이고, ㉢ 앞에게 경계한 "음녀"가 이 부분에서도, "음녀는 깊은 구렁이요 이방 여인은 좁은 함정이라"(23:27) 하고 그대로 나타난다는 것과, ㉣ "여호와를 경외하라"는 중심주제(23:17)가 동일하다는 점과, ㉤ 가까운 문맥으로는 22장 앞 문단(1-16)에서 "임금이 친구가 되느니라"(11)

말씀함과 같이 뒤 문단(17-29)에서도, “왕 앞에 설 것이요”(29) 하고 일관성(一貫性)이 있다는 점 등을 들 수가 있습니다. 문체가 다른 것은 잠언을 3000이나 지었다는 솔로몬이 한날한시에 기록한 것이 아니라 감동이 임할 때마다 기록하여두었다가 이를 편집하였기 때문으로 볼 수가 있습니다.

도표를 보시면 앞 문단(1-16)은 크게 두 부분으로 나누어지는데 첫째는 하나님과의 관계성인데, “임금이 그의 친구가 되느니라”(11) 말씀하고, 둘째는 이웃과의 관계성인데, “빈부가 섞여 살거니와”(2) 합니다. 그리고 뒤 문단(17-29)의 도표를 보시면 “말씀을 들으며 내 지식에 마음을 둘지어다”를 중심으로, ① 말씀을 “네 속에 보존하며 네 입술에 있게 함이 아름다우니라”, ② “내가 너로 여호와를 의뢰하게 하려 하여” 이것을 기록하였다, ③ “너로 진리의 확실한 말씀을 깨닫게 하며 또 너를 보내는 자에게 진리의 말씀으로 회답(回答)하게 하려 함”이라 하고 기록목적을 밝히고 있습니다. ④ “약한 자를 약하다고 탈취하지 말며”, ⑤ “노를 품는 자와 사귀지 말며”, ⑥ “사람으로 더불어 손을 잡지 말라”, ⑦ “이러한 사람은 왕 앞에 설 것이요” 하고 마치고 있습니다.

도표 1. 마음의 정결을 사모하는 자, 임금의 친구가 되느니라

① 도표 1의 내용은 하나님과의 관계성, 즉 “마음의 정결을 사모하는 자”의 삶의 방식입니다. “마음의 정결을 사모하는 자의 입술에는 덕이 있으므로 임금이 그의 친구가 되느니라”(11) 합니다.

㉠ 제갈공명 같은 사람이라면 몰라도 평민으로써 “왕의 친구”가 되리라는 것은 참으로 놀라운 말씀입니다. 그런데 성경에는 더욱 놀라운

말씀이 있습니다. "그는 하나님의 벗이라 칭함을 받았나니"(약 2:23) 한 말씀이 그것입니다. 그 사람은 아주 특별난 사람이 아니라 유목민 아브라함이었습니다. 그리고 하나님의 아들 그리스도께서, "너희를 친구라 하였노니 내가 내 아버지께 들은 것을 다 너희에게 알게 하였음이니라" 하신 갈릴리 어부들이었습니다. 주님은 말로만 친구라 하신 것이 아니라, "사람이 친구를 위하여 자기 목숨을 버리면 이에서 더 큰 사랑이 없나니"(요 15:13, 15) 하시고, 영원한 지옥 형벌을 당할 친구들을 위해서 대신 죽어주셨습니다.

ⓛ 이 구속의 은총으로 말미암아, "너희가 아들인 고로 하나님이 그 아들의 영을 우리 마음 가운데 보내사 아바 아버지라 부르게 하셨느니라"(갈 4:6) 한 우리들은 더더욱 놀라운 은총을 입은 자들입니다. 그리스도인들은 "임금의 친구"가 아니라 하나님의 자녀들이 된 것입니다. 이런 맥락에서 "임금이 그의 친구가 되느니라" 한 말씀은 예시적(豫示的)인 의미가 있다 하겠습니다.

② 그러므로 "여호와께서는 지식 있는 자를 그 눈으로 지키시나 궤사한 자의 말은 패하게 하시느니라"(12) 합니다.

㉠ 어느 시대를 막론하고 "지식 있는 자"란 참으로 귀한 존재입니다. 이러한 "지식 있는 자를 지키신다"는 데는 두 방면의 의미가 있습니다. 첫째는 "지식이 있는 자"를 "지식의 말씀"을 통해서 지켜주신다는 뜻이 있습니다. 이점을 사도 바울은, "지금 내가 너희를 주와 및 그 은혜의 말씀에 부탁하노니 그 말씀이 너희를 능히 든든히 세우사"(행 20:32) 하고 말씀합니다. 지식의 말씀이 없는 자는 무엇으로 지켜줄 수가 있단 말인가?

ⓛ 둘째는, "지식 있는 자를 그 눈으로 지키신다"는 뜻은 그에게 주신 "지식" 곧 진리의 말씀을 지키신다는 의미가 있는 것입니다. 어찌하여 다니엘을 사자 굴에서 지켜주셨는가? 그를 통하여 계시하시려는 "말

씀"이 있었기 때문입니다. 어찌하여 바울을 "유라굴로 라는 광풍"에서 지켜주셨는가? 전해야할 진리의 말씀이 그에게 주어졌기 때문입니다. 그것은 "네가 가이사 앞에 서야 하겠다"(행 27:14, 24) 하신 복음입니다. 그러므로 "지식있는 자"가 귀한 것이요, 그래서 바울은, "가르침을 받는 자는 말씀을 가르치는 자와 모든 좋은 것을 함께 하라"(갈 6:6) 한 것입니다.

㉢ 이런 의미가, "궤사한 자의 말은 패하게 하시느니라"(12하) 하는 하반 절에 나타납니다. "지식 있는 자와, 궤사한 자"가 대조되어 있는데 이는 21:28절에서, "거짓 증인은 패망하려니와 확실한 증인의 말은 힘이 있느니라" 한 말씀과 같은 뜻인 것입니다. 그러니까 "확실한 증인"(21:28)은 진리를 위한 싸움을 진리로 승리한다는 말씀입니다.

③ 그래서 "겸손과 여호와를 경외함의 보응(報應)은 재물과 영광과 생명이니라"(4) 합니다. 이를 신약적으로 말한다면, "네 영혼이 잘 됨같이 네가 범사에 잘 되고 강건하기를 내가 간구하노라"(요삼 1:2)는 말씀이 될 것입니다. 그러므로 "많은 재물보다 명예를 택할 것이요 은이나 금보다 은총을 더욱 택할 것이니라"(1) 합니다.

④ 이와는 대조적으로 "패역한 자의 길에는 가시와 올무가 있거니와 영혼(靈魂)을 지키는 자는 이를 멀리 하느니라"(5) 합니다.

㉠ 그럼에도 불구하고, "게으른 자는 말하기를 사자가 밖에 있은즉 내가 나가면 거리에서 찢기겠다 하느니라"(13) 합니다. 26:13절에서도 "게으른 자는 길에 사자가 있다 거리에 사자가 있다 하느니라" 합니다. 어찌하여 변명과 구실을 앞세우는가? 그것은 분명합니다. 불신앙 때문입니다. "여호와께서는 지식 있는 자를 그 눈으로 지키신다"(12)는 확신이 없기 때문입니다.

⑤ 그런데 3절을 보십시오. "슬기로운 자는 재앙을 보면 숨어 피하여도 어리석은 자들은 나아가다가 해를 받느니라" 합니다. 나가야 할 때

는 변명을 늘어놓던 자가 나가지 말아야 할 때는 앞장서서 "나아가다가 해를 받느니라" 합니다.

㉠ 본 문단은 "음녀의 입은 깊은 함정이라 여호와의 노를 당한 자는 거기 빠지리라"(14)는 말씀으로 마쳐야만 하겠습니다. 그러나 "마음의 정결을 사모하는 자의 입술에는 덕이 있으므로 임금이 그의 친구가 되느니라"(11) 하십니다.

도표 2. 빈부가 섞여 살거니와 그를 지으신 이는 여호와시니라

① 도표 1이 하나님과의 관계성이었다면, 도표 2의 내용은 이웃과의 관계성입니다. "빈부가 섞여 살거니와 무릇 그들을 지으신 이는 여호와시니라"(2) 합니다.

㉠ 이는 일반적인 의미도 있겠으나 특히 하나님의 교회를 염두에 두고 한 말씀으로 보아야만 합니다. 왜냐하면 23:11절에서는 "그들의 구속자"라고 말씀하기 때문입니다. 교회라는 공동체(共同體)란 다양한 계층(階層)이 섞여 살기 마련입니다. 그런데 거역할 수 없는 공통점은 "무릇 그들을 지으신 이는 여호와시라", 더욱 "그들을 구속하신 이는 여호와시라"는 점을 망각하지 말라는 의미입니다.

㉡ 이점을 신약성경에서는, "만일 식물을 인하여 네 형제가 근심하게 되면 이는 네가 사랑으로 행치 아니함이라 그리스도께서 대신하여 죽으신 형제를 네 식물로 망케 하지 말라"(롬 14:15) 하고 말씀합니다.

② 그러므로 "선한 눈을 가진 자는 복을 받으리니 이는 양식을 가난한 자에게 줌이니라"(9) 합니다. 왜 복(福)을 받게 되는지 아십니까?

㉠ 하나님이 지으신 가난한 자에게 한 것이 곧 "내게 한 것이라" 곧

주님께 한 것이 되기 때문입니다. 그러므로 우리가 명심해야할 점은 하나님은 자기 백성들의 헐벗고 굶주리는 것을 돌아보시되, 동일하게 은혜를 입은 다른 지체들을 통해서 돌아보신다는 점입니다. 그래서 "누가 이 세상 재물을 가지고 형제의 궁핍함을 보고도 도와줄 마음을 막으면 하나님의 사랑이 어찌 그 속에 거할까보냐"(요일 3:17) 하는 것입니다.

③ "이(利)를 얻으려고 가난한 자를 학대하는 자와 부자에게 주는 자는 가난하여질 뿐이니라"(16) 말씀하는데 무슨 뜻인가?

㉠ 자신의 출세와 영달을 위해서 가난한 자는 학대하면서 부자에게는 뇌물을 주어 아부하는 자를 가리킵니다. 4절에 "보응"(報應)이 있고 22절에서는, "여호와께서 신원하여 주신다" 하고 "신원"이 있습니다. 다니엘 선지자는, "옛적부터 항상 계신 자가 와서 지극히 높으신 자의 성도를 위하여 신원하셨고 때가 이르매 성도가 나라를 얻었더라"(단 7:22) 합니다. 이런 뜻이, "악을 뿌리는 자는 재앙을 거두리니 그 분노의 기세가 쇠하리라"(8)는 말씀에 함의되어 있습니다.

④ 이 문단은 "마땅히 행할 길을 아이에게 가르치라 그리하면 늙어도 그것을 떠나지 아니하리라"(6)는 말씀으로 마쳐야만 하겠습니다.

㉠ 어찌하여 사사시대가, "그 후에 일어난 다른 세대는 여호와를 알지 못하며 여호와께서 이스라엘을 위하여 행하신 일도 알지 못하였더라"(삿 2:10) 한 망각시대가 되었는가? "네 자녀에게 부지런히 가르치며 집에 앉았을 때에든지 길에 행할 때에든지 누웠을 때에든지 일어날 때에든지 이 말씀을 강론할 것이며"(신 6:7) 한 자녀교육에 실패했기 때문입니다.

⑤ "죄악 중에 출생"하게 되는, "아이의 마음에는 미련한 것이 얽혔으나"(15상), 즉 "사람의 마음의 계획하는 바가 어려서부터 악함이라"(창 8:21)는 것입니다.

㉠ 그러므로 "징계하는 채찍이 이를 멀리 쫓아내리라"(15하) 합니

다. 이는 훈련의 필요성을 강조하는 표현입니다. 이렇게 양육을 받은 사람은 하나님을 경외하며 이웃을 사랑하기를, "늙어도 떠나지 아니하게" 되리라는 말씀입니다.

도표 3. 들은 말씀을 마음에 두고 입술에 있게 하라

첫째 단원(17-21) 여호와를 의뢰하게 하려함

첫째 단원(17-21)은 다섯 절에 불과하지만, 원리(原理)와 같은 말씀입니다. 이런 원론적인 말씀들이 2:1-5절, 3:1-6절 등에도 나타나는데, 이는 알고만 있으면 되는 것이 아니라 힘써야할 좌우명과 같은 말씀입니다.

① "너는 귀를 기울여 지혜 있는 자의 말씀을 들으며 내 지식에 마음을 둘지어다 이것을 네 속에 보존하며 네 입술에 있게 함이 아름다우니라"(17-18) 합니다. 이를 확실하게 드러내기 위해서 분해하면,

㉠ 너는 귀를 기울여, (기울이지 않는 것은 강퍅한 자이다).

㉡ 지혜 있는 자의 말씀을 들으며, "믿음은 들음에서 난다).

㉢ 내 지식에 마음을 둘지어다. (그렇지 않으면 새가 물어간다).

㉣ 이것을 네 속에 보존하며, (그래서 지켜야 한다).

㉤ 네 입술에 있게 함이 아름다우니라"(17-18). "30배, 60배, 100배의 결실을 하게 된다). 저는 선생 출신으로 공부 잘하는 비결을 알고 있습니다. 그것은 쉽고도 어렵습니다. 수업시간에 한눈을 팔지 않고 선생님을 뚫어져라 쳐다보면서, 집중해서 경청(傾聽)하는 것입니다. 본문에서도 이점을 지적합니다. 우선적으로 "귀를 기울려 → 듣고 → 마음에

두고 (마음 판에 새기고, 3:3, 6:21, 7:3) → 잊지 않도록 보존(保存)하며 → 입술에 있게 하라" 합니다. "입술에 있게 하라"는 뜻은 받은 말씀을 묵상하며 증거하라는 뜻입니다. 이렇게만 한다면 "아름다우니라", 즉 하나님이 기뻐하신다는 것입니다.

② "내가 너로 여호와를 의뢰하게 하려 하여 이것을 오늘 특별히 네게 알게 하였노니"(19) 합니다. 이는 훈계의 목적을 밝히는 것인데 왜 이렇게 해야 하는가? "여호와를 의뢰하게 하려함"이라고 말씀합니다.

③ "내가 모략과 지식의 아름다운 것을 기록하여(20), 너로 진리의 확실한 말씀을 깨닫게 하며 또 너를 보내는 자에게 진리의 말씀으로 회답하게 하려 함이 아니냐"(21) 합니다. 이는 제자훈련의 목표(目標)가 어디에 있는가를 분명하게 밝히는 대목입니다.

㉠ 첫째는 무엇을 가르칠 것인가 하는 점인데, "모략과 지식의 아름다운 것"이라 합니다. 그것이 무엇인가? 21절에 두 번이나 강조하고 있는 "진리의 확실한 말씀"입니다.

㉡ 그리하여 둘째는, "너로 진리(眞理)의 확실(確實)한 말씀을 깨닫게 하며", 이것이 중요합니다. 바울이 로마교회에 "로마서"를 기록하여 보낸 목적이 무엇인가? "신령한 은사를 너희에게 나눠주어 너희를 견고케 하려 함이니"(롬 1:11, 16:26) 합니다. 그리고 이 목표는 달성이 되었던 것입니다. 로마서를 통해서 "견고"하여진 성도들은 얼마 후에 "포학자의 기세가 성벽에 충돌하는 폭풍과 같은"(사 25:4) 네로의 박해에 넉넉히 승리할 수가 있었기 때문입니다.

㉢ 셋째는, "또 너를 보내는 자에게 진리(眞理)의 말씀으로 회답하게 하려 함이 아니냐"(21하) 합니다. 여기에는 두 방면의 의미가 있다고 볼 수가 있는데, "또 다른 사람들을 가르칠 수 있으리라"(딤후 2:2)는 뜻입니다. 이점을 베드로 사도는, "너희 속에 있는 소망에 관한 이유를 묻는 자에게 대답할 것을 항상 예비하고"(벧전 3:15) 있으라 말씀합

니다.

㉣ 다른 가능한 의미는 "너를 보내는 자에게" 라는 말씀인데, 잠언서에는 "충성된 사자는 그를 보낸 이에게 마치 추수하는 날에 얼음냉수 같아서 능히 그 주인의 마음을 시원케 하느니라"(25:13) 하는 말씀이 몇 번(10:26, 13:17, 25:13, 25, 26:6) 등장하고 있다는 점입니다. 우리는, "아버지께서 나를 보내신 것같이 나도 너희를 보내노라"(요 20:21) 하신 "보냄을 받은 자들"입니다. "회답(回答)하게 하려함이라" 하시는데, 보냄을 받았던 "사도들이 돌아와 자기들의 모든 행한 것을 예수께 고한대"(눅 9:10) 합니다. 우리도 보고할 것이 있어야 하지 않겠는가? 제자훈련의 목적은, 먼저는 "진리의 확실한 말씀을 깨닫게 하여", 다음은 "보내는 자에게 회답하게 하려함"에 있는 것입니다. 이 사명을 감당하기 위해서는 "말씀을 듣고 마음에 두고 입술에 있게" 해야 하는 것입니다.

둘째 단원(22-29) 올무에 빠지지 않게 하려함

④ 첫째 단원이 주로 경건에 관한 대신(對神)에 대한 것이라면, 둘째 단원은 "이웃"과 관련된 대인(對人)에 관한 것입니다. "약한 자를 약하다고 탈취하지 말며 곤고한 자를 성문에서 압제하지 말라"(22) 합니다.

㉠ 왜냐하면 "대저 여호와께서 신원(伸寃)하여 주시고 또 그를 노략하는 자의 생명을 빼앗으시리라"(23), 즉 그를 구속하신 이는 여호와이시기 때문에 대신 갚아주시리라는 것입니다. 이점을 주님은, "삼가 이 소자 중에 하나도 업신여기지 말라 너희에게 말하노니 저희 천사들이 하늘에서 하늘에 계신 내 아버지의 얼굴을 항상 뵈옵느니라"(마 18:10) 하고 말씀하십니다.

⑤ "노를 품는 자와 사귀지 말며 울분한 자와 동행하지 말지니"(24) 한 말씀을 현대인의 성경은, "성질이 과격한 사람과 성 잘 내는 사람을 사귀지 말아라" 합니다.

㉠ 왜냐하면, "그 행위를 본받아서 네 영혼을 올무에 빠칠까 두려움이니라"(25) 합니다.

⑥ 성도들이 올무에 빠지는 원인은 많이 있습니다. "너는 사람으로 더불어 손을 잡지 말며 남의 빚에 보증이 되지 말라"(26) 한 것도 그 중의 하나입니다.

㉠ "사람으로 더불어 손을 잡는다"는 뜻은 "보증"(保證)이 된다는 고대의 방식입니다. 이점을 욥기에서는, "청컨대 보증물을 주시고 친히 보주(保主)가 되옵소서 주 외에 나로 더불어 손을 칠 자가 누구리이까"(욥 17:3) 하고 말합니다. 그래서 "만일 갚을 것이 없으면 네 누운 침상도 빼앗길 것이라 네가 어찌 그리하겠느냐"(27) 합니다. 삶의 방식이 단순했던 고대와는 달리 오늘날은 올무에 빠지게 하는 일이 너무나 많습니다. 그러므로 성도들은 "보증"뿐만이 아니라 매사에 이것이 "올무, 함정"이 되지 않을까 각성하고 있어야 하는 것입니다.

㉡ "네 선조의 세운 옛 지계석(地界石)을 옮기지 말지니라"(28) 합니다. 이 말씀이, 23:10절에도 등장하고, 신명기 19:14, 27:17, 욥기 24:2절 등 성경은 중요하게 다루고 있습니다. "지계석"을 옮기는 것을 어찌하여 이처럼 엄중하게 말씀하는가? 그것은 약정(約定)을 파괴하는 곧 하나님의 언약을 멸시하는 것과 같기 때문입니다. 시편에서, "내게 줄로 재어준 구역은 아름다운 곳에 있음이여 나의 기업이 실로 아름답도다"(시 16:6) 한, 하나님께서 분배하여주신 경계를 변개(變改)하는 일이기 때문입니다. 그래서 "유다 방백은 지계표를 옮기는 자 같으니 내가 나의 진노를 저희에게 물같이 부으리라"(호 5:10) 하시는 것입니다.

㉢ 그러므로 모세도 죽기 전에 행한 설교에서, "네 하나님 여호와께

서 네게 주어 얻게 하시는 땅 곧 네 기업 된 소유의 땅에서 선인의 정한 네 이웃의 경계표(境界標)를 이동하지 말지니라"(신 19:14) 하고 경계합니다. 오늘날 우리의 "지계석"은 무엇인가? 측량할 때 박은 말뚝을 옮기지 말라는 말인가? 영원히 변치 아니할 성경 말씀이라 할 수가 있습니다. 그러므로 지계석을 옮긴다는 것은 다른 복음과 같은 것입니다.

⑦ 22장은, "네가 자기 사업에 근실한 사람을 보았느냐 이러한 사람은 왕 앞에 설 것이요 천한 자 앞에 서지 아니하리라"(29) 하고 마치고 있습니다.

㉠ "왕 앞에 설 것"이라 말씀합니다. 11절에서는, "임금이 그의 친구가 되느니라" 했습니다. "우리의 소망이나 기쁨이나 자랑의 면류관이 무엇이냐 그의 강림하실 때에 우리 주 예수 앞에 너희가 아니냐"(살전 2:19), 즉 왕 중 왕 되시는 주 앞에 서는 일입니다. 이를 위해서 우리를 친구로 삼아주신 이는 그리스도 예수십니다. 아멘.

⑧ 묵상해보겠습니다.

㉠ "지식 있는 자를 지키신다"(12)는 두 방면의 의미에 대해서,

㉡ 진리의 말씀을 확실히 깨닫게 하며, 보내는 자에게 회답하게 하려함이란 의미에 대해서,

㉢ "임금의 친구가 되며, 왕 앞에 설 것이요"에 대해서,

㉣ 22장에서 가장 감명 깊은 말씀과 그 의미에 대해서.

잠언 23장 개관도표

주제 : 악인의 형통을 부러워 말고 여호와를 경외하라

악인의 꾀를 좇지 말라

1-11
1 ① **네가 관원과 함께 앉아 음식을 먹게 되거든** **삼가 네 앞에 있는 자가 누구인지 생각하며**
2 네가 만일 탐식자여든 네 목에 칼을 둘 것이니라
3 그 진찬을 탐하지 말라 **그것은 간사하게 베푼 식물이니라**
4 ② **부자 되기에 애쓰지 말고 네 사사로운 지혜를 버릴지어다** 5,네가 어찌 허무한 것에 주목하겠느냐
정녕히 재물은 날개를 내어 하늘에 나는 독수리처럼 날아가리라
6 악한 눈이 있는 자의 음식을 먹지 말며 그 진찬을 탐하지 말지어다
7 ③ 대저 **그 마음의 생각이 어떠하면 그 위인도 그러한즉** 그가 너더러 먹고 마시라 할지라도
그 마음은 너와 함께하지 아니함이라
8 네가 조금 먹은 것도 토하겠고 네 아름다운 말도 헛된 데로 돌아가리라
9 **미련한 자의 귀에 말하지 말지니** 이는 그가 네 지혜로운 말을 업신여길 것임이니라
10 **옛 지계석을 옮기지 말며** 외로운 자식의 밭을 침범하지 말지어다
11 ④ **대저 그들의 구속자는 강하시니 너를 대적하사 그 원을 펴시리라**

아들아 네 마음을 내게 달라

12-26
12 **훈계에 착심하며 지식의 말씀에 귀를 기울이라**
13 **아이를 훈계하지** 아니치 말라 채찍으로 그를 때릴지라도 죽지 아니하리라
14 그를 채찍으로 때리면 그 영혼을 음부에서 구원하리라
15 ⑤ **내 아들아 만일 네 마음이 지혜로우면 나 곧 내 마음이 즐겁겠고**
16 **만일 네 입술이 정직을 말하면 내 속이 유쾌하리라**
17 **네 마음으로 죄인의 형통을 부러워하지 말고 항상 여호와를 경외하라**
18 **정녕히 네 장래가 있겠고 네 소망이 끊어지지 아니하리라**
19 내 아들아 **너는 듣고 지혜를 얻어** 네 마음을 정로로 인도할 지니라
20 **술을 즐겨하는 자와 고기를 탐하는 자로** 더불어 사귀지 말라
21 술 취하고 탐식하는 자는 가난하여질 것이요 잠자기를 즐겨하는 자는 해어진 옷을 입을 것임이니라
22 너 낳은 **아비에게 청종하고** 네 늙은 어미를 경히 여기지 말지니라
23 ⑥ **진리를 사고서 팔지 말며 지혜와 훈계와 명철도 그리할 지니라**
24 의인의 아비는 크게 즐거울 것이요 지혜로운 자식을 낳은 자는 그를 인하여 즐거울 것이니라
25 네 부모를 즐겁게 하며 너 낳은 어미를 기쁘게 하라
26 ⑦ **내 아들아 네 마음을 내게 주며** 네 눈으로 내 길을 즐거워할 지어다

깊은 구렁과 같은 음녀

27-35
27 ⑧ **대저 음녀는 깊은 구렁이요** 이방 여인은 좁은 함정이라
28 그는 강도 같이 **매복하며** 인간에 궤사한 자가 많아지게 하느니라
29 재앙이 뉘게 있느뇨 근심이 뉘게 있느뇨 분쟁이 뉘게 있느뇨 원망이 뉘게 있느뇨
까닭 없는 창상이 뉘게 있느뇨 붉은 눈이 뉘게 있느뇨
30 ⑨ **술에 잠긴 자에게 있고** **혼합한 술을 구하러 다니는 자에게 있느니라**
31 포도주는 붉고 잔에서 번쩍이며 순하게 내려가나니 너는 그것을 **보지도 말지어다**
32 이것이 마침내 **뱀 같이 물것이요 독사 같이 쏠 것이며**
33 또 네 눈에는 괴이한 것이 보일 것이요 네 마음은 망령된 것을 발할 것이며
34 너는 바다 가운데 누운 자 같을 것이요 돛대 위에 누운 자 같을 것이며
35 네가 스스로 말하기를 사람이 나를 때려도 나는 아프지 아니하고
나를 상하게 하여도 내게 감각이 없도다 내가 언제나 깰까 다시 술을 찾겠다 하리라

23장

악인의 형통을 부러워 말고 여호와를 경외하라

[17]네 마음으로 죄인의 형통을 부러워하지 말고 항상 여호와를 경외하라.

23장에도, "여호와를 경외하라"는 중심주제가 나타납니다. 그러므로 중심점은 "악인의 형통을 부러워 말고 여호와를 경외하라"는데 있다 하겠습니다. 본장의 모든 훈계가 이 한 말씀 속에 다 들어 있다 해도 과언이 아닙니다. 더욱 주목하게 되는 것은, "그들의 구속자는 강하시니" (11) 라는 말씀입니다.

도표를 보시면 "항상 여호와를 경외하라"는 말씀을 중심으로, ① "함께 앉아 음식을 먹거든, 네 앞에 있는 자가 누구인지 생각하라" 하고 경계하면서, ② "부자 되기에 애쓰지 말라", ③ "마음의 생각이 어떠하면 그 위인도 그러하다", ④ 외로운 자식의 밭을 침범하지 말라 하면서 "그들의 구속자는 강하시니" 합니다. ⑤ "네 마음이 지혜로우면, 내 마음이 즐겁다" 하시고, ⑥ "진리를 사고, 팔지 말라", ⑦ "내 아들아 네 마음을 내게 달라" 하십니다. ⑧ "음녀는 깊은 구렁이요" 하고 유혹하는 자가 있음을 경계하면서, ⑨ 술은 보지도 말지니라 합니다. 이를 세 단원으로 나누어 상고하겠습니다.

첫째 단원(1-11) **그들의 구속자는 강하시다**
둘째 단원(12-26) **아들아 네 마음을 내게 달라**
셋째 단원(27-35) **깊은 구렁과 같은 음녀**

주제(主題) : 악인의 형통을 부러워 말고 여호와를 경외하라

㉠ 잠언서에는 척추와 같은 말씀이 있는데 그것은 "여호와를 경외하라"는 말씀입니다. 이 말씀이 19번(1:7, 29, 2:5, 3:7, 8:13, 9:10, 10:27, 14:2, 26, 27, 15:16, 33, 16:6, 19:23, 22:4, 23:17, 24:21, 28:14, 31:30) 등장하는데 1:7절에서, "여호와를 경외하는 것이 지식의 근본이어늘"로 시작하여, 31:30절에서 "고운 것도 거짓되고 아름다운 것도 헛되나 오직 여호와를 경외하는 여자는 칭찬을 받을 것이라" 하고 끝맺기까지 척추처럼 뻗어있습니다.

㉡ 교훈은 다른 종교, 다른 경전에도 많이 있습니다. 그렇다면 기독교 윤리가 일반 윤리와 다른 점이 무엇인가? 그것은 목적과 동기가 다른 것입니다. 어찌하여 살인, 간음, 도적질을 해서는 아니 되는가? 어찌하여 약자, 가난한 자를 멸시해서는 아니 되는가? "그들을 지으신 이는 여호와시니라(22:2), 그들의 구속자는 강하시니라"(23:11) 하고 대답합니다. 다른 종교나 불신자들은 결코 이렇게 말하고 있지 아니합니다. 이는 기독교 윤리가 창조주 하나님, 자기 아들을 대속제물로 보내주신 구속의 하나님에 기초를 두고 있다는 선언인 것입니다.

㉢ 이는 잠언이 일반 교훈이나 격언과의 차별화를 나타내고 있을 뿐만이 아니라, 한 성령의 감동으로 기록되었다는 증거이기도 합니다. 그리고 확고해야할 점은 모든 성경의 중심주제는 주님께서 친히, "성경이 곧 내게 대하여 증거하는 것이로다"(요 5:39) 하고 말씀하신 대로 우리를 그리스도에게로 인도하고 있다는 점입니다. 다시 말씀을 드리면 구약성경이 신약의 성도들에게 곧바로 적용이 되는 것이 아니라, 그리스도께서 담당하신 갈보리 "십자가"라는 프리즘을 통과(通過)해서 적용이 될 때에야 그 빛을 발하게 된다는 말씀입니다. 동일한 성경을 보아도 문제는 관점(觀點)입니다. 잠언과 같은 지혜의 말씀도 구속사라는 관점(觀點)으로 보게 될 때에, "나를 간절히 찾는 자가 나를 만날 것이니라"(8:17) 한 그리스도를 만날 수가 있는 것입니다.

첫째 단원(1-11) 그들의 구속자는 강하시다

① "네가 관원과 함께 앉아 음식을 먹게 되거든 삼가 네 앞에 있는 자가 누구인지 생각하며"(1) 합니다.

㉠ "함께 앉아 음식을 먹는다"는 것은 교제(交際)를 의미합니다. 이를 문자만을 본다면 높은 사람 앞에서 음식을 먹을 때에는 조심하라는 의미라 할 수가 있는데, 이 말씀이 그리스도인들에게는 어떤 의미가 되는가 하는 점입니다. 신약의 서신서에는 식탁교제에 대한 언급이 많이 나옵니다. 왜냐하면 영적으로 해로운 교제가 있기 때문입니다. 이런 맥락에서, "네 앞에 있는 자가 누구인지 생각하라"는 경계는, 이 교제가 영적으로 유익한 교제인가? 신약적으로 말하면, "우리의 사귐은 아버지와 그 아들 예수 그리스도와 함께 함이라"(요일 1:3) 한 그리스도 안에서의 교제인가를 생각하라는 뜻으로 적용이 된다 하겠습니다.

ⓛ 이런 의미가 이어지는 말씀에 분명히 드러납니다. “네가 만일 탐식(貪食)자여든 네 목에 칼을 둘 것이니라”(2) 하는데, “칼을 두라”는 말은 예의를 지키라는 그런 뜻이 아닙니다. 이에 빛을 비춰주는 말씀이 유다서에 있는데, “저희는 기탄없이 너희와 함께 먹으니 너희 애찬의 암초요 자기 몸만 기르는 목자요 바람에 불려가는 물 없는 구름이요 죽고 또 죽어 뿌리까지 뽑힌 열매 없는 가을 나무요”(유 1:12) 합니다. 이는 이단과 식탁교제를 나누는 것을 책망하는 말씀인데, 이런 자들과 애찬을 함께 할 수가 있단 말이냐? 저들이 차려놓은 진수성찬에 식욕이 동하거든 (만일 탐식자여든) 차라리 “네 목에 칼을 둘 것이라”, 바울의 고백대로 “차라리 (굶어) 죽을 지언정”(고전 9:15) 먹지 말라는 뜻인 것입니다.

ⓒ 그래서 “그 진찬(珍饌)을 탐하지 말라 그것은 간사하게 베푼 식물이니라”(3) 하는 것입니다. 본문 말씀을 7절과 결부시킨다면 의미는 더욱 분명하게 드러난다 하겠습니다. “대저 그 마음의 생각이 어떠하면 그 위인(爲人)도 그러한즉 그가 너더러 먹고 마시라 할지라도 그 마음은 너와 함께하지 아니함이라”(7), 즉 너를 위해서가 아니라 잡아먹으려는 궤계가 있다는 그런 뜻입니다. 뱀이 하와를 유혹하듯 말입니다.

② “부자(富者)되기에 애쓰지 말고 네 사사로운 지혜를 버릴 지어다”(4) 하는데 이 경계도 1-3절의 식탁교제와 결부되는 말씀으로 볼 수가 있습니다.

㉠ 오늘날 사업(事業)상의 이유로 합당치 않은 좌석에 참여하는 경우가 있는데, “네가 어찌 허무한 것에 주목하겠느냐 정녕히 재물은 날개를 내어 하늘에 나는 독수리처럼 날아가리라 악한 눈이 있는 자의 음식을 먹지 말며 그 진찬을 탐하지 말지어다”(5-6) 말씀하기 때문입니다. 이 말씀은, “복 있는 사람은 악인의 꾀를 좇지 아니하며 죄인의 길에 서지 아니하며 오만한 자의 자리에 앉지 아니하고”(시 1:1) 한 말씀을 상

기하게 합니다.

③ "대저 그 마음의 생각이 어떠하면 그 위인(爲人)도 그러한즉 그가 너더러 먹고 마시라 할지라도 그 마음은 너와 함께하지 아니함이라"(7) 합니다.

㉠ 여기 사활적으로 중요하나 소홀히 여기고 있는 요점이 등장하는데 그것은 "마음과 생각"입니다. 사람이 짐승과 다른 점이 무엇인가? "마음과 생각"이 있기 때문입니다. 이는 하나님께서 하나님의 형상대로 지음을 받은 사람에게만 주신 특권입니다. 그런데 첫 사람 아담과 하와는 "마음과 생각"을 빼앗기고 말았던 것입니다. 그러므로 4:23절에서는, "무릇 지킬 만한 것보다 더욱 네 마음을 지키라 생명의 근원이 이에서 남이니라" 말씀했고, 26절에서는 "내 아들아 네 마음을 내게 주며" 하시는 것입니다.

㉡ 인간의 모든 행동들은 "마음과 생각"에 의하여 움직이는 것입니다. 그러므로 영적 전쟁이란 누가 인간의 몸을 소유하느냐 하는 싸움이 아니라, "마음과 생각"을 지배하느냐의 싸움인 것입니다. 본문에서 "대저 그 마음의 생각이 어떠하면 그 위인도 그러한즉" 한 것이 이를 의미합니다. 그 사람의 마음과 생각이 누구에 의하여 지배를 당하고 있느냐에 따라 "위인"(爲人), 즉 그 사람의 됨됨이가 드러난다는 것입니다. 다시 말하면 그가 누구의 소유인가? 어느 진영 소속인가가 판가름이 난다는 뜻입니다.

㉢ 신약성경에서도, "그리하면 모든 지각에 뛰어난 하나님의 평강이 그리스도 예수 안에서 너희 마음과 생각을 지키시리라"(빌 4:7) 합니다. 이는 우리의 "마음과 생각"을 빼앗으려는 세력이 있음을 나타냅니다. 잠언서는 "지혜를 마음 판에 새겨" 네 마음과 생각을 주관하게 하라는 교훈입니다. 그러므로 본문은, "그가 너더러 먹고 마시라 할지라도 그 마음은 너와 함께 하지 아니함이라"(7하) 하는 것입니다. 그래서 "네가

조금 먹은 것도 토하겠고 네 아름다운 말도 헛된 데로 돌아가리라(8), 미련한 자의 귀에 말하지 말지니 이는 그가 네 지혜로운 말을 업신여길 것임이니라(9) 하는 것입니다.

④ 옛 지계석을 옮기지 말며 외로운 자식의 밭을 침범하지 말지어다"(10) 합니다. 왜 그래야만 하는가? "대저 그들의 구속(救贖)자는 강하시니 너를 대적하사 그 원을 펴시리라"(11) 합니다.

㉠ 여기 구원계획에 있어서 중심적인 주제가 등장하는데 그것은 "구속자"(救贖者)라는 말씀입니다. 22:2절에서는 "그들을 지으신 이는 여호와시니라", 즉 창조자라 했는데, "그들의 구속자"라 말씀합니다. 잠언서에서 "구속자"를 만난게 된다는 것은 경이로운 일이 아닐 수가 없습니다. 욥기에서도 "내가 알기에는 나의 구속자가 살아 계시니 후일에 그가 땅 위에 서실 것이라"(욥 19:25) 합니다.

㉡ "구속"이란 값을 주고 산 것을 의미하는데, 이스라엘은 유월절 어린양의 피로 구속함을 얻어 하나님의 백성들이 되었고, 이는 하나님께서 자기 아들의 피로 구속하실 것에 대한 예표였던 것입니다. 값을 주고 사신 하나님의 소유된 백성들을 압제하고도 무사할 수가 있단 말인가? 스가랴서에서는, "무릇 너희를 범하는 자는 그의 눈동자를 범하는 것이라"(슥 2:8) 합니다. 그래서 "그들의 구속자는 강하시다" 하는 것입니다.

둘째 단원(12-26) 아들아 네 마음을 내게 달라

둘째 단원은 어떻게 하는 것이 하나님 아버지를 기쁘시게 하는 것인가에 초점이 맞춰져있습니다.

㉠ "훈계에 착심하며 지식의 말씀에 귀를 기울이라 아이를 훈계하

지 아니치 말라 채찍으로 그를 때릴지라도 죽지 아니하리라 그를 채찍으로 때리면 그 영혼을 음부에서 구원하리라"(12-14) 하고, 우선적으로 혹독한 훈련의 필요성을 말씀합니다. 오늘날은 자녀교육이나, 제자훈련이나 간에 "오냐 오냐 하니까 상투를 잡아 당긴다"는 지경에 이르렀습니다.

⑤ 그래서 "내 아들아 만일 네 마음이 지혜로우면 나 곧 내 마음이 즐겁겠고"(15),

㉠ "만일 네 입술이 정직을 말하면 내 속이 유쾌하리라"(16) 하시는 것입니다. 사도 요한도 그의 서신에서, "너희 자녀 중에 우리가 아버지께 받은 계명대로 진리에 행하는 자를 내가 보니 심히 기쁘도다(요이 1:4), 형제들이 와서 네게 있는 진리를 증거하되 네가 진리 안에서 행한다 하니 내가 심히 기뻐하노라"(요삼 1:3) 합니다. "기뻐하는 것"이 1차적으로는 솔로몬이요, 요한이라 하여도 궁극적으로는 하나님 아버지께서 기뻐하신다는 말씀인 것입니다.

㉡ 그러면서 중심주제를 말씀하는데, "네 마음으로 죄인의 형통을 부러워하지 말고 항상 여호와를 경외하라"(17) 합니다. 왜 "부러워" 하는가? 죄인이 형통하기 때문입니다. 그러나 성경은, "저희는 지붕의 풀과 같을 지어다 그것은 자라기 전에 마르는 것이라"(시 129:6) 말씀합니다. 이와는 대조적으로 "정녕히 네 장래가 있겠고 네 소망이 끊어지지 아니하리라"(18) 하는 것입니다.

㉢ "내 아들아 너는 듣고 지혜를 얻어 네 마음을 정로(正路)로 인도할 지니라"(19) 합니다. "정로"(正路)가 무엇인가? 이를 예레미야 선지자는 "옛적 길"(렘 6:16, 18:15)이라 말씀합니다. 이와는 대조적으로 다른 길을 "곁길, 닦지 아니한 길"(렘 18:15)이라 합니다. 바른 길은, "아브라함, 이삭, 야곱"이 간 길이요, "모세, 여호수아, 사무엘, 다윗"이 간 옛적 길"입니다.

㉣ "술을 즐겨하는 자와 고기를 탐하는 자로 더불어 사귀지 말라 술 취하고 탐식하는 자는 가난하여질 것이요 잠자기를 즐겨하는 자는 해어진 옷을 입을 것임이니라 너 낳은 아비에게 청종하고 네 늙은 어미를 경히 여기지 말지니라"(20-22) 말씀하는데, 이는 "곁길, 닦지 아니한" 길이기 때문입니다.

⑥ "진리를 사고서 팔지 말며 지혜와 훈계와 명철도 그리할 지니라"(23) 합니다.

㉠ "진리를 사라"는 뜻은, "너희 목마른 자들아 물로 나아오라 돈 없는 자도 오라 너희는 와서 사 먹되 돈 없이 값없이 와서 포도주와 젖을 사라"(사 55:1) 한 그런 뜻입니다. 하나님의 은혜는 값없이 거저주시는 선물입니다. 그러나 너무나 귀한 것이기에 이를 잊지 않게 하시려고 "사 먹되" 하는 것입니다.

㉡ 4:7절에서 "지혜가 제일이니 지혜를 얻으라" 했으니까 당연히 "지혜를 사고서 팔지 말며" 하고 말씀할 것으로 여겼으나 "진리(眞理)를 사라" 하고 말씀합니다. 이는 "구속자는 강하시다"(11)라는 말씀과 결부되는 것으로 궁극적으로는, "나는 진리요" 하신 그리스도를 지향하는 말씀입니다. "팔지 말라" 하시는데 팔아먹은 자가 있기 때문입니다. "음행하는 자와 혹 한 그릇 식물을 위하여 장자의 명분을 판 에서와 같이 망령된 자가 있을까 두려워하라"(히 12:16) 합니다.

㉢ "의인의 아비는 크게 즐거울 것이요 지혜로운 자식을 낳은 자는 그를 인하여 즐거울 것이니라 네 부모를 즐겁게 하며 너 낳은 어미를 기쁘게 하라"(24-25) 합니다. "즐겁게" 라는 말을 3번이나 반복하면서, "기쁘게 하라" 하십니다. 그러면 이렇게 해드려야 할 "의인(義人)의 아비"가 누군가? 이를 교훈적으로 보면 부모를 기쁘시게 해드리는 자식이 되라는 뜻이 되지만 구속사라는 넓은 지평으로 본다면, "자기의 뜻을 좇아 진리의 말씀으로 우리를 낳으셨느니라"(약 1:18) 한 하나님 아버

지를 기쁘시게 해드리라는 뜻이 되는 것입니다. 이것이 "여호와를 경외" 하는 것이기 때문입니다.

⑦ 그래서 "내 아들아 네 마음을 내게 주며 네 눈으로 내 길을 즐거워할 지어다"(26) 하시는 것입니다.

㉠ 지금 우리는 솔로몬의 아들도 아니고, 우리가 따라야할 길은 "내 길을 즐거워하라" 한 어느 지혜자의 길도 아닙니다. 우리의 마음은 오직 우리 하나님 "아버지"께 드려야 하고, 우리가 따라야 할 길은 오직 "내가 길이요 진리요 생명이라" 하신 그리스도께서 닦아놓으신 길인 것입니다. 이것이 "진리를 사고 팔지 말라, 내 아들아 네 마음을 내게 주며" 하신 하나님 아버지를 기쁘시게 해드리는 것입니다.

셋째 단원(27-35) 깊은 구렁과 같은 음녀

셋째 단원은, 둘째 단원에서 세 번이나 "내 아들아"(15, 19, 26) 하고 부른, "아들"을 유혹하여 타락시키려는 "음녀와, 독주"(毒酒)에 대한 경계입니다.

⑧ "대저 음녀는 깊은 구렁이요 이방 여인은 좁은 함정이라"(27) 합니다.

㉠ 원리적인 말씀인 1-9장 부분에 자주 등장하던 "음녀"가 또다시 등장합니다. "깊은 구렁, 좁은 함정"이라함은 한번 빠지면 살아나올 수 없는 것을 가리키는데, "대저 그가 많은 사람을 상하여 엎드러지게 하였나니 그에게 죽은 자가 허다(許多)하니라 그 집은 음부의 길이라 사망의 방으로 내려가느니라"(7:26-27) 한 그런 뜻입니다.

㉡ "그는 강도 같이 매복하며 인간에 궤사한 자가 많아지게 하느니라"(28) 합니다. 이를 문자적으로 창녀로만 여길 수가 있단 말인가? 잠

언서는 "내 아들아" 하고, 사랑하는 아들에게 하는 훈계의 격식입니다. 그런데 창녀보다 더 경계해야할 것이 있는데 그것은 인류의 시조를 에덴 낙원에서 타락케 한 "사탄"입니다. 그러므로 계시록에서는 "많은 물 위에 앉은 큰 음녀의 받을 심판을 네게 보이리라"(계 17:1) 하는 것입니다. "많은 물"이란 많은 무리를 가리키는데, 본문에서도 "인간에 궤사한 자가 많아지게 하느니라", 즉 많은 심령들을 자기 소유가 되게 한다는 것입니다.

⑨ "재앙이 뉘게 있느뇨 근심이 뉘게 있느뇨 분쟁이 뉘게 있느뇨 원망이 뉘게 있느뇨 까닭 없는 창상이 뉘게 있느뇨 붉은 눈이 뉘게 있느뇨"(29),

㉠ "술에 잠긴 자에게 있고 혼합한 술을 구하러 다니는 자에게 있느니라 포도주는 붉고 잔에서 번쩍이며 순하게 내려가나니 너는 그것을 보지도 말지어다 이것이 마침내 뱀 같이 물 것이요 독사 같이 쏠 것이며"(30-32) 합니다. 본문 말씀이 1차적으로는 "술"에 대한 경계이지만 이에 한정해서는 아니 됩니다. 왜냐하면 술 한 방울 입에 대지 않고도 비틀거리는 자들이 있기 때문입니다.

㉡ 이는 사탄을 상징하는 "음녀"와 불가분의 관계인데 사탄은 사람들로 하여금 마치 술 취한 자처럼, "마음을 혼미케 하여 그리스도의 영광의 복음의 광채가 비취지 못하게"(고후 4:4) 하는 자라고 말씀합니다. 이 말씀에 비추어 보면 오늘날 술 취한 자처럼 혼미한 설교자들은 많다 하겠습니다. 26:9절을 보십시오. "미련한 자의 입의 잠언은 술 취한 자의 손에 든 가시나무 같으니라" 합니다. 오늘날 "손에 든 가시나무" 휘두르듯 하는 설교들이 있는 것입니다. 그래서 계시록에서는 "땅의 임금들도 그로 더불어 음행하였고 땅에 거하는 자들도 그 음행의 포도주에 취하였다"(계 17:2) 하고, "음녀와 취함"이 결부되어 있음을 보게 됩니다.

㉢ 오늘날 술의 해독도 경계해야 하지만, 비진리의 이단 사상은 더욱 많은 영혼들을 깊은 구렁에 빠지게 하고 있는 치명적인 독주(毒酒)인 것입니다. "또 네 눈에는 괴이한 것이 보일 것이요 네 마음은 망령된 것을 발할 것이며"(33-35) 합니다. 이는 술에 취한 자에 대한 묘사인데, 알콜 중독보다 더욱 무서운 혼미케 하는 영에 취한 자들 "눈에는 괴이한 것이 보이고, 마음은 망령된 것을 발하고" 있는 것이 오늘의 현실입니다. 이런 자들이 얼마나 구제불능이면, "이단에 속한 사람을 한두 번 훈계한 후에 멀리 하라(딛 3:10), 그를 집에 들이지도 말고 인사도 말라"(요이 1:10) 하겠는가? 그래서 "내 아들아 네 마음을 내게 주며" 하시는 것입니다.

⑩ 묵상해보겠습니다.

㉠ "마음과 생각"의 중요성과, "네 마음을 내게 주며"에 대해서,

㉡ "진리를 사라는 말씀과, 구속자"에 대해서,

㉢ 음녀와, 술 취한 자에 대해서,

㉣ 23장에서 가장 감명 깊은 말씀과 그 의미에 대해서.

잠언 24장 개관도표

주제 : 여호와를 경외하며 선한 싸움을 싸우라

사망으로 끌려가는 자 건져주라

1-12

1 ① **너는 악인의 형통을 부러워하지 말며** 그와 함께 있기도 원하지 말지어다
2 그들의 마음은 강포를 품고 그 입술은 잔해를 말함이니라
3 **집은 지혜로 말미암아 건축되고** 명철로 말미암아 **견고히 되며** 4, 또 방들은 지식으로
말미암아 각종 귀하고 아름다운 보배로 채우게 되느니라
5 ② **지혜 있는 자는 강하고** 지식 있는 자는 힘을 더하나니
6 **너는 모략으로 싸우라** 승리는 모사가 많음에 있느니라
7 **지혜는 너무 높아서** 미련한 자의 미치지 못할 것이므로 그는 성문에서 입을 열지 못하느니라
8 악을 행하기를 꾀하는 자를 일컬어 사특한 자라 하느니라
9 미련한 자의 생각은 죄요 거만한 자는 사람의 미움을 받느니라
10 ③ **네가 만일 환난 날에 낙담하면 네 힘의 미약함을 보임이니라**
11 ④ **너는 사망으로 끌려가는 자를 건져주며** 살륙을 당하게 된 자를 구원하지 아니치 말라
12 네가 말하기를 나는 그것을 알지 못하였노라 할지라도 **마음을 저울질 하시는 이가**
어찌 통찰하지 못하시겠으며 **네 영혼을 지키시는 이가** 어찌 알지 못하시겠느냐
그가 각 사람의 행위대로 보응하시리라

칠전팔기

13-22

13 ⑤ **내 아들아 꿀을 먹으라 이것이 좋으니라** 송이꿀을 먹으라 이것이 네 입에 다니라
14 **지혜가 네 영혼에게 이와 같은 줄을 알라** 이것을 얻으면 정녕히 네 장래가 있겠고 네 소망이
끊어지지 아니하리라
15 ⑥ **악한 자여 의인의 집을 엿보지 말며** 그 쉬는 처소를 헐지 말지니라
16 **대저 의인은 일곱 번 넘어질 지라도 다시 일어나려니와** 악인은 재앙으로 인하여 엎드러지느니라
17 네 원수가 넘어질 때에 즐거워하지 말며 그가 엎드러질 때에 마음에 기뻐하지 말라
18 **여호와께서 이것을 보시고 기뻐 아니하사** 그 진노를 그에게서 옮기실까 두려우니라
19 너는 행악자의 득의함을 인하여 분을 품지 말며 악인의 형통을 부러워하지 말라
20 대저 행악자는 장래가 없겠고 악인의 등불은 꺼지리라
21 **내 아들아 여호와와 왕을 경외하고 반역자로 더불어 사귀지 말라**
22 대저 **그들의 재앙은 속히 임하리니 이 두 자의 멸망을 누가 알랴**

황폐한 게으른 자의 포도원

23-34

23 이것도 지혜로운 자의 말씀이라
⑦ **재판할 때에 낯을 보아주는 것이 옳지 못하니라**
24 **무릇 악인더러 옳다 하는 자는** 백성에게 저주를 받을 것이요 국민에게 미움을 받으려니와
25 **오직 그를 견책하는 자는** 기쁨을 얻을 것이요 또 좋은 복을 받으리라
26 적당한 말로 대답함은 입맞춤과 같으니라
27 네 일을 밖에서 다스리며 밭에서 예비하고 그 후에 네 집을 세울 지니라
28 너는 까닭 없이 네 이웃을 쳐서 증인이 되지 말며 네 입술로 속이지 말지니라
29 **너는 그가 내게 행함 같이 나도 그에게 행하여** 그 행한 대로 갚겠다 말하지 말지니라
30 ⑧ 내가 증왕에 **게으른 자의 밭과 지혜 없는 자의 포도원을 지나며 본즉**
31 가시덤불이 퍼졌으며 거친 풀이 지면에 덮였고 돌담이 무너졌기로
32 내가 보고 생각이 깊었고 내가 보고 훈계를 받았었노라
33 네가 좀더 자자, 좀더 졸자, 손을 모으고 좀더 눕자 하니 네 빈궁이 강도 같이 오며
34 **네 곤핍이 군사 같이 이르리라**

24장

여호와를 경외하며 선한 싸움을 싸우라

[11]너는 사망으로 끌려가는 자를 건져주며 살륙을 당하게 된 자를 구원하지 아니치 말라.

24장에는 "여호와"라는 호칭이 두 번(18, 21) 등장하는데 중심점은, "여호와를 경외하며 선한 싸움을 싸우라"는데 있습니다. 어떻게 이런 제목을 세울 수가 있는가? "내 아들아 여호와를 경외하라(21), 너는 모략으로 싸우라(6), 사망으로 끌려가는 자를 건져주며"(11) 한 조합(組合)에서 가능하여지는 것입니다. 이런 맥락에서 본장에는, "지혜 있는 자는 강하고(5), 모략으로 싸우라, 승리는 모사가 많음에 있다(6), 사망으로 끌려가는 자를 건져주며(11), 악한 자여 의인의 집을 엿보지 말며(15), 일곱 번 넘어질지라도 다시 일어나려니와(16), 반역자로 더불어 사귀지 말라"(21)는 등 전투적(戰鬪的)인 언어가 많이 등장합니다.

도표를 보시면 "여호와와 왕을 경외하고 반역자로 더불어 사귀지 말라"는 말씀을 중심으로, ① "악인의 형통을 부러워하지 말고, 지혜로 집을 건축하라", ② "지혜 있는 자는 강하고, 너는 모략으로 싸우라", ③ "환난 날에 낙담하지 말라", ④ "사망으로 끌려가는 자를 건져주라" 하십니다. ⑤ "내 아들아 꿀을 먹으라 지혜가 네 영혼에게 꿀과 같다" 하면서, ⑥ "악한 자여 의인의 집을 엿보지 말라, 의인은 일곱 번 넘어져도 다시 일어난다" 말씀합니다. ⑦ "재판할 때 낯을 보아주지 말라" 하시면서, ⑧ 마지막으로 "게으른 자의 포도원" 이야기로 끝을 맺고 있습니다.

첫째 단원(1-12) **사망으로 끌려가는 자를 건져주라**
둘째 단원(13-22) **의인은 일곱 번 넘어져도 일어난다**
셋째 단원(23-34) **황폐한 게으른 자의 포도원**

주제(主題) : 여호와를 경외하며 선한 싸움을 싸우라

① 24장에도 "여호와"가 두 번(18, 21) 등장하는데, 한번은 "여호와를 기쁘시게 하는 것"(18)과 결부가 되어 있고, 한번은 "반역자로 더불어 사귀지 말라"(21) 한 "반역"과 결부되어 있습니다. 본장은 이를 염두에 두고 상고함이 마땅합니다.

② "여호와를 경외한다"는 것은 밀실이나 수도원에서 행하는 일이 아닙니다. 본문에는 의인의 집을 엿보는 "악한 자"(15)가 있고, 사망으로 끌려가는 자(11)가 있는가 하면, 그들을 구하려는 싸움이 있고(6), 일곱 번 넘어짐이 있고(16), "환난과, 낙담"(10)이 있습니다.

③ 진정한 "여호와 경외"는 이런 삶의 한 복판에서 이루어지는 것입니다. 끝부분에서, "내가 증왕에 게으른 자의 밭과 지혜 없는 자의 포도원을 지나며 보았다"(30)는 말씀은 이런 선한 싸움을 싸우는 자들과 대

조적(對照的)으로 한 말씀으로 보아야만 할 것입니다.

첫째 단원(1-12) 사망으로 끌려가는 자를 건져주라

① "너는 악인의 형통을 부러워하지 말며 그와 함께 있기도 원하지 말지어다"(1) 합니다.

㉠ 19절에서도 "악인의 형통을 부러워하지 말라" 말씀하고, 23:17절에서도 "죄인의 형통을 부러워하지 말라" 말씀하는데, 이렇게 말씀하는 의도가 무엇인가? 본문에는 "너"라는 말이 15번 정도 등장하는데, 여호와의 군사(軍士)가 되어 선한 싸움을 싸우고 있는 "너", 즉 "아들"(13, 21)을 위로하고 격려하기 위해서 하는 말씀입니다. 그러므로 부러워하기는커녕, "함께 있기도 원하지 말라" 하는 것입니다. 바울은 사랑하는 믿음의 아들 디모데에게, "이 같은 자들에게서 네가 돌아서라"(딤후 3:5) 합니다. 이런 삶을 살아간다는 것은 고독한 길입니다.

㉡ 왜 그래야만 하는가? "그들의 마음은 강포를 품고 그 입술은 잔해를 말함이니라"(2) 합니다. 그러면 어떻게 하란 말인가? "집은 지혜로 말미암아 건축되고 명철로 말미암아 견고히 되며"(3) 합니다. "또 방들은 지식으로 말미암아 각종 귀하고 아름다운 보배로 채우게 되느니라"(4) 합니다. 3-4절에 묘사된 지혜자의 집은, 악인이 추구하고 있는 1-2절과는 상반(相反)되는 가치기준입니다. 하나님을 경외하는 자의 방을 장식한, "각종 귀하고 아름다운 보배"가 무엇인가?

㉢ 3절과 4절에는 각각 "말미암아"가 있는데, "집은 지혜로 말미암아 건축되고, 방들은 지식으로 말미암아 아름다운 보배"로 채우게 된다면, "지혜와, 지식"은 하나님을 아는 것이요, 하나님 경외요, 은혜요, 믿음인 것입니다.

ⓔ 도표에 표시된 대로 지혜로 지은 집은 아름답기만 한 것이 아니라, "지혜 있는 자는 강(強)하고 지식 있는 자는 힘을 더하나니"(5) 하고, "강하고, 힘이 있다" 말씀합니다. 23:11절에서는 "구속자는 강하시니" 합니다. 그렇다면 이를 알고 믿는 "지혜 있는 자는 강하고 지식 있는 자는 힘을 더 한다"는 것은 너무나 당연한 것입니다. 형제는 강한 자입니다. 얼마나 강한지 아십니까? "이기는 자와 끝까지 내 일을 지키는 그에게는 만국을 다스리는 권세를 주리니 그가 철장을 가지고 저희를 다스려 질그릇 깨뜨리는 것과 같이 하리라 나 (구속자)도 내 아버지께 받은 것이 그러 하니라"(계 2:26-27) 한, 그만큼 강하고 힘이 있습니다. 이는 "이 복음은 모든 믿는 자에게 구원을 주시는 하나님의 능력이 됨이라"(롬 1:15) 한 복음의 능력(能力)인 것입니다.

② 그러므로 "너는 모략으로 싸우라 승리는 모사가 많음에 있느니라"(6) 합니다.

㉠ 20:18절에서도, "모략을 베풀고 전쟁할 지니라" 하는데, "모략"이란 전략(戰略)을 가리키고 "모사"란 작전계획을 수립하는 자들을 가리킵니다. 그러면 우리에게 "모략"은 무엇인가? 22:20-21절은 대답하기를, "내가 모략과 지식의 아름다운 것을 기록하여 너로 진리의 확실한 말씀을 깨닫게 하며" 합니다. 그렇다면 모략은 복음의 비밀이요, 모사는 믿음의 용사들인 셈입니다. 그래서 "지혜 있는 자는 강하다"(5) 한 것입니다.

㉡ 그러므로 "모략을 베풀고' 전쟁할 지니라"는 말씀은 "믿음의 선한 싸움을 싸우라"(딤전 6:12)는 뜻으로 적용이 된다 하겠습니다. 이점이 이어지는, "지혜가 너무 높아서 미련한 자가 미치지 못할 것"(7)이라는 말씀에 나타나는데, "하나님의 지혜에 있어서는 이 세상이 자기 지혜로 하나님을 알지 못하는 고로 하나님께서 전도의 미련한 것으로 믿는 자를 구원하시기를 기뻐하셨도다"(고전 1:21) 하십니다. "전도의 미련한

것"으로 선한 싸움을 싸우는 군사들 외에 우리에게 다른 모략, 다른 모사가 무엇이 있단 말인가?

③ 그러므로 "네가 만일 환난 날에 낙담하면 네 힘의 미약함을 보임이니라"(10) 하는 말씀은 전도자가 명심해야 할 경구입니다. "네 힘의 미약함을 보임이라"는 뜻이 무엇인가? 그는 "선을 행하다가 낙심을 하고 피곤"(갈 6:9)해 진 것입니다. 육신의 힘이 아니라 믿음이 약하여졌다는 것입니다.

④ "모략으로 싸우라(6), 전쟁하라"(20:18) 말씀하는데, 무엇을 위한 싸움인가 하는 것이 11절입니다. "너는 사망으로 끌려가는 자를 건져주며 살륙을 당하게 된 자를 구원하지 아니치 말라"(11), 즉 구원하라는 말을 곡언법으로 강조하는 말씀입니다.

㉠ 이것이 사형수를 구원하란 말인가? 아니면 포로로 끌려가는 자, 죽을병이 든 자를 가리키는가? 사망으로 끌려가는 자란 말을, "음녀는 깊은 구렁이요 이방 여인은 좁은 함정이라"(23:27) 한 말씀과 결부해 보면 의미는 분명해지는데, 음녀에게 유혹을 당하여 사망의 방으로 끌려가는 자를 가리키는 것이 됩니다. 그래서 23:11절에서는 "그들의 구속자"라고 말씀한 것입니다.

㉡ 이런 맥락에서 본문은, "아들 디모데야 내가 네게 이 경계로써 명하노니 전에 너를 지도한 예언을 따라 그것으로 선한 싸움을 싸우며 믿음과 착한 양심을 가지라"(딤전 1:18-19) 한 목회서신적인 의미가 있다 하겠습니다. 이점이 이어지는 말씀에 나타나는데, "네가 말하기를 나는 그것을 알지 못하였노라 할지라도 마음을 저울질 하시는 이가 어찌 통찰하지 못하시겠으며 네 영혼을 지키시는 이가 어찌 알지 못하시겠느냐 그가 각 사람의 행위대로 보응하시리라"(12), 즉 "만일 복음을 전하지 아니하면 내게 화가 있을 것"(고전 9:16)이라는 말씀입니다.

둘째 단원(13-22) 의인은 일곱 번 넘어져도 일어난다

⑤ "내 아들아 꿀을 먹으라 이것이 좋으니라 송이 꿀을 먹으라 이것이 네 입에 다니라"(13) 합니다. "송이 꿀"을 먹으라니 무슨 뜻인가?

㉠ "지혜가 네 영혼에게 이와 같은 줄을 알라"(14) 합니다. 시편에서도, "금 곧 많은 정금보다 더 사모할 것이며 꿀과 송이 꿀보다 더 달도다"(시 19:10) 합니다. 그러면 왜 "지혜"(송이 꿀)을 먹어야 하는가? "지혜 있는 자는 강하고 지식 있는 자는 힘을 더하나니"(5) 한 힘을 얻고 강해지기 위해서입니다. 본문은, "이것을 얻으면 정녕히 네 장래가 있겠고 네 소망이 끊어지지 아니하리라"(14) 합니다.

⑥ 그리고 명하시기를, "악한 자여 의인의 집을 엿보지 말며 그 쉬는 처소를 헐지 말지니라"(15) 합니다.

㉠ 앞에서도 지적을 했습니다만 잠언의 용예(用例)를 보면, "악한 자"란 악의 세력인 사탄을 가리키고, "악인"이란 그를 추종하는 불신자를 가리키고 있습니다. 반면 "의로우신 자"(21:12)란 하나님을 가리키고, 악인과 대조적으로 등장하는 "의인"이란 하나님을 경외하는 자를 가리키는 말입니다. 그런데 "악한 자여, 의인의 집을 엿보지 말라" 하고 호령하십니다. 이점에서 "모략으로 싸우라"(6) 한 싸움이 누구와의 싸움인가가 분명해집니다.

㉡ 그리고 하는 말씀이, "대저 의인은 일곱 번 넘어질 지라도 다시 일어나려니와 악인은 재앙으로 인하여 엎드러지느니라"(16) 하고, 악한 자가 결코 의인을 정복할 수 없음을 말씀합니다. "칠전팔기" 할 수 있는 것은 자기 힘이 아니라, "네 믿음이 떨어지지 않기를 기도하였노라"(눅 22:32) 하신 주님의 붙드심입니다.

㉢ "네 원수가 넘어질 때에 즐거워하지 말며 그가 엎드러질 때에 마음에 기뻐하지 말라"(17) 합니다. 여기서 말씀하는 "원수"는, 악인과 같

은 의미로 불신자를 가리킵니다. 이점이, “너는 행악자의 득의함을 인하여 분을 품지 말며 악인의 형통을 부러워하지 말라 대저 행악자는 장래가 없겠고 악인의 등불은 꺼지리라”(19-20)는 말씀에 나타납니다. 즉 “악인”은 다시는 일어나지 못한다는 것입니다. 그렇다면 불신자란 “불쌍히 여겨야 할” 대상이지 넘어지는 것을 즐거워할 일은 아니라는 것입니다. 그러므로 “여호와께서 이것을 보시고 기뻐 아니하사 그 진노를 그에게서 옮기실까 두려우니라”(18) 합니다.

㉣ 이런 문맥에서, “내 아들아 여호와와 왕을 경외하고 반역자로 더불어 사귀지 말라”(21) 하는 중심 주제를 말씀합니다. “여호와와, 왕”을 함께 말씀하는 것은 신정왕국의 왕은 하나님의 대리자로 세움을 받은 그리스도의 예표자이기 때문입니다. 반역을 한다면 “대저 그들의 재앙은 속히 임하리니 이 두 자의 멸망을 누가 알랴”(22) 합니다.

셋째 단원(23-34) 황폐한 게으른 자의 포도원

⑦ “이것도 지혜로운 자의 말씀이라 재판할 때에 낯을 보아주는 것이 옳지 못하니라, 무릇 악인더러 옳다 하는 자는 백성에게 저주를 받을 것이요 국민에게 미움을 받으려니와 오직 그를 견책하는 자는 기쁨을 얻을 것이요 또 좋은 복을 받으리라”(23-24) 합니다.

㉠ 공정한 재판을 하라는 말씀입니다. 그러면 이 말씀이 재판관들에게나 해당이 되는 말씀이란 말인가? 그런데 “견책하는 자를 기뻐하신다”는 “견책”은 하나님을 경외하는 자라면 누구나 할 수 있는 일인 것입니다. 그러면 우리가 견책해야할 말이 무엇인가? 11절에서 말씀한, “사망으로 끌려가는 자를 건져주는” 일일 것입니다. 그래서 “좋은 복을 받으리라” 하는 것입니다.

ⓛ "너는 그가 내게 행함 같이 나도 그에게 행하여 그 행한 대로 갚겠다 말하지 말지니라"(29) 합니다. 사랑하는 마음으로 복음을 전해주고 "견책"을 하면 이를 받아드리는 것이 아니라 도리어 핍박을 할 수도 있습니다. 이럴 경우, "너는 악을 갚겠다 말하지 말고 여호와를 기다리라 그가 너를 구원하시리라"(20:22) 하고 심판하실 하나님께 맡기라는 뜻입니다.

⑧ 그리고 24장은, "내가 증왕에 게으른 자의 밭과 지혜 없는 자의 포도원을 지나며 본즉"(30) 하고, "게으른 자의 포도원" 이야기로 마치고 있는데,

㉠ "가시덤불이 퍼졌으며 거친 풀이 지면에 덮였고 돌담이 무너졌기로 내가 보고 생각이 깊었고 내가 보고 훈계를 받았었노라"(31-32) 합니다. 이를 단순한 포도원 이야기로 여길 것이 아니라, "너는 모략으로 싸우라(6), 너는 사망으로 끌려가는 자를 건져주며(11), 한 말씀과 함께 생각해야할 것입니다.

ⓛ 이사야서에서는 교회를 "포도원"에 비유하여, "내가 좋은 포도 맺기를 기다렸거늘 들포도를 맺힘은 어찜이뇨"(사 5:4) 하고 책망을 하고 있습니다. 그런데 포도원 지기인 "네가 좀 더 자자, 좀 더 졸자, 손을 모으고 좀 더 눕자"(33) 하면 어떻게 되겠는가?

㉢ "네 빈궁이 강도 같이 오며 네 곤핍이 군사 같이 이르리라"(34) 말씀합니다. 이 말씀을 대하면서 우리도, "생각이 깊고, 훈계를 받아야" 마땅하다 하겠습니다. 똑같은 말씀이 6:11절에도 있는데 거기서는 "먹을 것을 여름 동안에 예비하며 추수 때에 양식을 모으느니라" 하고, "추수(秋收), 예비"(豫備)와 결부되어 있습니다.

㉣ 그렇다면 "빈궁"(貧窮)이 "강도 같이, 군사같이 이르리라"는 표현은 우리를 황폐케 하려는 악의 세력을 염두에 두고 하는 말씀으로 볼 수도 있습니다. 이 말씀을 "사망으로 끌려가는 자를 건져주며"(11) 한

말씀과 결부시킬 때에 더욱 그러합니다. 그러니까 게으른 자의 영적상태, 나태한 목회자의 "포도원"에 대한 훈계로 받아 마땅하다는 말씀입니다. 바라건대 형제는, "그 날에 너희는 아름다운 포도원을 두고 노래를 부를 지어다 나 여호와는 포도원지기가 됨이여 때때로 물을 주며 밤낮으로 간수하여 아무든지 상해하지 못하게 하리로다"(사 27:2-3) 한 노래를 부르게 되시기를 바랍니다.

⑨ 묵상해보겠습니다.

㉠ 사망으로 끌려가는 자를 건져주라는 말씀에 대해서,

㉡ 의인은 일곱 번 넘어져도 일어난다는 말씀에 대해서,

㉢ 지혜 있는 자는 강하고 지식 있는 자는 힘을 더한다는 말씀에 대해서,

㉣ 게으른 자의 포도원 형편에 대해서,

㉤ 24장에서 가장 감명 깊은 말씀과 그 의미에 대해서.

잠언 25장 개관도표

주제 : 주인의 마음을 시원케 하는 충성된 사신

구분	절	내용
왕앞에서 높은체 말라	1-7	
	1	**이것도 솔로몬의 잠언이요 유다 왕 히스기야**의 신하들의 편집한 것이니라
	2 ①	**일을 숨기는 것은 하나님의 영화요** **일을 살피는 것은 왕의 영화니라**
	3	하늘의 높음과 땅의 깊음 같이 **왕의 마음은 헤아릴 수 없느니라**
	4	은에서 찌끼를 제하라 그리하면 장색의 쓸 만한 그릇이 나올 것이요
	5 ②	**왕 앞에서 악한 자를 제하라** 그리하면 그 위가 의로 말미암아 견고히 서리라
	6 ③	**왕 앞에서 스스로 높은 체 하지 말며** 대인의 자리에 서지 말라
	7	이는 사람이 너더러 이리로 올라오라 하는 것이 네 눈에 보이는 귀인 앞에서 저리로 내려가라 하는 것보다 나음이니라
이웃과의 원만한 관계	8-18	
	8 ④	**너는 급거히 나가서 다투지 말라** 마침내 네가 **이웃에게** 욕을 보게 될 때에 네가 어찌할 줄을 알지 못할까 두려우니라
	9	**너는 이웃과 다투거든** 변론만 하고 남의 은밀한 일은 누설하지 말라
	10	듣는 자가 너를 꾸짖을 터이요 또 수욕이 네게서 떠나지 아니할까 두려우니라
	11 ⑤	**경우에 합당한 말은 아로새긴 은쟁반에 금사과니라**
	12	슬기로운 자의 책망은 청종하는 귀에 금고리와 정금 장식이니라
	13	**충성된 사자는 그를 보낸 이에게 마치 추수하는 날에 얼음냉수 같아서 능히 그 주인의 마음을 시원케 하느니라**
	14 ⑥	**선물한다고 거짓 자랑하는 자는** 비 없는 구름과 바람 같으니라
	15	**오래 참으면** 관원이 그 말을 용납하나니 부드러운 혀는 뼈를 꺾느니라
	16	너는 꿀을 만나거든 족하리만큼 먹으라 과식하므로 토할까 두려우니라
	17 ⑦	**너는 이웃집에 자주 다니지 말라** 그가 너를 싫어하며 미워할까 두려우니라
	18	**그 이웃을 쳐서 거짓 증거하는 사람은** 방망이요 칼이요 뾰족한 살이니라
먼 땅에서 오는 좋은 소식	19-28	
	19 ⑧	**환난 날에 진실치 못한 자를 의뢰하는** **의뢰는** 부러진 이와 위골된 발 같으니라
	20	**마음이 상한 자에게 노래하는 것은** 추운 날에 옷을 벗음 같고 쏘다 위에 초를 부음 같으니라
	21 ⑨	**네 원수가 배고파하거든 식물을 먹이고** 목말라하거든 물을 마시우라
	22	그리하는 것은 핀 숯으로 그의 머리에 놓는 것과 일반이요 **여호와께서는 네게 상을 주시리라**
	23	북풍이 비를 일으킴 같이 **참소하는 혀는 사람의 얼굴에 분을 일으키느니라**
	24	**다투는 여인과 함께 큰 집에서 사는 것보다** 움막에서 혼자 사는 것이 나으니라
	25 ⑩	**먼 땅에서 오는 좋은 기별은** 목마른 사람에게 냉수 같으니라
	26 ⑪	**의인이 악인 앞에 굴복하는 것은** 우물의 흐리어짐과 샘의 더러워짐 같으니라
	27	꿀을 많이 먹는 것이 좋지 못하고 **자기의 영예를 구하는 것이 헛되니라**
	28 ⑫	**자기의 마음을 제어하지 아니하는 자는** 성읍이 무너지고 성벽이 없는 것 같으니라

25장

주인의 마음을 시원케 하는 충성된 사신

[13]충성된 사자는 그를 보낸 이에게 마치 추수하는 날에 얼음냉수 같아서 능히 그 주인의 마음을 시원케 하느니라.

25장 첫 머리에는 표제가 있는데 솔로몬의 잠언을, "유다 왕 히스기야의 신하들의 편집한 것이니라"(1) 합니다. 역사서에 의하면, "히스기야가 그 조상 다윗의 모든 행위와 같이 여호와 보시기에 정직히 행하였다"(대하 29:2) 하고 말씀합니다. 그는 부왕 "아하스가 하나님의 전(殿)의 기구들을 모아 훼파하고 또 여호와의 전 문들을 닫고"(대하 28:24) 한 것을, "이제 이스라엘 하나님 여호와로 더불어 언약을 세워 그 맹렬한 노로 우리에게서 떠나게 할 마음이 내게 있노니"(대하 25:10) 하고 대대적인 개혁을 단행을 했습니다. 이런 맥락에서 "히스기야의 신하들의 편집한 것"이라 한 것은 단순한 표제가 아니라, 잃어버렸던 하나님의 율례와 법도를 회복하는 차원에서 행해진 것이라는 의미가 있는 것입니다.

그러면 이 말씀이 신약의 성도들에게는 어떤 의미가 되는가? "솔로몬이나 히스기야" 왕은 메시아왕국의 예표적인 인물들로 세움을 받은 왕입니다. 왕의 실체(實體)가 나타난 신약시대는, "충성된 사자는 그를 보낸 이에게 마치 추수하는 날에 얼음냉수 같아서 능히 그 주인의 마음을 시원케 하느니라"는 요절 말씀은 우리를 보내신 그리스도께서 기대하시는 바로 다가오게 되는 것입니다.

도표를 보시면 "충성된 사자는 그를 보낸 이에게"를 중심으로, ① 첫 말씀이 "하나님과, 왕"을 언급하면서, ② "왕 앞에서 악한 자를 제하라", ③ "왕 앞에서 스스로 높은 체 하지 말라", ④ "너는 다투지 말라", ⑤ "경우에 합당한 말"의 중요성을 말씀하면서, ⑥ 말만 앞세우는 것을 경계하고, ⑦ "이웃"과 좋은 관계를 유지하라는 것과, ⑧ "환난 날"의 처신에 대해서 언급하면서, ⑨ "원수가 주리거든 먹이라" 합니다. ⑩ "먼 땅에서 오는 좋은 기별"의 반가움과, ⑪ "의인이 악인 앞에 굴복"해서는 안 된다는 것과, ⑫ 마지막으로 "자신의 마음을 제어하라"는 훈계로 마치고 있습니다.

첫째 단원(1-7) **왕 앞에서 높은 체 하지 말라**
둘째 단원(8-18) **이웃과의 좋은 관계를 유지하려면**
셋째 단원(19-28) **먼 땅에서 오는 좋은 소식**

주제(主題) : 주인의 마음을 시원케 하는 충성된 사신

㉠ 그림에 근경(近景), 중경(中景), 원경(遠景)이 있듯이 선지자들이 대언한 하나님의 말씀에도, ㉮ 선지자 당시와, ㉯ 주님의 초림과, ㉰ 종말적인 이중(二重), 삼중(三重)의 복합적인 의미가 있는 것입니다. 예를

들어 요엘 선지자가 "여호와의 날이 이르렀다" 하고 외친 것은 당시로는 메뚜기 재앙을 가리키는 것이었으나, 이를 통해서 가까이는 바벨론을 통한 심판과, 멀리로는 종말에 대한 경고를 함축하고 있는 것입니다. 주님께서도 로마에 의한 예루살렘의 심판과, 종말에 있을 최후심판을 겹쳐진 그림으로 경고하셨습니다.

ⓛ 이런 맥락에서 솔로몬이 기록해놓은 잠언을 약 250년 후에 "히스가야의 신하들이 편집"을 했다는 것은 종교개혁을 수행하는데 필요했기 때문일 것입니다. 이점이 첫 머리(1-6)에 "왕"에 대한 언급이 5번이나 등장하는 것이 말해줍니다. 이점에서 유념해야할 점은 선민 이스라엘은 신정(神政)왕국이면서 동시에 구약교회였다는 점입니다. 그러면 그로부터 2700년 후를 살아가는 우리들에게 이 말씀이 어떤 의미가 있는가 하는 "적용"(適用)의 문제입니다. 성경을 교훈적으로 보게 되면 이를 직선적(直線的)으로 적용을 합니다. 이는 전진(前進)하고 있는 구속사(救贖史)라는 역사성을 무시하는 것이 됩니다. 이렇게 되면, "영원부터 만물을 창조하신 하나님 속에 감춰었던 비밀의 경륜"(엡 3:9)인 구원계획은 해체(解體)가 될 뿐만이 아니라 예수 그리스도께서 담당하신 "십자가"는 설자리가 없게 되는 것입니다. 그래서 현대교회가 복음을 옆으로 밀어놓게 되고, 다른 종교에도 구원이 있다는 종교다원주의가 끼어들 빌미를 제공해주게 되는 것입니다.

ⓒ 구약성경은 "곧 내게 대하여 증거하는 것이로다"(요 5:39) 한 그리스도에게 초점이 맞춰져 있습니다. 그러므로 구약시대와 신약시대의 분기점에는 예수 그리스도께서 담당하신 십자가가 세워져 있습니다. 이는 무엇을 의미하느냐 하면 구약성경을 신약의 성도들에게 적용을 시킬 때에는 그리스도께서 "다 이루었다" 하고 선언하신 "구속"(救贖)이라는 프리즘을 통해서 우리에게 적용이 되어야만 한다는 것입니다. 이제 히스기야라는 왕도 없고, 우리는 왕의 신하도 아니지만 우리를, ㉮ "보내

시는 분"은 왕 중 왕 되시는 그리스도시오, ㉯ 우리는 "보냄을 받은 사자요", ㉰ 우리가 바쳐야할 "충성"(忠誠)은 히스가야 왕이 아니라 그리스도시라는 것입니다.

㉱ 그러므로 잠언들을 명언이나 격언처럼 여겨서는 아니 되고, "너희에게 평강이 있을 지어다 아버지께서 나를 보내신 것같이 나도 너희를 보내노라"(요 20:21) 하신 분의 분부로 받아야 하는 것입니다. 실제로 주님은, "예수께서 이 열 둘을 내어 보내시며 명하여 가라사대"(마 10:5) 하고, 제자들을 파송하시면서 많은 당부를 하셨습니다. "먼 땅에서 오는 좋은 기별은 목마른 사람에게 냉수같으니라"(25) 한 말씀을 통해서, 보냄을 받은 자들로부터 "좋은 기별"이 전해지기를 고대하고 있는 〈보내신 분〉의 마음을 읽을 수가 있는 것입니다. 그런가 하면 13:17절에서는, "악한 사자는 재앙에 빠져도 충성된 사신(使臣)은 양약이 되느니라" 하고, "악한 사신과, 충성된 사신"이 대조되어 있습니다.

㉲ "네 양떼의 형편을 부지런히 살피며 네 소떼에 마음을 두라"(27:23) 하신 말씀을 문자적으로만 본다면 우리에게 어떤 의미가 되겠는가? 그런데 우리 죄를 위하여 죽으시고 다시 사신 그리스도께서, "내 어린 양을 먹이라, 내 양을 치라"(요 21:15, 16) 하신 분부를 통해서 적용이 될 때에 우리들의 "목자장"되시는 그리스도께서 분부하시는 말씀으로 다가오게 되는 것입니다. 그렇지 아니하고 문자적인 해석에 머문다면 예수가 그리스도이심을 부인하는 유대인 학자들같이 되고 맙니다. 그러므로 본서는 잠언을 수신(修身)교과서가 아닌 "목회서신"(牧會書信)의 관점에서 보고 있는 것입니다.

첫째 단원(1-7) 왕 앞에서 높은 체 하지 말라

"이것도 솔로몬의 잠언이요 유다 왕 히스기야의 신하들의 편집한 것이니라"(1).

① "일을 숨기는 것은 하나님의 영화요 일을 살피는 것은 왕의 영화니라"(2).

㉠ "일을 숨기는 것은 하나님의 영화"라니 무슨 뜻인가? 모세는 그의 마지막 설교에서, "그러나 깨닫는 마음과 보는 눈과 듣는 귀는 오늘까지 여호와께서 너희에게 주지 아니 하셨느니라"(신 29:4), 즉 숨긴바 되었다고 말씀합니다. 이점을 사도 바울은, "오직 비밀한 가운데 있는 하나님의 지혜를 말하는 것이니 곧 감취었던 것인데 우리의 영광을 위하사 만세 전에 미리 정하신 것이라"(고전 2:7) 합니다. 구약시대란 복음이 온전히 드러난 시대가 아니라, "언약, 예언, 예표, 그림자" 등으로 베일에 싸여있던 시기였습니다. 그래서 "일을 살피는 것은 왕의 영화니라" 하는 것입니다. 이점을 사도 베드로는, "이 구원에 대하여는 너희에게 임할 은혜를 예언하던 선지자들이 연구하고 부지런히 살펴서"(벧전 1:10) 라고 말씀합니다.

㉡ 그러면 언제까지인가? 이제도 감추어져 있단 말인가? 주님은 말씀하십니다. "그러나 너희 눈은 봄으로, 너희 귀는 들음으로 복이 있도다 내가 진실로 너희에게 이르노니 많은 선지자와 의인이 너희 보는 것들을 보고자 하여도 보지 못하였고 너희 듣는 것들을 듣고자 하여도 듣지 못하였느니라"(마 13:16-17). 그러므로 사도 바울은, "이 비밀은 만세와 만대로부터 옴으로 감취었던 것인데 이제는 그의 성도들에게 나타났고"(골 1:26) 합니다.

㉢ 이런 맥락으로 본다면, "충성된 사자는 그를 보낸 이에게 마치 추수하는 날에"(13) 한, "보냄을 받은 사자"란 복음 전도자로 적용이 되

는 것입니다. 그래서 사도 바울은, "이제는 우리 구주 그리스도 예수의 나타나심으로 말미암아 나타났으니 저는 사망을 폐하시고 복음으로써 생명과 썩지 아니할 것을 드러내신지라 내가 이 복음을 위하여 반포자와 사도와 교사로 세우심을 입었노라"(딤후 1:10-11), "내가 감사함은 나를 충성되이 여겨 내게 직분을 맡기심이니"(딤전 1:12), 즉 자신은 보냄을 받은 사신이라고 말씀하는 것입니다.

㉣ "하늘의 높음과 땅의 깊음 같이 왕의 마음은 헤아릴 수 없느니라"(3) 합니다. 이 말씀을 통해서, "내 생각은 너희 생각과 다르며 내 길은 너희 길과 달라서 하늘이 땅보다 높음과 같이 내 길은 너희 길보다 높으며 내 생각은 너희 생각보다 높으니라"(사 55:8-9) 한 말씀을 상기한다는 것은 비약이 아닙니다. 설교란 문자를 전달하는 것이 아닙니다. "누가 주의 마음을 알아서 주를 가르치겠느냐 그러나 우리가 그리스도의 마음을 가졌느니라"(고전 2:16) 한, 하나님의 "마음"을 전하는 것입니다.

㉤ 예를 들어서 천지만물을 창조하신 엿새 동안의 일정(日程)은 알면서도, "여호와는 하늘을 창조하신 하나님이시며 땅도 조성하시고 견고케 하시되 〈헛되이 창조〉치 아니 하시고 사람으로 거하게 지으신 자시니라"(사 45:18), 즉 사람이 살아갈 환경을 조성해주시기 위해서라는 하나님의 선한 마음을 모른다면 무슨 유익이 있겠는가? 번제를 드리라, 속죄제를 드리라하신 말씀을 설교할 때에 받기를 좋아하는 하나님이 아니라 장차 자기 아들을 대속제물로 내어주실 것에 대한 예표라는 사랑의 마음을 전해주어야 한다는 말씀입니다. "왕의 마음은 헤아릴 수 없나니라"는 말씀을 통해서, 측량할 수 없는 주님의 마음을 생각한다는 것은 합당한 것입니다.

② "은에서 찌끼를 제하라 그리하면 장색의 쓸 만한 그릇이 나올 것이요, 왕 앞에서 악한 자를 제하라 그리하면 그 위(位)가 의(義)로 말미

암아 견고히 서리라"(4-5) 합니다.

㉠ 히스기야가 왕위에 올랐을 당시는 악한 왕 아하스 밑에 있던 간신들이 많이 있었을 것입니다. 이들을 염두에 두고 한 말씀일 것입니다. 그러면 우리들에게는 어떤 의미가 되는가? 은에서 찌끼를 제하듯이, 왕 앞에서 악한 자를 제하듯이, 누룩을 제거함으로 교회의 거룩을 견고하게 세워야 한다는 말씀으로 적용이 된다 하겠습니다. 왜냐하면 교회는 우리의 왕 되시는 그리스도께서 다스리시는 몸 된 교회이기 때문입니다.

③ 그리고 명심해야할 점은 누군가 말했듯이 첫째도 겸손이요, 둘째도 겸손이요, 셋째도 겸손이라 한, "왕 앞에서 스스로 높은 체 하지 말며 대인의 자리에 서지 말라"(6) 한 겸비한 자세로 교회를 섬겨야 한다는 점입니다.

㉠ "이는 사람이 너더러 이리로 올라오라 하는 것이 네 눈에 보이는 귀인 앞에서 저리로 내려가라 하는 것보다 나음이니라"(7) 합니다. 이는 주님께서, "네가 누구에게나 혼인 잔치에 청함을 받았을 때에 상좌에 앉지 말라 그렇지 않으면 너보다 더 높은 사람이 청함을 받은 경우에, 자리를 내어주라 하리니 그 때에 네가 부끄러워 말석으로 가게 되리라"(눅 14:8-9) 한 말씀과 상통합니다. 이는 13절의 보냄을 받은 "충성된 사자"에게 하는 경계로 받을 수가 있습니다. 이것이 "왕 앞에서 높은 체 하지 말라"는 말씀입니다.

둘째 단원(8-18) 이웃과의 좋은 관계를 유지하려면

둘째 단원에는 "이웃"이라는 말이 4번 등장하는데, 이는 보냄을 받은 자가 목회현장에서 명심해야할 점들이라 할 수가 있습니다. 그런 중에 대부분이 "말"(언어)과 결부된 경계들임을 유념해야만 합니다. 선지자 이사야가 하나님의 임재 앞에서, "화로다 나여 망하게 되었도다 나는 입술이 부정한 사람이요"(사 6:5) 한 것이 어찌 이사야만의 자백이겠는가? 그러므로 야고보도 "우리가 다 실수가 많으니 만일 말에 실수가 없는 자면 곧 온전한 사람이라"(약 3:2) 했던 것입니다.

④ "너는 급거히 나가서 다투지 말라 마침내 네가 이웃에게 욕을 보게 될 때에 네가 어찌할 줄을 알지 못할까 두려우니라"(8) 합니다.

㉠ 이 말씀은 문자적으로는 나타나 있지 아니하지만 "참음"에 대한 교훈입니다. 무슨 말을 들었을 때에 참고 또 참고, 심사숙고한 후에 반응을 나타내는 것이 아니라 벽에 부딪친 공이 튀어나오듯이 반응을 함으로 교회에 어려움을 끼치고 자신도 신앙인격에 손상을 입는 목회자를 경계하는 것이라 할 수가 있습니다. 그러므로 사도 바울은, "사도의 표된 것은 내가 너희 가운데서 모든 참음과"(고후 12:12) 하고 인내를 첫손에 꼽고 있습니다. "너희가 피곤하여 낙심치 않기 위하여 죄인들의 이같이 자기에게 거역한 일을 참으신 자를 생각하라"(히 12:3), 형제도 주님을 바라보고, 참고 또 참으시기를 바랍니다. 급한 마음으로 말을 뱉고 나면 시원할 것 같지만 그 순간 후회를 하게 되지만 주어 담을 수가 없는 것이 말입니다.

㉡ 그래서 "너는 이웃과 다투거든 변론만 하고 남의 은밀한 일은 누설하지 말라"(9) 하는 것입니다. 교회란 입들이 모인 곳입니다. 그리고 변론을 하다가 궁색하게 되면 이 말, 저 말을 토설하게 되어 수습이 불가능할 정도로 확산이 되고 맙니다. "듣는 자가 너를 꾸짖을 터이요 또 수욕이 네게서 떠나지 아니할까 두려우니라"(10) 합니다.

⑤ 그러므로 "경우에 합당한 말은 아로새긴 은쟁반에 금사과니라"(11), "슬기로운 자의 책망은 청종하는 귀에 금고리와 정금 장식이니라"(12) 한 11-12절은, 8-10절과 상반되는 경우입니다.

㉠ 이렇게 말씀한 후에 중심주제인, "충성된 사자는 그를 보낸 이에게 마치 추수하는 날에 얼음냉수 같아서 능히 그 주인의 마음을 시원케 하느니라"(13) 하는 말씀이 나옵니다. 그러면 "충성된 사자"는 무엇을 통해서 이처럼 보내신 이의 마음을 시원케 했을까요? 충성된 사자란 대언자(代言者)입니다. 그래서 10:11절에서는, "의인의 입은 생명의 샘이라도 악인의 입은 독을 머금었느니라" 한 것입니다. 듣는 자의 마음을 시원케 해주는 것도, 보내신 이의 마음을 시원케 할 수 있는 것도 "생명의 샘"인 말씀을 통해서 이루어진다는 점을 유념하십시다. 바울 사도가 이 말씀을 염두에 두고 한 것일까요? "저희가 나와 너희 마음을 시원케 하였으니 그러므로 너희는 이런 자들을 알아주라"(고전 16:18) 하고 말씀합니다.

⑥ 그런데 모든 입이 다 그런 것은 아닙니다. "선물한다고 거짓 자랑하는 자는 비 없는 구름과 바람 같으니라"(14) 합니다.

㉠ 무슨 뜻인가? 사람을 좋게 하려고 온갖 축복을 늘어놓는 거짓 증인들의 말은 "비 없는 구름과 바람" 같다는 것입니다. 유다서에서는, "자기 몸만 기르는 목자요 바람에 불려가는 물 없는 구름이요 죽고 또 죽어 뿌리까지 뽑힌 열매 없는 가을 나무요"(유 1:12) 합니다. 거짓 선생들은 풍선을 부풀게 하듯이 헛배만 부르게 한다는 것입니다.

㉡ "오래 참으면 관원이 그 말을 용납하나니 부드러운 혀는 뼈를 꺾느니라 너는 꿀을 만나거든 족하리만큼 먹으라 과식하므로 토할까 두려우니라"(15-16) 하는데, 이는 "참음과, 절제"를 의미합니다. 승리의 비결이 무엇인가? "부드러운 혀"가 단단한 "뼈를 꺾는다", 즉 "이기기를 다투는 자마다 모든 일에 절제 하나니(고전 9:25), 그러나 지족(知足)하는 마음이 있으면 경건이 큰 이익이 되느니라"(딤전 6:6) 한, "참음과 절제"입니다.

⑦ "너는 이웃집에 자주 다니지 말라 그가 너를 싫어하며 미워할까

두려우니라"(17) 합니다.

㉠ 목회자란 직무상 "이웃집"에 자주 다녀야 하는 사람입니다. 왜냐하면 보냄을 받은 자이기 때문입니다. 그러나 자주 다니게 되면, 그리고 어느 특정한 집에 치우치게 되면 어떻게 되는가? "두렵건대 네 존영이 남에게 잃어버리게 되며"(5:9) 합니다. 지나침은 모자람만 못한 것입니다. "그 이웃을 쳐서 거짓 증거하는 사람은 방망이요 칼이요 뾰족한 살이니라"(18) 합니다. 자주 다니다보면 불필요한 말도 하게 되고, "이웃을 치는" 듣지 않음만 못한 말도 듣게 될 것입니다.

셋째 단원(19-28) 먼 땅에서 오는 좋은 소식

⑧ "환난 날에 진실치 못한 자를 의뢰하는 의뢰는 부러진 이와 위골된 발 같으니라"(19) 합니다.

㉠ "환난 날"을 말씀하는데, "보냄을 받은 충성된 사자"의 임무가 무엇인가? "너는 모략으로 싸우라"(24:6) 한 전투입니다. "너는 사망으로 끌려가는 자를 건져주며 살육을 당하게 된 자를 구원하라"(24:11) 한 선한 싸움을 싸우라고 보냄을 받았기 때문에 환난을 당하게 되는 것입니다. 이럴 경우 사람을 의뢰하는 것은, "부러진 이와 위골된 발"과 같아서 아무런 도움도 되지 못한다는 것입니다.

㉡ 그래서 "네가 만일 환난 날에 낙담하면 네 힘의 미약함을 보임이니라"(24:10) 한 것입니다. 믿음이 약해진 증거라는 것입니다. 어떻게 해야만 하는가? "너는 마음을 다하여 여호와를 의뢰하고 네 명철을 의지하지 말라"(3:5) 합니다. 사도 바울은, "이는 우리로 자기를 의뢰하지 말고 오직 죽은 자를 다시 살리시는 하나님만 의뢰하게 하심이라"(고후 1:9) 합니다.

⑨ "네 원수가 배고파하거든 식물을 먹이고 목말라하거든 물을 마시우라"(21) 합니다.

㉠ 원수가 누군가? 자신에게 "환난"을 가하는 자입니다. 24:29절에서는, "그 행한 대로 갚겠다 말하지 말지니라" 말씀했는데, 본문에서는 보다 적극적으로, "배고파하거든 식물을 먹이고 목말라하거든 물을 마시우라" 합니다. "그리하는 것은 핀 숯으로 그의 머리에 놓는 것과 일반이요", 즉 이것이 승리하는 것이요, 그리고 너를 보내신 "여호와께서는 네게 (충성된 사자) 상을 주시리라"(22) 합니다. 이는 "이는 이로 갚으라" 한 율법적인 사상이 아니라 신약적인 사랑의 승리입니다.

⑩ "먼 땅에서 오는 좋은 기별은 목마른 사람에게 냉수 같으니라"(25) 말씀하는데, 누구로부터 오는 무슨 기별이란 말인가? 이는 "충성된 사자는 그를 보낸 이에게 마치 추수하는 날에 얼음냉수 같아서 능히 그 주인의 마음을 시원케 하느니라"(13) 한 말씀과 짝을 이루고 있습니다.

㉠ 보냄을 받은 충성된 사자로부터 전해진 기별이 무엇이겠는가? 승리의 소식입니다. 원수에게 먹을 것을 줌으로 악을 선으로 이겼다는 기별일 것입니다. 궁극적으로는 사망으로 끌려가는 자를 구원하였다는 소식일 것입니다.

⑪ 이와는 반대로, "의인이 악인 앞에 굴복하는 것은 우물의 흐리어짐과 샘의 더러워짐 같으니라"(26) 합니다.

㉠ 히스기야는 25세에 왕위에 올랐는데 젊은 왕이 개혁을 단행하자 수구세력의 반대에 부딪쳤을 것은 상상하기에 어렵지 않습니다. 그래서 "의인이 악인 앞에 굴복하는 것은 우물의 흐리어짐과 샘의 더러워짐 같다"는 잠언을 표어로 삼았을 법합니다. 그리고 이 말씀은 시대를 초월하여 모든 개혁주의자들에게 용기를 주는 격려의 말씀인 것입니다. "악형을 받되 구차히 면하지 않았으며, 이런 사람은 세상이 감당치 못하도다"(히 11:35, 38) 합니다.

ⓛ 그렇다면 "마음이 상한 자에게 노래하는 것은 추운 날에 옷을 벗음 같고 쏘다 위에 초를 부음 같으니라"(20)는 말씀은 어떻게 적용이 되겠습니까? 이는 "즐거워하는 자들로 함께 즐거워하고 우는 자들로 함께 울라(롬 12:15), 만일 한 지체가 고통을 받으면 모든 지체도 함께 고통을 받고"(고전 12:26) 한 사랑의 공동체라는 동질성과 지체의식이라 하겠습니다.

⑫ 목회서신의 관점에서 본 25장은, "자기의 마음을 제어하지 아니하는 자는 성읍이 무너지고 성벽이 없는 것 같으니라"(28) 하는 말씀으로 마치고 있습니다.

㉠ 목회자에게 있어서 싸워야할 적은 바로 자기 자신이라는 말씀이 됩니다. ㉮ "왕 앞에서 스스로 높은 체 하려는(6) 교만, ㉯ 입 앞에 파수꾼을 세우지 못한 말의 실수(8), ㉰ 인내심의 부족(15), ㉱ 자족하지 못함(16), ㉲ 환난 날에 낙담함(19), ㉳ 의인이 악인 앞에 굴복함과 같은 의기소침"(26) 등 자신의 마음을 제어해야하는 싸움은 외롭고도 기나긴 싸움인 것입니다. 바울 사도까지도, "그러므로 내가, 싸우기를 허공을 치는 것같이 아니하여 내가 내 몸을 쳐 복종하게 함은 내가 남에게 전파한 후에 자기가 도리어 버림이 될까 두려워함이로라"(9:26-27) 하고 고백하는 것을 보게 됩니다. 형제여, 형제를 보내신 주님의 마음을 시원케 해드리는 "충성된 사자"가 되시기를 기원합니다.

⑬ 묵상해보겠습니다.

㉠ "왕 앞에 스스로 높은 체 하지 말며"에 대해서,

ⓛ "입"이 의와, 불의의 병기로도 사용될 수 있다는 점에 대해서,

㉢ "충성된 사자와, 먼 땅에서 오는 좋은 기별"에 대해서,

㉣ 25장에서 가장 감명 깊은 말씀과 그 의미에 대해서.

잠언 26장 개관도표

주제 : 너는 미련하고 게으른 자가 되지 말라

너는 미련한 자가 되지 말라

1-12

1 ① **미련한 자에게는 영예가 적당하지 아니하니** 마치 여름에 눈 오는 것과 추수 때에 비오는 것 같으니라
2 **까닭 없는 저주는** 참새의 떠도는 것과 제비의 날아가는 것 같이 이르지 아니 하느니라
3 말에게는 채찍이요 나귀에게는 자갈이요
미련한 자의 등에는 막대기니라
4 ② **미련한 자의 어리석은 것을 따라 대답하지 말라** **두렵건대 네가 그와 같을까 하노라**
5 **미련한 자의** 어리석은 것을 따라 그에게 대답하라 두렵건대 그가 스스로 **지혜롭게 여길까** 하노라
6 **미련한 자 편에 기별하는 것은** **자기의 발을 베어 버림이라 해를 받느니라**
7 저는 자의 다리는 힘없이 달렸나니
미련한 자의 — **입의 잠언도** **그러 하니라**
8 **미련한 자에게** — **영예를 주는 것은** 돌을 물매에 매는 것과 같으니라
9 ③ **미련한 자의** — **입의 잠언은** 술 취한 자의 손에 든 가시나무 같으니라
10 장인이 온갖 것을 만들 지라도
④ **미련한 자를** — **고용하는 것은** 지나가는 자를 고용함과 같으니라
11 개가 그 토한 것을 도로 먹는 것 같이
⑤ **미련한 자는** **그 미련한 것을 거듭 행하느니라**
12 네가 스스로 **지혜롭게 여기는 자를** 보느냐 그보다
미련한 자에게 오히려 바랄 것이 있느니라

게으른 말쟁이를 조심하라

13-28

13 ⑥ **게으른 자는** 길에 사자가 있다 거리에 사자가 있다 하느니라
14 문짝이 돌쩌귀를 따라서 도는 것 같이
게으른 자는 침상에서 구으느니라
15 **게으른 자는** 그 손을 그릇에 넣고도 입으로 올리기를 괴로워하느니라
16 ⑦ **게으른 자는** 선히 대답하는 사람 일곱보다 자기를 **지혜롭게 여기느니라**
17 길로 지나다가 자기에게 ⑧ **상관없는 다툼을 간섭하는 자는** 개귀를 잡는 자와 같으니라
18 횃불을 던지며 살을 쏘아서 사람을 죽이는 미친 사람이 있나니
19 자기 이웃을 **속이고 말하기를 내가 희롱하였노라** 하는 자도 그러 하니라
20 나무가 다하면 불이 꺼지고 **말장이가 없어지면** 다툼이 쉬느니라
21 숯불 위에 숯을 더하는 것과 타는 불에 나무를 더하는 것 같이
다툼을 좋아하는 자는 시비를 일으키느니라
22 **남의 말하기를 좋아하는 자의 말은** 별식과 같아서 뱃속 깊은 데로 내려가느니라
23 ⑨ **온유한 입술에 악한 마음은** 낮은 은을 입힌 토기니라
24 감정 있는 자는 **입술로는 꾸미고** 속에는 궤휼을 품나니
25 **그 말이 좋을지라도** 믿지 말 것은 그 마음에 일곱 가지 가증한 것이 있음이라
26 궤휼로 **그 감정을 감출지라도** 그 악이 회중 앞에 드러나리라
27 함정을 파는 자는 그것에 빠질 것이요 돌을 굴리는 자는 도리어 그것에 치이리라
28 **거짓말 하는 자는** 자기의 해한 자를 미워하고 **아첨하는 입은** 패망을 일으키느니라

26장

너는 미련하고 게으른 자가 되지 말라

6미련한 자 편에 기별하는 것은 자기의 발을 베어 버림이
라 해를 받느니라.

26장에는 크게 세 가지 경계가 있는데 첫째 단원은, "미련한 자"이고, 둘째 단원은 "게으르고, 말 많은 자"입니다. 이 말씀을 하는 의도가 중요한데 미련한 자에게, "영예를 주는 것(8), 고용하는 것(10), 기별하는 것"(6)과 관련이 있습니다. 그러니까 "미련하고, 게으르고, 말만 번드르르" 하는 자에게 직분주고 사명을 맡기는 것이 합당치 않다는 뜻인 것입니다. 이 경계를 누구에게 주는 잠언인가? "두렵건대 네가 그와 같을까 하노라"(4) 한 "보냄을 받은 자"(25:13)에게 하시는 말씀입니다. 그러니까 본장도 주의 종을 파송하시면서 하시는 분부로 받을 수가 있는 것입니다.

도표를 보시면 "미련한 자 편에 기별하는 것"을 중심으로, ① "미련하

다"라는 말이 11번이나 강조되어 있는데 첫째로 "미련한 자에게 영예가 적당치 않다", 즉 직분을 주는 것이 합당치 않다 하면서, ② 미련한 자와의 교제를 경계하면서 그런 자는 자신을 "지혜로운 자"로 여기고 있다 합니다. ③ "그의 입의 말은 술 취한 자의 손에 든 가시나무 같다" 하면서, ④ "미련한 자를 고용함"의 무익함을 말씀하면서, ⑤ 심각한 것은 미련한 짓을 반복하고 있다는데 있습니다. 너는 이와 같아서는 아니 된다는 경계인 것입니다. ⑥ 둘째 단원에서는 "게으른 자"라는 말을 4번이나 강조하면서 변명만 늘어놓는 "게으른 자"에 대해 경계하는데, ⑦ 게으른 자도 "자기를 지혜롭게 여긴다" 말씀하면서, ⑧ "남의 일에 간섭하는, 말쟁이"와, ⑨ 말을 꾸미는 외식과 위선에 대해 경계합니다. 너는 이와 같아서는 아니 되고, 이런 자를 조심하라는 경계인 것입니다.

첫째 단원(1-12) **너는 미련한 자가 되지 말라**
둘째 단원(13-28) **게으른 말쟁이를 조심하라**

주제(主題) : 너는 미련하고 게으른 자가 되지 말라

㉠ 하나님께서 우리에게 맡겨주신 본문 말씀이 성도들에게 적용되기까지는 어떤 경로를 거치게 되는가? ㉮ 관찰을 해야 합니다. 이를 주경(註經)이라 합니다. ㉯ 해석을 해야 합니다. 이때에 문제가 되는 것은 관점(觀點)입니다. "점"으로 보는 것이 교훈적인 해석입니다. 그래서 구약성경을 직선적으로 적용을 합니다. 그러나 성경은 점들의 모임이 아니라 창세기에서 시작하여 계시록에서 완성이 되는 "선", 즉 구원계획인 것입니다. 그러므로 성경신학, 즉 구속사의 관점으로 해석해야 하는 것입니다. ㉰ 다음은 적용을 시키는 일인데 구속사라는 맥락으로 보게

되면, 구약성경이 그리스도께서 "다 이루었다" 하고 선언하신 십자가를 통해서 신약의 성도들에게 적용이 되는 것입니다.

㉡ 신학서적들 중에는 주석에 초점을 맞춘 주석서와, 해석에 초점을 맞춘 강해서들이 있습니다. 그렇다면 본서(잠언 파노라마)는 어디에 초점을 맞췄는가? 수천 년 전에 주어진 본문이 구속사라는 관점에서 볼 때에 오늘을 살아가는 현대교회 그리스도인들에게 어떤 의미가 있는가 하는 적용에 초점을 맞춘 설교(게리그마)라 하는 말이 적당할 것입니다. 잠언서는 "지혜"를 강조하고 있는데, 지혜의 반대가 "미련함"입니다. 그러면 본문에서 말씀하는 미련한 자가 누군가? "여호와를 경외하는 것이 지식의 근본이어늘 미련한 자는 지혜와 훈계를 멸시하느니라"(1:7) 한 불신자를 가리킵니다. 그들을 가리켜서, "스스로 지혜 있다 하나 우준하게 되어 썩어지지 아니하는 하나님의 영광을 썩어질 사람과 금수와 버러지 형상의 우상으로 바꾸었느니라"(롬 1:22-23) 하고 말씀합니다.

㉢ 그런데 중요한 것은 이런 경계를 누구에게 하고 있느냐 하는 점입니다. "미련한 자 편에 기별하는 것은(6), 미련한 자의 입의 잠언은"(7) 하고, 말씀을 대언(代言)하라고 보냄을 받은 자입니다. 보냄을 받은 자가 "미련하고, 게을러서" 말씀을 바로 전해주지 아니한다면 이는 마치, "자기 발을 베어 버림이라"(6하) 합니다. 왜냐하면 보냄을 받은 자는 다름 아닌 주인의 "발과, 입"의 역할을 대신하는 자들이기 때문입니다. 이런 목회서신적인 관점에서 26장을 보면, "미련한 자, 게으른 자"란 목회자에 대한 경계가 되는 것입니다.

첫째 단원(1-12) 너는 미련한 자가 되지 말라

① 첫 말씀이 "미련한 자에게는 영예가 적당하지 아니하니 마치 여름

에 눈 오는 것과 추수 때에 비오는 것 같으니라"(1) 합니다.

㉠ "미련한 자에게 영예(榮譽)를 준다"는 말이 무슨 뜻인가? 당시로는 중요한 관직(官職)이 될 수가 있습니다만, 사도 바울은 "사도라 칭함을 받기에 감당치 못할 자로라"(고전 15:9) 하고 말하면서, "내가 감사함은 나를 충성되이 여겨 내게 직분을 맡기심이니"(딤전 1:12) 합니다.

㉡ "복음의 반포자"로 세움을 입었다는 것이 얼마나 큰 "영예"인지 아십니까? "의문의 직분도 영광이 있어 …주목하지 못하였거든, 하물며 영의 직분이 더욱 영광이 있지 아니하겠느냐"(고후 3:7-8), 즉 구약시대의 모세나 아론의 직분보다도 신약의 새 언약의 직분자, 즉 복음 반포자의 직분이 더욱 영광스럽다고 말씀합니다. 그것은 그에게 맡겨진 복음이, 구약의 의문보다 영광스럽기 때문입니다.

㉢ 문제는 "미련한 자에게는 영예가 적당하지 아니하니 마치 여름에 눈 오는 것과 추수 때에 비오는 것 같으니라"(1)는데 있습니다. 여름에 눈이 오고 추수 때에 장마가 든다면 어떻게 되겠습니까? 농사는 망치는 것이 되고, 수확은 기대할 수가 없게 되고 맙니다. 유념할 것은 아무 일도 안 하는 것이 아니라, "눈도 오고, 비도 오고" 있다고 말씀합니다. 다시 말하면 일을 하기는 하는데 도리어 일을 망치는 일을 하고 있다는 뜻입니다. 구약의 선지서나, 신약의 서신서들에는 이런 영적인 미련한 자들의 해악에 대한 경계가 많이 있습니다. 문제는 오늘날은 더욱 많은 듯이 여겨지는 일입니다.

② "미련한 자의 어리석은 것을 따라 대답하지 말라 두렵건대 네가 그와 같을까 하노라"(4) 합니다.

㉠ 그런데 이어지는 5절에서는, "미련한 자의 어리석은 것을 따라 그에게 대답하라 두렵건대 그가 스스로 지혜롭게 여길까 하노라" 하고 상반되는 말씀을 합니다. 이는 미련한 자와 대화를 나눠봐야 유익이 없다는 뜻으로 핵심은, "네가 그와 같을까, 그가 스스로 지혜롭게 여길까",

이것이 문제라는 말씀입니다.

ⓛ 이렇게 말씀한 후에, "미련한 자 편에 기별하는 것은 자기의 발을 베어버림이라 해를 받느니라"(6) 하는 중심주제를 말씀합니다. ㉮ "미련한 자의 편에 기별하는 것"이란 말씀을 유념해야만 합니다. 여기서 보냄을 받은 자는 보낸 이의 "다리" 역할로 등장합니다. 그래서 미련한 자를 메신저로 보낸다는 것은, "자기의 발을 베어버림이라" 하는 것입니다. "베어버림"만이 아니라, "저는 자의 다리는 힘없이 달렸나니"(7상) 하고, 역할만 못하는 것이 아니라 도리어 짐이 되고 있다는 것입니다.

ⓒ 그러면 이것이 누구를 가리키는 말씀인가? "미련한 자의 입의 잠언도 그러 하니라"(7) 한 말씀에 드러납니다. 그냥 "미련한 자의 잠언"이라 하지 않고, "미련한 자의 입의 잠언"이라 하십니다. 여기서 보냄을 받은 자는 보낸 자의 "입" 역할을 한다는 점이 드러납니다. 하나님께서는 "말에 능치 못한 자"라고 변명하는 모세에게, "이제 가라 내가 네 입과 함께 있어서 할 말을 가르치리라"(출 4:10-12) 하십니다. 설교자란 하나님의 지혜인 잠언(복음)의 전달자입니다. 그런데 주인의 "발과, 입" 역할을 제대로 감당하지 못하고, "여름에 눈 오는 것과 추수 때에 비오는 것"같이 한다면 어떻게 되겠습니까?

ⓔ 그래서 "미련한 자에게 영예를 주는 것은 돌을 물매에 매는 것과 같으니라"(8) 합니다. 이는 용도(用途)를 잘못 알고 있다는 것, 또는 위험한 일이라는 뜻으로 볼 수가 있는데 어떻든 자신에게 주어진 "영예(직분)와, 맡겨진 잠언"(말씀)을 곡해하고 있다는 뜻입니다.

③ 이점이 "미련한 자의 입의 잠언은 술 취한 자의 손에 든 가시나무 같으니라"(9) 한 말씀에 나타납니다. 술 취한 사람에게 가시 몽둥이가 들려있다면, 또는 그런 자가 물매에 돌을 매고 있다면 많은 사람이 상하게 될 것입니다. 이 말씀들이 오늘의 설교자들에게는 얼마나 심각하

고도 큰 충격으로 다가오는가?

④ 경계는 계속되는데, "장인이 온갖 것을 만들지라도 미련한 자를 고용하는 것은 지나가는 자를 고용함과 같으니라"(10) 합니다.

㉠ 이 말씀의 핵심은 두 번 등장하는 "고용"(雇傭)에 있습니다. 우리는 "포도원에 들어가서 일하라(마 20:2), 또는 군사로 모집"(딤후 2:4) 함을 받은 고용인들 입니다. 그런데 "지나가는 자를 고용함과 같다"는 것은 무자격자가 되어서 일을 제대로 못한다는 뜻입니다. "돌팔이 의사가 사람 잡는다"는 그런 뜻입니다. 이런 미련한 자는 "장인"(匠人)의 기술로도 어찌할 도리가 없다는 것입니다.

⑤ 이런 미련한 자들에게 가장 심각한 문제가 무엇인지 아십니까? 두 가지로 말씀하는데 첫째는, "개가 그 토한 것을 도로 먹는 것 같이 미련한 자는 그 미련한 것을 거듭 행하느니라"(11) 한, 실수를 반복한다는 점입니다.

㉠ 실수를 하지 않는 품꾼은 한 사람도 없습니다. 그러나 되풀이 하지는 말아야 한다는 점이 중요합니다. 그런데 어찌하여 거듭 행하는가? 둘째는, "네가 스스로 지혜롭게 여기는 자를 보느냐 그보다 미련한 자에게 오히려 바랄 것이 있느니라"(12) 한 말씀에 드러나는데 자신은 가장 "지혜로운 자요, 가장 잘하고 있다" 하고 착각하고 있다는 것입니다.

㉡ 제가 상경을 상고하면서 깨닫게 된 것은 미련하고 거짓된 인간은 잘못을 하고 있으면서도 잘못을 깨닫지를 못하고 있다는 점입니다. 잘못을 깨닫기만 하면, 하나님은 얼마든지 치료책을 마련해주셨습니다. 그런데 어찌하여 예루살렘이 바벨론에 의하여 멸망을 당했는가? 잘못을 했기 때문이 아닙니다. 하나님께서 보내신 참선지자들의 책망을 받아드렸다면 멸망하지 않았을 것입니다. 그러나 저들은 끝내 잘못을 깨닫는데 실패했기 때문입니다. 어찌하여 예루살렘이 로마에 의하여 멸망을 당했는가? "소경이 소경을 인도했기" 때문입니다. 그러면 현대교회의

잘못은 무엇이며, 지도자들은 이를 통절히 깨닫고 있단 말인가? 그래서 "미련한 자에게 영예를 주는 것은 돌을 물매에 매는 것과 같으니라(8), 미련한 자 편에 기별하는 것은 자기의 발을 베어버림이라"(6) 말씀하는 것입니다.

둘째 단원(13-28) 게으른 말쟁이를 조심하라

둘째 단원은 두 가지 주제로 요약할 수가 있는데 "게으름과, 말쟁이"에 관한 것입니다. 이 둘은 밀접한 연관이 있을 뿐만이 아니라 첫째 단원의 주제인 "미련함"과도 불가분의 관계입니다.

⑥ "게으른 자는 길에 사자가 있다 거리에 사자가 있다 하느니라"(13) 합니다.

㉠ 이와 같은 말씀이 22:13절에도 수록되어 있는데, "사자가 밖에 있은즉 내가 나가면 거리에서 찢기겠다" 하는 것은 변명이요, 책임회피요, 궁극적으로는 불신앙인 것입니다. 주님의 달란트 비유 중에 한 달란트 받은 자의 변명을 생각해보시기를 바랍니다. 주님은 "악하고 게으른 종아" 하고 책망하면서, "이 무익한 종을 바깥 어두운 데로 내어 쫓으라 거기서 슬피 울며 이를 갊이 있으리라"(마 25:26, 30) 하십니다.

㉡ 잠언서에는 "게으름"에 대한 경계가 20번 정도 나옵니다. "배우든지 가르치든지 하라"는 말이 있는데, 성도들은 배우는데 게으르기 때문에 영적인 성숙에 이르지를 못하고, 목회자는 성경연구에 나태하기 때문에 진보(進步)를 보이지를 못하는 것입니다. 24:30절에서 "게으른 자의 포도원"이 어떤 상태라고 말씀하는가를 상기하시기 바랍니다. 게을러서 "씨를 뿌릴 때에 밭 갈지 않는다면 거둘 때에는 구걸할지라도 얻지 못하리라"(20:4) 합니다.

㉢ "문짝이 돌쩌귀를 따라서 도는 것 같이 게으른 자는 침상에서 구으느니라(14), 게으른 자는 그 손을 그릇에 넣고도 입으로 올리기를 괴로워하느니라"(15) 합니다. 바울은 자신의 사역을, "이를 위하여 나도 내 속에서 능력으로 역사하시는 이의 역사를 따라 힘을 다하여 수고하노라"(골 1:29) 하고 말씀하면서 디모데에게, "이 모든 일에 전심전력(全心全力)하여 너의 진보를 모든 사람에게 나타나게 하라 네가 네 자신과 가르침을 삼가 이 일을 계속(繼續)하라 이것을 행함으로 네 자신과 네게 듣는 자를 구원하리라"(딤전 4:15-16) 하고 독려합니다. 그런데 "침상에서 이리저리 딩굴거나, 수저를 입에 올리는 것도 괴로워한다면" 도리가 없는 것입니다. 목회에 다른 지름길이나 비결은 없습니다.

⑦ 그런데 진짜 문제의 심각성은, "게으른 자는 선히 대답하는 사람 일곱보다 자기를 지혜롭게 여기느니라"(16) 한 말씀입니다.

㉠ 도표 오른 편을 보시면, "미련한 자, 게으른 자"가 스스로를 "지혜롭게 여긴다"는 말이 세 번이나 선으로 연결되어 있습니다. 이렇게 되면 구제불능인 것입니다. 그래서 "게으른 자는 그 부리는 사람에게 마치 이에 초 같고 눈에 연기 같으니라"(10:26) 한 것입니다. 그리고 "게으름과 미련함"은 형제라 할 수가 있는데 그래서 함께 언급하고 있는 것입니다.

⑧ 17절 이하는 "말"(언어)과 결부된 경계인데, "길로 지나다가 자기에게 상관없는 다툼을 간섭하는 자는 개귀를 잡는 자와 같으니라"(17) 하는데 위트가 넘치는 잠언입니다.

㉠ 개귀를 잡으면 어떻게 되겠습니까? 물리게 되겠지요. 그런데 여기에는 분별력이 필요합니다. 금한 것은 불난 집에 부채질 하듯 하는 말쟁이의 "간섭"이지 사랑의 책선(레 19:17)이나, "면책은 숨은 사랑보다 나으니라"(27:5)까지 금하는 것은 아닌 것입니다. 바울이 목회서신에서, "다른 사람의 죄에 간섭하지 말고 네 자신을 지켜 정결케 하라"(딤

전 5:22) 한 말씀도 "죄에 동참하지 말라"는 경계인 것입니다.

㉡ 이점이 이어지는 말씀에도 나타나는데, "횃불을 던지며 살을 쏘아서 사람을 죽이는 미친 사람이 있나니"(18) 하는데, 이는 문자적인 의미로 볼 것이 아니라, "혀는 곧 불이요 불의의 세계라 혀는 우리의 지체 중에서 온 몸을 더럽히고 생의 바퀴를 불사르나니 그 사르는 것이 지옥 불에서 나느니라"(약 3:6) 한 언어폭력을 의미합니다. 이를 일삼는 자는 책임질 일이 생기게 되면, "자기 이웃을 속이고 말하기를 내가 희롱하였노라"(19), 즉 농담이라 한다는 것입니다.

㉢ 그러므로 "숯불 위에 숯을 더하는 것과 타는 불에 나무를 더하는 것 같이 다툼을 좋아하는 자는 시비를 일으키느니라"(21) 합니다. "타는 불에 나무를 더하면" 어떻게 되겠습니까? 불이 더욱 맹렬히 타오르겠지요? 그래서 "나무가 다하면 불이 꺼지고 말장이가 없어지면 다툼이 쉬느니라(20) 하는 것입니다. "말쟁이" 같이 교회를 혼란하게 하고, 이로 인하여 목회자의 심령을 상하게 하는 일은 달리는 없다 하겠습니다. 말을 막하는 것은, "횃불을 던지며 살을 쏘아대고, 칼로 찌르는" 행위입니다.

㉣ 그런데 인간의 사악한 심성은 말쟁이의 말을 들을 때에 이를 못하도록 책선하는 것이 아니라, "남의 말하기를 좋아하는 자의 말은 별식과 같아서 뱃속 깊은 데로 내려가느니라"(22) 하고, 이를 은근히 즐기고 있는 자들이 있다는 것입니다. 어떤 자가 말쟁이가 되는가? "또 저희가 게으름을 익혀 집집에 돌아다니고 게으를 뿐 아니라 망령된 폄론을 하며 일을 만들며 마땅히 아니할 말을 하나니"(딤전 5:13) 한 "게으른 자"입니다.

⑨ 그런가 하면, "온유한 입술에 악한 마음은 낮은 은을 입힌 토기니라"(23) 합니다.

㉠ 이는 질그릇에 도금한 것 같은 입에 발린 가식(假飾)적인 말을

가리킵니다. "감정 있는 자는 입술로는 꾸미고 속에는 궤휼을 품나니" (24) 하는데, 이는 얼굴 표정을 꾸미고 입에 발린 말을 하지만 "속에는 궤휼을 품고" 있다는 것입니다. 4자 성어에 구밀복검(口蜜腹劍)이란 말이 있습니다. 입으로는 꿀을 떨어뜨리지만 속에는 칼을 품고 있다는 뜻입니다. 그리고 교언영색(巧言令色)이란 말도 있는데, 간지러운 말과 얼굴표정을 꾸미는 자를 가리키는 것으로 그런 자는 선하지 못하다 합니다.

ⓛ 그래서 "그 말이 좋을지라도 믿지 말 것은 그 마음에 일곱 가지 가증한 것이 있음이라 궤휼로 그 감정을 감출지라도 그 악이 회중 앞에 드러나리라"(25-26) 합니다. "너는 그런 자가 되어서는 안 된다, 너는 그런 자를 믿지 말라"는 경계인 것입니다. 26장은, "함정을 파는 자는 그것에 빠질 것이요 돌을 굴리는 자는 도리어 그것에 치이리라 거짓말하는 자는 자기의 해한 자를 미워하고 아첨하는 입은 패망을 일으키느니라"(27-28)로 마치고 있는데, 남을 해하는 자는 도리어 자신이 해를 당하게 된다는 경계입니다. 이것이 "너는 미련하고 게으른 자가 되지 말라"는 훈계입니다.

⑩ 묵상해보겠습니다.

㉠ "미련한 자의 편에 기별하는 것"이란 목회학적인 의미에 대해서,
ⓛ 나는 "스스로 지혜로운 자로 여기고" 있지 아니한가에 대해서,
ⓒ "게으름과 말쟁이"의 특성과 자신이 그런 자는 아닌가에 대해서,
ⓔ 26장에서 가장 감명 깊은 말씀과 의미에 대해서.

잠언 27장 개관도표

주제 : 아들아 지혜를 얻고 내 마음을 기쁘게 하라

(도표 1)

절	내일 일을 자랑하지 말라	무슨 일이 일어날는지 알 수 없다
1절	너는 내일 일을 자랑하지 말라 하루 동안에	무슨 일이 날는지 네가 알 수 없음이니라
2절	타인으로 너를 칭찬하게 하고 네 입으로는 말며	외인으로 너를 칭찬하게 하고 네 입술로는 말지니라
3절	돌은 무겁고 모래도 가볍지 아니하거니와	미련한 자의 분노는 이 둘보다 무거우니라
4절	분은 잔인하고 노는 창수 같거니와	투기 앞에야 누가 서리요
5절	면책은	숨은 사랑보다 나으니라
6절	친구의 통책은 충성에서 말미암은 것이나	원수의 자주 입맞춤은 거짓에서 난 것이니라
7절	배부른 자는 꿀이라도 싫어하고	주린 자에게는 쓴 것이라도 다니라

(도표 2)

절	지혜롭고 슬기로운 자	어리석고 미련한 자
12절	슬기로운 자는 재앙을 보면 숨어 피하여도	어리석은 자들은 나아가다가 해를 받느니라
13절	타인을 위하여 보증이 된 자의 옷을 취하라	외인들의 보증이 된 자는 그 몸을 볼모잡힐지니라
14절	이른 아침에 큰 소리로 그 이웃을 축복하면	도리어 저주 같이 여기게 되리라
15절	다투는 부녀는 비오는 날에	이어 떨어지는 물방울이라
16절	그를 제어하기가 바람을 제어하는 것 같고	오른손으로 기름을 움키는 것 같으니라
20절	음부와 유명은 만족함이 없고	사람의 눈도 만족함이 없느니라
21절	도가니로 은을, 풀무로 금을,	칭찬으로 사람을 시련하느니라
22절	미련한 자를 곡물과 함께 절구에 넣고 공이로 찧을지라도	그의 미련은 벗어지지 아니하느니라

(도표 3)

절	양떼의 형편을 부지런히 살피며	네 소떼에 마음을 두라
8절	본향을 떠나 유리하는 사람은	보금자리를 떠나 떠도는 새와 같으니라
9절	기름과 향이 사람의 마음을 즐겁게 하나니	친구의 충성된 권고가 이와 같이 아름다우니라
10절	네 친구와 네 아비의 친구를 버리지 말며	네 환난날에 형제의 집에 들어가지 말지어다 가까운 이웃이 먼 형제보다 나으니라
11절	내 아들아 지혜를 얻고 내 마음을 기쁘게 하라	그리하면 나를 비방하는 자에게 내가 대답할 수 있겠노라
17절	철이 철을 날카롭게 하는 것 같이	사람이 그 친구의 얼굴을 빛나게 하느니라
18절	무화과나무를 지키는 자는 그 과실을 먹고	자기 주인을 시종하는 자는 영화를 얻느니라
19절	물에 비취이면 얼굴이 서로 같은 것 같이	사람의 마음도 서로 비취느니라
23절	네 양떼의 형편을 부지런히 살피며	네 소떼에 마음을 두라
24절	대저 재물은 영영히 있지 못하나니	면류관이 어찌 대대에 있으랴
25절	풀을 벤 후에는 새로 움이 돋나니	산에서 꼴을 거둘 것이니라
26절	어린 양의 털은 네 옷이 되며	염소는 밭을 사는 값이 되며
27절	염소의 젖은 넉넉하여 너와 네 집 사람의 식물이 되며	네 여종의 먹을 것이 되느니라

27장

아들아 지혜를 얻고 내 마음을 기쁘게 하라

[11]내 아들아 지혜를 얻고 내 마음을 기쁘게 하라 그리하면
나를 비방하는 자에게 내가 대답할 수 있겠노라.

히스기야 왕의 신하들이 편집했다는 솔로몬의 잠언은 25장-29장까지입니다. 구조(構造)를 보면 25장은 아버지가 아들에게 훈계하는 서술체(敍述體)로 시작이 되어서, 26장은 그런대로 주제별로 정리가 되었으나, 그 이하는 단편적인 잠언 구조로 되어있어서 문장의 연속성을 구하기란 어렵습니다. 여기에 어떤 의도가 있는 것일까? 25-26장에는 원론적인 말씀을 모으고, 27-29장은 암송하기에 편하도록 경구(警句)들을 편집했기 때문으로 여겨집니다.

이런 맥락에서 본장은, "내 아들아 지혜를 얻고 내 마음을 기쁘게 하라"는 말씀을 중심으로 상고함이 마땅할 것입니다. 왜냐하면 "내 마음을 기쁘게 하라" 한 "나"가 1차적으로는 솔로몬이 아들에게, 또는 당시

의 백성들에게 한 잠언이라 하여도, 이 잠언이 그리스도의 십자가 구속 사건을 통과하여 신약의 성도들에게 이르게 되면, "주께 기쁘시게 할 것이 무엇인가 시험하여 보라"(엡 5:10)는 말씀으로 적용이 되기 때문입니다.

도표 1. 내일 일을 자랑하지 말라

① 첫 말씀이 "너는 내일 일을 자랑하지 말라 하루 동안에 무슨 일이 날는지 네가 알 수 없음이니라"(1) 하는 말씀입니다. 그러니까 오늘에 충실 하라는 말씀입니다. 주님께서 "내일 일을 위하여 염려하지 말라"(마 6:34) 하신 뜻도 같은 맥락입니다.

㉠ 이에 대한 해설이 야고보서 4장에 나와 있습니다. "들으라 너희 중에 말하기를 오늘이나 내일이나 우리가 아무 도시에 가서 거기서 일 년을 유하며 장사하여 이를 보리라 하는 자들아 내일 일을 너희가 알지 못하는도다 너희 생명이 무엇이뇨 너희는 잠간 보이다가 없어지는 안개니라" 합니다. 그러면 여호와를 경외하는 신앙은 어떤 것인가? "너희가 도리어 말하기를 주의 뜻이면 우리가 살기도 하고 이것 저것을 하리라 할 것이어늘 이제 너희가 허탄한 자랑을 자랑하니 이러한 자랑은 다 악한 것이라"(약 4:13-16) 합니다. 이것이 하나님중심의 신앙이요, 본장의 정신이기도 합니다.

② 그러므로 이어지는 말씀이 야고보서는, "이러므로 사람이 선을 행할 줄 알고도 행치 아니하면 죄니라"(약 4:17) 말씀하고 본장에서는, "타인으로 너를 칭찬하게 하고 네 입으로는 말며 외인으로 너를 칭찬하게 하고 네 입술로는 말지니라"(2) 합니다. 자신이 자신을 칭찬하는 것은 "미련한 자"가 하는 일입니다. 그러므로 이어지는 말씀은,

③ "돌은 무겁고 모래도 가볍지 아니하거니와 미련한 자의 분노는 이 둘보다 무거우니라 분은 잔인하고 노는 창수 같거니와 투기 앞에야 누가 서리요"(3-4) 합니다. 잘난 줄로 알고 있는 과대망상증(誇大妄想症)자의 자존심이 상하게 될 때에 발하여지는 "잔인한 분노와 투기"는 돌보다도 무겁고, 창수같이 쓸어버린다는 것입니다. 그러나 실상은,

④ "면책은 숨은 사랑보다 나으니라"(5) 합니다. 그러므로 "친구의 통책은 충성에서 말미암은 것이나 원수의 자주 입맞춤은 거짓에서 난 것이니라"(6) 합니다. 지혜로운 자는 이를 달게 받지만 미련한 자는 분노로 반응한다는 것입니다.

⑤ 그래서 "배부른 자는 꿀이라도 싫어하고 주린 자에게는 쓴 것이라도 다니라"(7) 하는 것입니다. "배부른 자"가 어떤 자인가? 되지도 못하고 된 줄로 여기는 교만한 자입니다. 이점에서 주님의 산상수훈을 생각합니다.

심령이 가난한 자는 복이 있나니 천국이 저희 것임이요,
애통하는 자는 복이 있나니 저희가 위로를 받을 것임이요,
온유한 자는 복이 있나니 저희가 땅을 기업으로 받을 것임이요,
의에 주리고 목마른 자는 복이 있나니 저희가 배부를 것임이요

심령의 가난함을 아는 자는 애통합니다. 애통한 자는 온유해지고, 의에 주리고 목말라 헐떡이며 사모하게 된다는 말씀입니다. 그러나 배부른 자는 "꿀이라도 싫어한다" 합니다. "내일 일"은 우리에게 있지 아니하고 하나님 손에 있습니다. 하나님중심의 삶이란, "오직 오늘"을 충실하게 살아가는 삶입니다. 내일도 가보면 "오늘"일 뿐입니다.

도표 2. 지혜롭고 슬기로운 자

도표 2에는 "슬기롭고 지혜로운 자와, 어리석고 미련한 자"의 특성이 나타나 있다 하겠습니다.

① "도가니로 은을, 풀무로 금을, 칭찬으로 사람을 시련하느니라"(21) 합니다. 도가니나 풀무로 은이나 금을 제련을 한다고 했으면, "환난"으로 사람을 시련하느니라 할 법한데, "칭찬"으로 테스트를 할 수 있다는 말씀은 참으로 귀한 잠언입니다. 칭찬을 했을 때에 고개가 더욱 숙어지는 것이 아니라 잘난 척 우쭐댄다면 그를 성숙한 자라 할 수는 없다는 그런 뜻입니다. 요즘 "칭찬합시다" 하는 말이 유행인데 이것이 오용이 되어서는 아니 될 것입니다.

② 그래서 "미련한 자를 곡물과 함께 절구에 넣고 공이로 찧을지라도", 곡물 껍질은 벗어지는데 "그의 미련은 벗어지지 아니 하느니라"(22) 합니다. 얼마나 적절한 잠언인가? 그리고 "슬기로운 자는 재앙을 보면 숨어 피하여도 어리석은 자들은 나아가다가 해를 받느니라"(12) 합니다. 22:3절에도 이와 같은 말씀이 있습니다. 그래서 주님은 뱀같이 지혜로워라 하신 것이 아닌가?

③ "타인을 위하여 보증이 된 자의 옷을 취하라 외인들의 보증이 된 자는 그 몸을 볼모잡힐 지니라"(13) 합니다.

㉠ 의외라 싶게 잠언에는 "보증"에 대한 경계가 많이(6:1, 11:15, 17:18, 20:16, 22:26, 27:13) 등장합니다. 여기에는 두 가지 의미가 있다고 여겨집니다. 첫째는, "네 입의 말로 얽혔으며, 네 입의 말로 인하여 잡히게 되었느니라"(6:2)는 말씀을 통해서 구할 수가 있는데 사탄의 올무에 사로잡힐 수가 있기 때문에 보증을 서는 일을 조심해야한다는 것입니다. 목회자가 빚보증을 섰다가 낭패를 당하게 되면 그 폐해는 개인에 국한된 것이 아니라 교회와 목회에 어려움을 겪게 되는 것입니다.

ⓛ 궁극적으로 보증(保證)은 "맹세"와 같은 의미로 하나님만이 하실 수가 있는 것이라는 의미입니다. 성경은 하나님의 두 가지 변치 못할 사실을 "약속과, 맹세"(히 6:17-18)라고 말씀합니다. 무능하고 유한한 인간이 "보증이나 맹세"를 한다는 것은, 교만이요, "그 몸을 볼모잡히는 것"이 될 수가 있는 것입니다. 그러므로 사도 바울은, "그리스도께서 자유케 하려고 자유를 주셨으니 그러므로 굳세게 서서 다시는 종의 멍에를 메지 말라"(갈 5:1) 합니다. "굳게 서서"란 표현은 우리를 사로잡으려는 궤계가 있음을 나타내는데 "보증"이 종의 멍에가 될 수가 있는 것입니다.

④ "이른 아침에 큰 소리로 그 이웃을 축복하면 도리어 저주 같이 여기게 되리라"(14) 합니다. 이른 아침이 아니라 밤중에 축복한다 하여도 복이 임하기만 한다면 어찌하여 저주같이 여기겠는가? 그런데 축복을 "큰 소리로, 그것도 이른 아침에 한다"는 표현에 외식(外飾)이 드러납니다. 또한 남을 배려해야한다는 교훈도 받을 수가 있습니다.

⑤ "다투는 부녀는 비오는 날에 이어 떨어지는 물방울이라 그를 제어하기가 바람을 제어하는 것 같고 오른손으로 기름을 움키는 것 같으니라"(15-16) 합니다. 핵심은 "제어"(制御)하기가 어렵다는데 있는데,

㉠ 어찌하여 잠언은 "부녀"에 대한 경계만을 하고 남편에 대한 경계는 없는가? 아닙니다. "부녀"라는 말이 없는 것은 다 남자에게 해당이 되는 말씀이 아니겠습니까? 제어하기 어려운 것은 "다투는 부녀"만은 아닙니다. "음부와 유명은 만족함이 없고 사람의 눈도 만족함이 없느니라"(20) 하고 안목의 정욕도 제어할 수가 없음을 말씀합니다.

도표 3. 양떼의 형편을 부지런히 살피라

도표 3에는 특히 목회와 결부되는 말씀들로 구성이 되어 있습니다.

① 11절을 27장의 요절로 정했는데 어떤 의미가 있는가? "내 아들아 지혜를 얻고 내 마음을 기쁘게 하라 그리하면 나를 비방하는 자에게 내가 대답할 수 있겠노라"(11) 합니다.

㉠ 여기서 "내 마음을 기쁘게 하라"는 "나"는 당시는 솔로몬이요, "내 아들아" 한 "아들"은 문자적으로 아들일 수도 있고, 백성일 수도 있습니다만 그리스도의 구속으로 말미암아, "외모로 보시지 않고 각 사람의 행위대로 판단하시는 자를 너희가 아버지라 부른즉"(벧전 1:17), 이제는 자녀 된 우리들이 "지혜를 얻고 하나님 아버지의 마음을 기쁘시게 해드려야 한다"는 말씀으로 적용이 되는 것입니다.

② "그리하면 나를 비방하는 자에게 내가 대답(對答)할 수 있겠노라" 하시는데 무슨 뜻인가? 먼저 "그리하지 않으면" 어떻게 되는가?

㉠ "하나님의 이름이 너희로 인하여 이방인 중에서 모독을 받는도다"(롬 2:24), 즉 비방하는 자에게 대답할 말이 없게 되는 것입니다. 주님은 말씀하십니다. "이같이 너희 빛을 사람 앞에 비취게 하여 저희로 너희 착한 행실을 보고 하늘에 계신 너희 아버지께 영광을 돌리게 하라"(마 5:16), 이것이 나를 비방하는 자에게 대답할 수 있겠노라 하시는 의미입니다.

③ "본향을 떠나 유리(遊離)하는 사람은 보금자리를 떠나 떠도는 새와 같으니라"(8) 합니다. "본향을 떠나 유리하는 사람"이라 말씀하는데 이를, "또 자기 지위를 지키지 아니하고 자기 처소(處所)를 떠난 천사들을 큰 날의 심판까지 영원한 결박으로 흑암에 가두셨으며"(유 1:6) 한 말씀과 결부시킨다면 어떤 의미가 되는가? 군사로 모집함을 받은 군사가 제 위치를 이탈하여 방황한다는 것은 떠도는 새와 같은 것이 됩니다.

④ "기름과 향이 사람의 마음을 즐겁게 하나니 친구(親舊)의 충성된 권고가 이와 같이 아름다우니라" 한 9절과, "네 친구(親舊)와 네 아비의 친구를 버리지 말며 네 환난 날에 형제의 집에 들어가지 말지어다 가까운 이웃이 먼 형제보다 나으니라" 한 10절과, "철이 철을 날카롭게 하는 것 같이 사람이 그 친구(親舊)의 얼굴을 빛나게 하느니라" 한 17절에는 모두 "친구"(親舊)라는 말이 들어 있는데 동역(同役)의 중요성을 나타낸다 하겠습니다. 특히 "철이 철을 날카롭게 한다"(17)는 표현은 친구의 "충성된 권고(9)나, 면책(5), 친구의 통책"(痛責, 6) 등이 그 친구의 얼굴을 빛나게 해준다는 뜻인 것입니다.

⑤ "무화과나무를 지키는 자는 그 과실을 먹고 자기 주인을 시종하는 자는 영화를 얻느니라"(18) 합니다.

㉠ 같은 솔로몬의 기록인 아가서에서는, "솔로몬이 바알허몬에 포도원이 있어 지키는 자들에게 맡겨두고 그들로 각기 그 실과를 인하여 은 일천을 바치게 하였구나 솔로몬 너는 일천을 얻겠고 실과 지키는 자도 이백을 얻으려니와"(아 8:11-12) 하고 노래합니다. 주님은 잡히시던 날 밤에 제자들에게, "너희는 나의 모든 시험 중에 항상 나와 함께 한 자들인즉 내 아버지께서 나라를 내게 맡기신 것같이 나도 너희에게 맡겨 너희로 내 나라에 있어 내 상에서 먹고 마시며 또는 보좌에 앉아 이스라엘 열 두 지파를 다스리게 하려 하노라"(눅 22:28-30) 하셨습니다. "무화과나무를 지키는 자는 그 과실을 먹고 자기 주인을 시종하는 자는 영화를 얻게" 될 것입니다.

⑥ 그래서 "네 양떼의 형편을 부지런히 살피며 네 소떼에 마음을 두라"(23) 합니다. 이 말씀이 어찌 "양이나, 소들을" 염려하시는(고후 9:9) 말씀이겠는가?

㉠ "대저 재물은 영영히 있지 못하나니 면류관이 어찌 대대에 있으랴"(24). 이 말씀을 "주인을 시종하는 자는 영화를 얻느니라(18하), 양

떼의 형편을 부지런히 살피라"(23)는 말씀과 결부시켜 생각한다면, 세상의 없어질 영화가 아니라 영원한 영광을 위하여, "오직 하나님의 능력을 좇아 복음과 함께 고난을 받으라"(딤후 1:8)는 그런 뜻이 될 것입니다.

⑦ "풀을 벤 후에는 새로 움이 돋나니 산에서 꼴을 거둘 것이니라 어린양의 털은 네 옷이 되며 염소는 밭을 사는 값이 되며 염소의 젖은 넉넉하여 너와 네 집 사람의 식물이 되며 네 여종의 먹을 것이 되느니라"(25-27)는 말씀은, "성전의 일을 하는 이들은 성전에서 나는 것을 먹으며 제단을 모시는 이들은 제단과 함께 나누는 것을 너희가 알지 못하느냐"(고전 9:13)는 말씀으로 적용이 된다 하겠습니다. 이것이 "아들아 지혜를 얻고 내 마음을 기쁘게 하라"는 뜻입니다.

⑧ 묵상해보겠습니다.

㉠ "아들아 지혜를 얻고 내 마음을 기쁘게 하라, 그리하면 비방하는 자에게 대답할 수 있겠노라"는 의미에 대해서,

㉡ "네 양떼의 형편을 부지런히 살피라"는 의미에 대해서,

㉢ "무화과나무를 지키는 자는 그 과실을 먹고 영화를 얻는다"는 말씀에 대해서,

㉣ 27장에서 가장 감명 깊은 말씀과 의미에 대해서.

잠언 28장 개관도표

주제 : 여호와를 찾는 자는 모든 것을 깨닫느니라

(도표 1)

절	의인의 길과	악인의 길
1절	악인은 쫓아오는 자가 없어도 도망하나	의인은 사자 같이 담대하니라
2절	나라는 죄가 있으면 주관자가 많아져도	명철과 지식 있는 사람으로 말미암아 장구하게 되느니라
12절	의인이 득의하면 큰 영화가 있고	악인이 일어나면 사람이 숨느니라
13절	자기의 죄를 숨기는 자는 형통치 못하나	죄를 자복하고 버리는 자는 불쌍히 여김을 받으리라
14절	항상 경외하는 자는 복되거니와	마음을 강퍅하게 하는 자는 재앙에 빠지리라
18절	성실히 행하는 자는 구원을 얻을 것이나	사곡히 행하는 자는 곧 넘어지리라
26절	자기의 마음을 믿는 자는 미련한 자요	지혜롭게 행하는 자는 구원을 얻을 자니라
28절	악인이 일어나면 사람이 숨고	그가 멸망하면 의인이 많아지느니라

(도표 2)

절	부자와	가난한 자
3절	가난한 자를 학대하는 가난한 자는	곡식을 남기지 아니하는 폭우 같으니라
6절	성실히 행하는 가난한 자는	사곡히 행하는 부자보다 나으니라
8절	중한 변리로 자기 재산을 많아지게 하는 것은	가난한 사람 불쌍히 여기는 자를 위하여 그 재산을 저축하는 것이니라
11절	부자는 자기를 지혜롭게 여겨도	명철한 가난한 자는 그를 살펴 아느니라
15절	가난한 백성을 압제하는 악한 관원은	부르짖는 사자와 주린 곰 같으니라
16절	무지한 치리자는 포학을 크게 행하거니와	탐욕을 미워하는 자는 장수하리라
19절	자기의 토지를 경작하는 자는 먹을 것이 많으려니와	방탕을 좇는 자는 궁핍함이 많으리라
22절	악한 눈이 있는 자는 재물을 얻기에만 급하고	빈궁이 자기에게로 임할 줄은 알지 못하느니라
27절	가난한 자를 구제하는 자는 궁핍하지 아니 하려니와	못 본체하는 자에게는 저주가 많으리라

(도표 3)

절	율법을 버린 자와	율법을 지키는 자
4절	율법을 버린 자는 악인을 칭찬하나	율법을 지키는 자는 악인을 대적하느니라
5절	악인은 공의를 깨닫지 못하나	여호와를 찾는 자는 모든 것을 깨닫느니라
7절	율법을 지키는 자는 지혜로운 아들이요	탐식자를 사귀는 자는 아비를 욕되게 하는 자니라
9절	사람이 귀를 돌이키고 율법을 듣지 아니하면	그의 기도도 가증하니라
10절	정직한 자를 악한 길로 유인하는 자는 스스로	자기 함정에 빠져도 성실한 자는 복을 얻느니라
17절	사람의 피를 흘린 자는 함정으로 달려갈 것이니	그를 막지 말지니라
20절	충성된 자는 복이 많아도	속히 부하고자 하는 자는 형벌을 면치 못하리라
21절	사람의 낯을 보아주는 것이 좋지 못하고	한 조각 떡을 인하여 범법하는 것도 그러하니라
23절	사람을 경책하는 자는 혀로 아첨하는 자보다	나중에 더욱 사랑을 받느니라
24절	부모의 물건을 도적질하고 죄가 아니라 하는	자는 멸망케 하는 자의 동류니라
25절	마음이 탐하는 자는 다툼을 일으키나	여호와를 의지하는 자는 풍족하게 되느니라

28장

여호와를 찾는 자는 모든 것을 깨닫느니라

[5]악인은 공의를 깨닫지 못하나 여호와를 찾는 자는 모든 것을 깨닫느니라.

28장에는 “여호와를 찾는 자(5)와, 여호와를 의지하는 자”(25)라는 말씀이 있는데 이를 염두에 두고 상고해야 할 것입니다. 그리하여 여호와를 의지하는 “의인(1, 12, 28), 경외하는 자(14), 충성된 자”(20)가 있는가 하면, 여호와를 배척하는 “악인”이라는 말도 6번(1, 4, 4, 5, 12, 28)이나 등장합니다. 28장도 여러 가지 잠언들로 되어 있어서 이해에 도움을 드리기 위해서 도표에 나타난 대로 세 묶음으로 정리해서 말씀드리겠습니다. 다시 상기시킵니다만 잠언은 강해해야만 깨달을 수 있는 교리적인 말씀이 아니라 마음 판에 새기고 삶의 현장에서 지혜롭게 행하라고 주신 경구들입니다. 그래서 기억하기 쉽도록 구호처럼 되어 있습니다.

도표 1. 의인의 길과 악인의 길

① 도표 1은, "항상 경외하는 자는 복되거니와 마음을 강퍅하게 하는 자는 재앙에 빠지리라" 한 14절을 중심으로 풀어나가는 것이 이해에 도움이 될 것입니다. "경외하는 자와 마음을 강퍅하게 하는 자, 복과 재앙"이 대조되어 있습니다. 어떻게 해서 이처럼 갈라지게 되는가?

㉠ "자기의 죄를 숨기는 자는 형통치 못하나 죄(罪)를 자복(自服)하고 버리는 자는 불쌍히 여김을 받으리라"(13) 합니다. 핵심은 죄인인가 아닌가를 따지는 것이 아니라, "숨기느냐 자복하느냐"에 달렸다고 말씀합니다.

② 그래서 "성실히 행하는 자는 구원을 얻을 것이나 사곡히 행하는 자는 곧 넘어지리라"(18) 하는 것입니다.

㉠ 그러면 "마음이 강퍅하여 죄를 자복하지 않는" 이유가 어디에 있는가? "자기의 마음을 믿는 자는 미련한 자요"(26상) 하고, 자기 마음을 믿기 때문이라 하십니다. 이 말은 전도 현장에서 자주 듣게 되는 말이기도 합니다. 그런 자는 자기 죄를 자기가 책임질 수밖에 없으나, "지혜롭게 행하는 자는 구원을 얻을 자니라"(26하), 즉 "여호와를 의지하는 자"(25)는 구원을 얻으리라 합니다.

③ "의인이 득의하면 큰 영화가 있고 악인이 일어나면 사람이 숨느니라"(12) 말씀하는데 28절에서도, "악인이 일어나면 사람이 숨고 그가 멸망하면 의인이 많아지느니라"(28) 합니다. 2절에서는, "나라는 죄가 있으면 주관자가 많아져도 명철과 지식 있는 사람으로 말미암아 장구하게 되느니라" 합니다.

④ 도표 1의 결론으로는, "악인은 쫓아오는 자가 없어도 도망하나 의인은 사자 같이 담대하니라"(1) 한 말씀이 적합할 것입니다.

㉠ 이점을 신약성경에서는, "이로써 사랑이 우리에게 온전히 이룬

것은 우리로 심판 날에 담대함을 가지게 하려 함이니 주의 어떠하심과 같이 우리도 세상에서 그러 하니라 사랑 안에 두려움이 없고 온전한 사랑이 두려움을 내어 쫓나니 두려움에는 형벌이 있음이라"(요일 4:17-18) 합니다. 불신자는 심판 날에 "쫓아오는 자가 없어도 도망하나, 의인은 주의 의를 힘입어 사자같이 담대할" 것입니다. 그러므로 여호와를 의지하는 자란, "여호와는 나의 반석이시요 나의 요새시요 나를 건지시는 자시요 나의 하나님이시요 나의 피할 바위시요 나의 방패시요 나의 구원의 뿔이시요 나의 산성"(시 18:2)이라고 고백하는 자입니다. 사자같이 담대하시기를 바랍니다.

도표 2. 부자와 가난한 자

① 도표 2의 묶음은 주로 "부자와 가난한 자"에 대한 경계인데, "부자는 자기를 지혜롭게 여겨도 명철한 가난한 자는 그를 살펴 아느니라"(11) 한 말씀을 중심으로 관찰하는 것이 도움이 될 것입니다.

㉠ 본문은 역설적으로 되어 있는데, 자신을 지혜롭게 여기는 부자는 미련한 자요, 분별력이 있는 가난한 자가 진짜 지혜로운 자라는 말씀이 됩니다. 이런 경우를 계시록에서도 대하게 되는데, "나는 부자라 부요하여 부족한 것이 없다" 한 라오디게아 교회는, "네 곤고한 것과 가련한 것과 가난한 것과 눈먼 것과 벌거벗은 것을 알지 못하도다"(계 3:17-18) 하신 반면, "네 환난과 궁핍을 아노니" 한 서머나 교회는 "실상은 네가 부요한 자니라"(계 2:9) 하십니다.

② 그러므로 "성실히 행하는 가난한 자는 사곡히 행하는 부자보다 나으니라"(6) 하시면서, "악한 눈이 있는 자는 재물을 얻기에만 급하고 빈궁이 자기에게로 임할 줄은 알지 못하느니라"(22) 합니다. 반면 "가난한

자를 구제하는 자는 궁핍하지 아니 하려니와 못 본체하는 자에게는 저주가 많으리라"(27) 합니다.

③ "가난한 백성을 압제하는 악한 관원은 부르짖는 사자와 주린 곰 같으니라(15), 무지한 치리자는 포학을 크게 행하거니와 탐욕을 미워하는 자는 장수하리라"(16) 말씀하면서, "가난한 자를 학대하는 가난한 자는 곡식을 남기지 아니하는 폭우 같으니라"(3) 합니다.

㉠ "악한 관원(15), 무지한 치리자"(16)가 학대한다는 것은 얼른 이해가 되지만, 가난한 자가 가난한 자를 학대한다니 무슨 뜻일까요? 속담에 "된 시집살이를 한 사람이 된 시어머니가 된다"는 말이 있는데, 가난했던 자가 득세하게 되면 가난한 자를 더욱 학대하는 경우도 있는 것입니다. 그래서 하나님은 "너희와 함께 있는 타국인을 자기 같이 사랑하라, 너희도 애굽 땅에서 객이 되었더니라"(레 19:34) 하시는 것입니다.

④ 도표 2의 묶음은, "자기의 토지를 경작하는 자는 먹을 것이 많으려니와 방탕을 좇는 자는 궁핍함이 많으리라" 한 19절로 마쳐야만 하겠습니다.

여호와를 경외하며 그 도에 행하는 자마다 복이 있도다
네가 네 손이 수고한 대로 먹을 것이라
네가 복되고 형통하리라
네 집 내실에 있는 네 아내는 결실한 포도나무 같으며
네 상에 둘린 자식은 어린 감람나무 같으리로다
여호와를 경외하는 자는 이같이 복을 얻으리로다 (시 128:1-4).

도표 3. 율법을 버린 자와 지키는 자

① 4절에는, "율법을 버린 자와, 율법을 지키는 자"가 대조되어 있는데, "율법을 버린 자는 악인을 칭찬하나 율법을 지키는 자는 악인을 대적하느니라" 합니다. 여기서 "율법"이란 여호와를 경외하는 도, 즉 하나님의 말씀을 가리킵니다. "악인"을 칭찬한다면 동류(同類)가 되었다는 증거요, 대적(對敵)한다는 것은 하나님 편에 서 있음을 뜻합니다. 다윗은 이렇게 고백합니다.

그들이 주를 악평하며
주의 이름을 더럽히고 있습니다.
여호와여 주를 미워하는 자를
내가 어찌 미워하지 않겠습니까?
주를 대적하는 자를
내가 어찌 증오하지 않겠습니까?
내가 그들을 미워하는 것은
주의 대적이 바로
나의 대적이기 때문입니다. (시 139:20-22, 현대인의 성경)

② 그러므로 "악인은 공의를 깨닫지 못하나 여호와를 찾는 자는 모든 것을 깨닫느니라"(5) 합니다. 어찌하여 율법을 버리게 되는가? 어찌하여 악인을 칭찬하는가? 이유는 오직 한 가지 하나님의 "공의를 깨닫지 못하기" 때문입니다. 어찌하여 "주의 대적이 바로 나의 대적이라" 하고 고백하게 되는가? 오직 하나님의 공의를 깨닫기 때문입니다.

③ "율법을 지키는 자는 지혜로운 아들이요 탐식자를 사귀는 자는 아비를 욕되게 하는 자니라"(7) 하고, "율법을 지키는 자"를 격려합니다.

㉠ 바울은 그의 마지막 서신에서, "너는 그리스도 예수 안에 있는 믿음과 사랑으로써 내게 들은 바 바른 말(복음)을 본받아 지키고 우리 안에 거하시는 성령으로 말미암아 네게 부탁한 아름다운 것을 지키라"(딤후 1:13-14) 하고, 복음진리를 보수(保守)할 것을 거듭 명합니다. 반면 "탐식자를 사귄다"는 뜻이 무엇인가? "이제도 눈물을 흘리며 말하노니 여러 사람들이 그리스도 십자가의 원수로 행하느니라 저희의 마침은 멸망이요 저희의 신은 배요"(빌 3:18-19) 한 이들이 "탐식자"입니다. 어찌 대적하지 않을 수가 있겠는가?

④ 9절을 보십시오. "사람이 귀를 돌이키고 율법을 듣지 아니하면 그의 기도도 가증하니라"(9) 합니다.

㉠ 왜 그런가? "그때에 너희가 나를 부르리라 그래도 내가 대답지 아니하겠고 부지런히 나를 찾으리라 그래도 나를 만나지 못하리니 대저 너희가 지식을 미워하며 여호와 경외하기를 즐거워하지 아니하며 나의 교훈을 받지 아니하고 나의 모든 책망을 업신여겼음이라"(1:28-30) 하십니다.

⑤ 그런가 하면, "정직한 자를 악한 길로 유인하는 자는 스스로 자기 함정에 빠져도 성실한 자는 복을 얻느니라"(10) 하고, 정직한 자를 악한 길로 "유인하는 자", 즉 거짓 교사에 대해 언급합니다. "사람의 피를 흘린 자는 함정으로 달려갈 것이니 그를 막지 말지니라"(17) 합니다. 왜냐하면 5절에서 말씀한바 "공의"의 심판 때문입니다.

⑥ 그러므로 함정으로 달려가게 되기 전에, "사람을 경책하는 자는 혀로 아첨하는 자보다 나중에 더욱 사랑을 받느니라"(23) 합니다.

㉠ 도표 3의 묶음은, 그리고 28장은, "마음이 탐하는 자는 다툼을 일으키나 여호와를 의지하는 자는 풍족하게 되느니라"(25) 한 말씀으로 마쳐야만 하겠습니다. "마음이 탐하는 자"란 교만으로 가득 찬 것을 가리킵니다. 거기에는 다툼만이 있을 뿐이지만, "여호와를 의지하는 자는

풍족하게 되느니라" 합니다. "여호와는 나의 목자시니 내가 부족함이 없으리로다", 왜냐하면 여호와가 공급자가 되시기 때문입니다. 그래서 "여호와를 찾는 자는 모든 것을 깨닫느니라" 하는 것입니다.

⑦ 묵상해보겠습니다.

㉠ "의인은 사자같이 담대하니라"에 대해서,

㉡ "율법을 버린 자와 지키는 자"에 대해서,

㉢ "죄를 숨기는 자와 자복하는 자"에 대해서,

㉣ 28장에서 가장 감명 깊은 말씀과 그 의미에 대해서.

잠언 29장 개관도표

주제 : 일의 작정은 여호와께로 말미암느니라

(도표 1)

절	사람을 두려워하는 자	여호와를 의지하는 자
4절	왕은 공의로 나라를 견고케 하나	뇌물을 억지로 내게 하는 자는 나라를 멸망시키느니라
12절	관원이 거짓말을 신청하면	그 하인은 다 악하니라
13절	가난한 자와 포학한 자가 섞여 살거니와	여호와께서는 그들의 눈에 빛을 주시느니라
14절	왕이 가난한 자를 성실히 신원하면	그 위가 영원히 견고하리라
18절	묵시가 없으면 백성이 방자히 행하거니와	율법을 지키는 자는 복이 있느니라
19절	종은 말로만 하면 고치지 아니하나니	이는 그가 알고도 청종치 아니 함이니라
21절	종을 어렸을 때부터 곱게 양육하면	그가 나중에는 자식인체하리라
25절	사람을 두려워하면 올무에 걸리게 되거니와	여호와를 의지하는 자는 안전하리라
26절	주권자에게 은혜를 구하는 자가 많으나	사람의 일의 작정은 여호와께로 말미암느니라

(도표 2)

절	악인과 교만한 자	의인과 겸손한 자
2절	의인이 많아지면 백성이 즐거워하고	악인이 권세를 잡으면 백성이 탄식하느니라
5절	이웃에게 아첨하는 것은	그의 발 앞에 그물을 치는 것이니라
6절	악인의 범죄하는 것은 스스로 올무가 되게 하는 것이나	의인은 노래하고 기뻐하느니라
7절	의인은 가난한 자의 사정을 알아주나	악인은 알아 줄 지식이 없느니라
16절	악인이 많아지면 죄도 많아지나니	의인은 그들의 망함을 보리라
20절	네가 언어에 조급한 사람을 보느냐	그보다 미련한 자에게 오히려 바랄 것이 있느니라
22절	노하는 자는 다툼을 일으키고	분하여 하는 자는 범죄함이 많으니라
23절	사람이 교만하면 낮아지게 되겠고	마음이 겸손하면 영예를 얻으리라
24절	도적과 짝하는 자는 자기의 영혼을 미워하는 자라	그는 맹세함을 들어도 직고하지 아니하느니라

(도표 3)

절	어리석은 자	지혜로운 자
1절	자주 책망을 받으면서도 목이 곧은 사람은	갑자기 패망을 당하고 피하지 못하리라
3절	지혜를 사모하는 자는 아비를 즐겁게 하여도	창기를 사귀는 자는 재물을 없이 하느니라
8절	모만한 자는 성읍을 요란케 하여도	슬기로운 자는 노를 그치게 하느니라
9절	지혜로운 자와 미련한 자가 다투면	지혜로운 자가 노하든지 웃든지 그 다툼이 그침이 없느니라
10절	피 흘리기를 좋아하는 자는 온전한 자를 미워하고	정직한 자의 생명을 찾느니라
11절	어리석은 자는 그 노를 다 드러내어도	지혜로운 자는 그 노를 억제하느니라
15절	채찍과 꾸지람이 지혜를 주거늘	임의로 하게 버려두면 그 자식은 어미를 욕되게 하느니라
17절	네 자식을 징계하라 그리하면 그가 너를	평안하게 하겠고 또 네 마음에 기쁨을 주리라
27절	불의한 자는 의인에게 미움을 받고	정직한 자는 악인에게 미움을 받느니라

29장

일의 작정은 여호와께로 말미암느니라

[26]주권자에게 은혜를 구하는 자가 많으나 사람의 일의 작
정은 여호와께로 말미암느니라.

29장은 25장에서, "이것도 솔로몬의 잠언이요 유다 왕 히스기야의 신하들이 편집한 것이니라"(25:1) 하고 시작한 잠언의 마지막 장입니다. 본문에는 "여호와"가 세 번(13, 25, 26) 등장하는데 중심점은, "사람의 일의 작정은 여호와께로 말미암느니라"(26)는데 있습니다. 잠언은 교리가 아니라 인간의 책임을 강조하고 있는 실천윤리라 할 수가 있습니다. 그러나 잠언서는, "여호와를 경외하는 것이 지식의 근본이다(1:7), 일의 작정은 여호와께로 말미암느니라" 하고, 하나님중심(中心)과 하나님의 주권(主權)의 바탕 위에 확고하게 세워져 있는 것입니다. 본장도 이해를 돕기 위해서 세 묶음으로 정리하여 상고하도록 하겠습니다.

도표 1. 사람을 두려워하는 자와 여호와를 의지하는 자

① "가난한 자와 포학한 자가 섞여 살거니와 여호와께서는 그들의 눈에 빛을 주시느니라"(13) 합니다.

㉠ 이것이 우리가 살고 있는 세상입니다. 그런데 "그들의 눈에 빛을 주시느니라"는 뜻이 무엇인가? "빈부가 섞여 살거니와 무릇 그들을 지으신 이는 여호와시니라"(22:2)는 그런 뜻입니다. 즉 모든 자들이 살아갈 수 있도록 돌아보신다는 것입니다. 이점을 주님은 알아듣기 쉽도록, "이는 하나님이 그 해를 악인과 선인에게 비취게 하시며 비를 의로운 자와 불의한 자에게 내리우심이니라"(마 5:45) 하고 말씀하십니다.

② 좀 더 말씀을 드린다면 "그들의 눈에 빛을 주신다" 한 불신자의 빛은 무엇인가? 주님은 "너희는 세상의 빛이다", 즉 성도들이 불신자들의 빛이라는 말씀입니다. 그러므로 교회가 부패하면 사회도 부패하고, 사회가 타락했다는 것은 교회가 타락했다는 방증인 것입니다. 오늘날 사회가 이처럼 혼란한 것은 교회가 타락했기 때문이라 할 수가 있습니다. 이는 변명의 여지가 없도록 역사가 말해주고 있는 사실입니다. 그래서 "묵시가 없으면 백성이 방자히 행하거니와 율법을 지키는 자는 복이 있느니라"(18) 하십니다.

③ 그러므로 "왕은 공의로 나라를 견고케 하나 뇌물을 억지로 내게 하는 자는 나라를 멸망시키느니라(4), 왕이 가난한 자를 성실히 신원하면 그 위가 영원히 견고하리라"(14) 하는 것입니다.

㉠ "왕"이란 말이 두 번 강조되어 있으면서 "공의로 나라를 견고케 한다"고 말씀하는데, 역사서를 보십시오. 왕이 하나님의 마음에 합한 자가 되어서 율례와 법도대로 나라를 다스렸을 때에는 언제나 나라가 흥왕하고 백성들이 평안했습니다.

④ 그런데 "관원이 거짓말을 신청(信聽)하면 그 하인은 다 악하니라"

(12), 즉 왕이 간신들의 거짓말을 믿게 되면 총체적으로 타락하게 된다는 것입니다.

㉠ 그러므로 "종을 어렸을 때부터 곱게 양육하면 그가 나중에는 자식인체하리라"(21), 제어할 수가 없게 되고, 그래서 "종은 말로만 하면 고치지 아니하나니 이는 그가 알고도 청종치 아니 함이니라"(19) 하고, 법의 기강이 엄중하게 서 있어야함을 말씀합니다.

⑤ 도표 1의 묶음은, "사람을 두려워하면 올무에 걸리게 되거니와 여호와를 의지하는 자는 안전하리라. 주권자에게 은혜를 구하는 자가 많으나 사람의 일의 작정은 여호와께로 말미암느니라"(25-26)는 말씀으로 마치는 것이 합당하겠습니다.

㉠ 이는 두 마디로 되어 있는데, "사람을 두려워한다"는 것은, "사람을 의지한다"는 뜻이기도 합니다. 그리하여 "주권자에게 은혜를 구하는 자가 많으나", 즉 권력을 잡은 자의 얼굴을 바라고 있지만, "사람의 일의 작정은 여호와께로 말미암느니라" 합니다.

도표 2. 의인과 악인, 교만한 자와 겸손한 자

① "의인이 많아지면 백성이 즐거워하고 악인이 권세를 잡으면 백성이 탄식하느니라(2), 악인이 많아지면 죄도 많아지나니 의인은 그들의 망함을 보리라"(16) 합니다.

㉠ 두 절 안에는, "의인(義人)이 많아지면, 악인(惡人)이 많아지면"이 대조가 되어 있습니다. 오늘의 사회는 어느 편이 많아지고 있는 추세인가? 여기에는 여호와를 경외하는 자들이 "빛과 소금"의 사명을 다하지 못한 책임도 있는 것입니다.

② "악인의 범죄하는 것은 스스로 올무가 되게 하는 것이나 의인은

노래하고 기뻐하느니라"(6) 합니다.

㉠ "악인"은 죄악 된 삶 가운데 일시 번영을 누릴 수 있다 해도 결국은 스스로 올무가 되게 하는 것이요, "의인"이 잠시 고난을 당하는 듯하지만 "노래하고 기뻐하게" 된다는 뜻입니다. 그러므로 "이웃에게 아첨하는 것은 그의 발 앞에 그물을 치는 것이니라(5), 의인은 가난한 자의 사정을 알아주나 악인은 알아 줄 지식이 없느니라"(7) 합니다.

③ 도표 2의 결론은, "도적과 짝하는 자는 자기의 영혼을 미워하는 자라 그는 맹세함을 들어도 직고하지 아니 하느니라"(24) 한 말씀이 적합할 것입니다.

㉠ 핵심은 누구와 "짝 하는가"에 있습니다. "짝"이라는 말은 그 사람의 "신분(身分)과 소속"(所屬)을 나타내는 것으로 중요한 의미가 있습니다. 이점을 요한은, "저희가 우리에게서 나갔으나 우리에게 속하지 아니하였나니 만일 우리에게 속(屬)하였더면 우리와 함께 거하였으려니와 저희가 나간 것은 다 우리에게 속하지 아니함을 나타내려 함이니라"(요일 2:19) 합니다.

④ 그런데 자신의 "짝"을 위해서라면 "맹세함을 들어도 직고(直告)하지 아니 한다"는 말은 죽어도 고발하지 않는다는 것이니, 이를 뒤집으면 그리스도인이란 순교를 당할지언정 주를 부인하지 않겠다는 뜻이 되는 것입니다.

도표 3. 어리석은 자와 지혜로운 자

① "지혜로운 자와 미련한 자가 다투면 지혜로운 자가 노하든지 웃든지 그 다툼이 그침이 없느니라"(9) 합니다.

㉠ 여기 "지혜로운 자와 미련한 자"가 대조되어 있는데, 잠언이 말

씀하는 "지혜로운 자"는 여호와를 경외하는 자요, "미련한 자"란 자기 자신을 믿는 자(28:26)를 가리킵니다. 열쇠는 "다툼"이 무엇을 의미하는 가에 있다 하겠습니다. 사사로운 일로 다툰다면 "지혜로운 자와, 미련한 자"가 같은 것이 되고 맙니다. 그러므로 여기서 말씀하는 "다툼"이란 진리(眞理)의 싸움이라 할 것입니다.

② 이점이 "불의한 자는 의인에게 미움을 받고 정직한 자는 악인에게 미움을 받느니라"(27) 한 말씀에도 나타납니다.

㉠ 이 한 절 안에는 "불의 한 자와 악인, 의인과 정직한 자"라는 두 부류(部類)가 있는데 두 부류 사이에는 서로 미워하는 "미움"이 있습니다. ㉮ "정직한 자는 악인에게 미움을 받는다"는 것은 당연한 것처럼 여겨집니다. 그런데 ㉯ "불의 한 자는 의인에게 미움을 받는다"는 뜻은 무엇인가? 이런 적대감은 "너의 후손도 여자의 후손과 원수가 되게 하리니"(창 3:15) 하신 원복음으로부터 시작이 되었습니다. 나사로의 무덤에서 주님은 "심령에 통분(痛憤)히 여기시고 민망히 여기셨다"(요 11:33) 하고 말씀합니다. 사망의 권세를 잡은 사탄에 대한 통분이었던 것입니다.

㉡ 참된 전도의 동기(動機)는 민망, 즉 영혼을 사랑하는 마음에서만이 아닙니다. 사탄에 대한 통분히 여기는 적대감이 있어야 하는 것입니다. 이리가 어린양을 물어갔다면 형제의 마음이 어떠하겠는가? 그런데 물어간 것이 양이 아니라 자식이었다면 당신의 심정은 어떠하겠는가? 그래서 주님은 통분히 여기셨고, 사도 바울은 "마음에 분하여"(행 17:16) 한 것입니다. 그러므로 "불의"에 대한 미움이 없다면 하나님께 대한 사랑도 없는 것이 되는 것입니다. 그래서 "율법을 지키는 자는 악인을 대적(對敵)하느니라"(28:4) 합니다.

③ 그러므로 "피 흘리기를 좋아하는 자는 온전한 자를 미워하고 정직한 자의 생명을 찾느니라"(10), 미워하는데 끝이는 것이 아니라, "생명

을 찾는다"는 말에 사악함이 드러납니다. 그러면서 "어리석은 자는 그 노를 다 드러내어도 지혜로운 자는 그 노를 억제하느니라"(11) 합니다. 하나님 편의 다툼은 영혼을 구원하시려는 사랑의 다툼이지만, 사탄의 다툼은 분노의 다툼이기 때문입니다.

④ 이런 맥락에서 "자주 책망을 받으면서도 목이 곧은 사람은 갑자기 패망을 당하고 피하지 못하리라"(1) 한 "자주 책망을 받았다"는 뜻을, 자주 복음 전함을 받았다는 뜻으로 볼 수도 있을 것입니다. 이점이 "목이 곧다, 패망을 당하리라"는 말에 나타납니다. 그러므로 "지혜를 사모하는 자는 아비를 즐겁게 하여도 창기를 사귀는 자는 재물을 없이 하느니라"(3) 하는 것입니다.

⑤ 그러므로 "채찍과 꾸지람이 지혜를 주거늘 임의로 하게 버려두면 그 자식은 어미를 욕되게 하느니라(15), 네 자식을 징계하라 그리하면 그가 너를 평안하게 하겠고 또 네 마음에 기쁨을 주리라"(17) 합니다.

㉠ 밭을 망칠 여면 어떻게 하면 되는가? 그대로 방치해 두면 됩니다. 곧 가시와 엉겅퀴로 뒤덮이게 될 것입니다. 사람의 마음 밭도 그러한 것입니다. 이 외에도 "네가 언어에 조급한 사람을 보느냐 그보다 미련한 자에게 오히려 바랄 것이 있느니라(20). 사람이 교만하면 낮아지게 되겠고 마음이 겸손하면 영예를 얻으리라"(23) 한 말씀도 명심해야 할 것입니다.

⑥ 28장에는 두 부류(部類), 두 진영(陣營), 그리고 두 진영 간의 "미워함" 등 적대감이 있습니다. 이는 궁극적으로 그 속에 있는 영이 다르기 때문입니다. 그런데 궁극적으로는, "일의 작정은 여호와께로 말미암느니라" 한 의의 진영의 승리로 끝나게 될 것입니다.

⑦ 묵상해보겠습니다.

㉠ "일의 작정은 여호와께로 말미암느니라"는 말씀에 대해서,

㉡ 두 진영 간의 "다툼"이 무엇에 대한 싸움인가에 대해서,
㉢ 종이 나중에 자식인 체 한다는 말에 대해서,
㉣ 29장에서 가장 감명 깊은 말씀과 그 의미에 대해서.

잠언 30장 개관도표

주제 : 그분의 이름과, 아들의 이름이 무엇인지 아느냐

하나님의 말씀은 순전하다

1-9
1 이 말씀은 야게의 아들 **아굴의 잠언이니** 그가 이디엘과 우갈에게 이른 것이니라
2 나는 다른 사람에게 비하면 짐승이라 내게는 사람의 총명이 있지 아니 하니라
3 ① **나는 지혜를 배우지 못하였고 또 거룩하신 자를 아는 지식이 없거니와**
4 ② 하늘에 올라갔다가 내려온 자가 **누구인지,** 바람을 그 장중에 모은 자가 **누구인지,**
물을 옷에 싼 자가 **누구인지,** 땅의 모든 끝을 정한 자가 **누구인지,**

그 이름이 무엇인지, 그 아들의 이름이 무엇인지 너는 아느냐

5 ③ **하나님의 말씀은 다 순전하며** **하나님은 그를 의지하는 자의 방패시니라**
6 **너는 그 말씀에 더하지 말라** 그가 너를 책망하시겠고 너는 거짓말 하는 자가 될까 두려우니라
7 ④ **내가 두 가지 일을 주께 구하였사오니** 나의 죽기 전에 주시옵소서
8 **곧 허탄과 거짓말을 내게서 멀리 하옵시며**
나로 가난하게도 마옵시고 부하게도 마옵시고 오직 필요한 양식으로 내게 먹이시옵소서
9 혹 내가 배불러서 **하나님을 모른다 여호와가 누구냐 할까 하오며**
혹 내가 가난하여 도적질하고 **내 하나님의 이름을 욕되게 할까 두려워함이니이다**

듣고 깨달아야 할 훈계

10-33
10 **종을 그 상전에게 훼방하지 말라** 그가 **너는 너를** 저주하겠고 **너는** 죄책을 당할까 두려우니라
11 **아비를 저주하며 어미를 축복하지 아니하는** ⑤ **무리가 있느니라**
12 **스스로 깨끗한 자로 여기면서** 오히려 그 더러운 것을 씻지 아니하는 **무리가 있느니라**
13 **눈이 심히 높으며 그 눈꺼풀이 높이 들린** **무리가 있느니라**
14 **앞니는 장검 같고 어금니는 군도 같아서** 가난한 자를 땅에서 삼키며
궁핍한 자를 사람 중에서 삼키는 **무리가 있느니라**
15 거머리에게는 두 딸이 있어 다고 다고 하느니라
⑥ **족한 줄을 알지 못하여 족하다 하지 아니하는것 서넛이 있나니**
16 곧 음부와 아이 배지 못하는 태와 물로 채울 수 없는 땅과 족하다 하지 아니하는 불이니라
17 **아비를 조롱하며 어미 순종하기를 싫어하는 자**의 눈은 골짜기의 까마귀에게 쪼이고
독수리 새끼에게 먹히리라
18 ⑦ **내가 심히 기이히 여기고도 깨닫지 못하는 것 서넛이 있나니**
19 곧 공중에 날아다니는 독수리의 자취와 반석 위로 기어 다니는 뱀의 자취와 바다로 지나다니는
배의 자취와 **남자가 여자와 함께 한 자취며**
20 **음녀의 자취도 그러하니라** 그가 먹고 그 입을 씻음 같이 말하기를
내가 악을 행치 아니하였다 하느니라
21 ⑧ **세상을 진동시키며 세상으로 견딜 수 없게 하는 것 서넛이 있나니**
22 곧 종이 임금된 것과 미련한 자가 배부른 것과
23 꺼림을 받는 계집이 시집간 것과 계집종이 주모를 이은 것이니라
24 ⑨ **땅에 작고도 가장 지혜로운 것 넷이 있나니**
25 곧 힘이 없는 종류로되 먹을 것을 여름에 예비하는 개미와 26, 약한 종류로되 집을 바위 사이에
짓는 사반과 27 임군이 없으되 다 떼를 지어 나아가는 메뚜기와
28 손에 잡힐만하여도 왕궁에 있는 도마뱀이니라 29, ⑩ **잘 걸으며 위풍 있게 다니는 것 서넛이 있나니**
30 곧 짐승 중에 가장 강하여 아무 짐승 앞에서도 물러가지 아니하는 사자와
31 사냥개와 수염소와 및 당할 수 없는 왕이니라
32 ⑪ **만일 네가 미련하여 스스로 높은체 하였거나** 혹 악한 일을 도모하였거든 **네 손으로 입을 막으라**
33 대저 젖을 저으면 뻐터가 되고 코를 비틀면 피가 나는 것 같이 **노를 격동하면 다툼이 남이니라**

30장

그분의 이름과, 아들의 이름이 무엇인지 아느냐

4하늘에 올라갔다가 내려온 자가 누구인지, 바람을 그 장중에 모은 자가 누구인지, 물을 옷에 싼 자가 누구인지, 땅의 모든 끝을 정한 자가 누구인지, 그 이름이 무엇인지, 그 아들의 이름이 무엇인지 너는 아느냐.

30장은 "아굴"이 그의 아들이나 제자로 보이는 "이디엘과 우갈"에게 이른 잠언이라고 말씀할 뿐, 그 이상 말씀하고 있지 아니합니다. 따라서 우리는 아굴에 대해서 더 이상 알 길이 없습니다. 그런데 본문에도 "하나님"이 4번, "여호와"라는 호칭이 한 번(9) 등장하고 있습니다. 그러므로 중요한 것은, 이를 통해서 우리에게 말씀하시려는 바가 무엇인가 하는 점을 깨닫는 일입니다. 아굴의 잠언은 30장 한 장뿐인데 크게 두 부분으로 나누어집니다. 1-9절은 하나님과의 관계성의 내용이고, 10절 이하는 사람과의 관계성의 내용으로 되어 있습니다. 서문에 이은 첫 말씀은, "누군지, 누군지, 누군지, 누군지, 그 이름이 무엇인지, 그 아들의 이름이 무엇인지 너는 아니냐"(4) 하는 질문을 던짐으로 시작이 됩니다. 여기에 주 성령께서 본문을 통해서 우리에게 하시고자 하는 말씀이 있다고 여겨집니다.

도표를 보시면 첫째 단원은, "그 이름이 무엇인지, 그 아들의 이름이 무엇인지 너는 아니냐" 하는 말씀을 중심으로, ① "나는 다른 사람에게 비하면 짐승이라, 거룩하신 자를 아는 지식이 없다" 전제하면서, ② 만물을 창조하고 주관하는 자가 "누군지" 아느냐 묻습니다. ③ 그런 후에 "하나님의 말씀은 다 순전하며, 너는 그 말씀에 더하지 말라" 함으로, 성경을 통해서만이 하나님을 알 수가 있음을 드러냅니다. ④ 그러면서 두 가지를 간구하기를, "거짓말을 멀리 하게 하시고, 필요한 양식주시기를" 구합니다.

둘째 단원에서는 "너는"을 중심으로, ⑤ "…무리가 있느니라" 하는 말씀을 4번이나 강조하고 있는데, "너는 이들과 같아서는 아니 된다"는 경계인 것입니다. 이번에는 ⑥ "족한 줄을 알지 못하는 서넛이 있나니", ⑦ "기이히 여기는 것 서넛이 있으니", ⑧ "견딜 수 없게 하는 서넛이 있으니", ⑨ "작지만 지혜로운 것 넷이 있나니", ⑩ "위풍이 있는 것 서넛이 있나니" 하는 격식으로 5번이나 말씀하고 있는데 여기에 우리가 배워야할 교훈이 들어있다 하겠습니다. 결론적으로, ⑪ "만일 네가 스스로 높은 체 했거든, 네 손으로 입을 막으라", 즉 회개하라 하는 말씀으로 마칩니다. 이를 두 단원으로 나누어 상고하겠습니다.

첫째 단원(1-9) **하나님의 말씀은 순전하다**

둘째 단원(10-33) **듣고 깨달아야할 훈계**

주제(主題) : 그분의 이름과, 아들의 이름이 무엇인지 아느냐

㉠ 서론에서 말씀드린 대로 우리는 "아굴"에 대하여 아는 바가 없습니다. 그것은 성경이 침묵하고 있기 때문입니다. 그러나 분명한 것은 하나님은 심지어, "거짓 선지자 발람이나 그의 나귀"(민 22:28)를 통해서도 말씀하신다는 점입니다. 아굴은 "너는 그 말씀에 더하지 말라"(6) 하고 명하는데 발람도, "하나님의 말씀을 어기어 덜하거나 더하지 못하겠노라"(민 22:18, 38, 23:26) 하고 말합니다. 그러므로 누구에 의하여 기록이 되었는가 하는 점이 중요한 것이 아니라, 본문을 통해서 말씀하시고자 하는 바가 무엇인가 하는 점이 중요한 것입니다.

㉡ 그러면 말씀하시고자 하는 바가 무엇인가? 크게 두 가지로 요약할 수가 있는데 첫째는, "그 이름이 무엇인지, 아들의 이름이 무엇인지 아느냐"(4) 한 질문을 통해서 드러나는데 "하나님을 알라"는 것이고, 둘째는 4번이나 강조하고 있는 "…무리가 있느니라"(11-14) 한 경계를 통해서 드러나고 있는데 "너는 저들과 같아서는 아니 된다"는 경계인 것입니다.

㉢ 이점은 신약성경 서신서들의 기록목적이기도 합니다. 바울은, "너희로 하여금 모든 신령한 지혜와 총명에 하나님의 뜻을 아는 것으로 채우게 하시고 주께 합당히 행하여 범사에 기쁘시게 하고 모든 선한 일에 열매를 맺게 하시며 하나님을 아는 것에 자라게 하시고"(골 1:9-10) 합니다. 그리고 디모데에게, "네가 이것을 알라 말세에 고통하는 때가 이르리니 사람들은 자기를 사랑하며 돈을 사랑하며, 쾌락을 사랑하기를 하나님 사랑하는 것보다 더하며 경건의 모양은 있으나 경건의 능력은 부인하는 자니 이 같은 자들에게서 네가 돌아서라"(딤후 3:1-5), 즉 너는 저들과 달라야 한다고 격려하고 있습니다.

첫째 단원(1-9) 하나님의 말씀은 순전하다

① "이 말씀은 야게의 아들 아굴의 잠언이니 그가 이디엘과 우갈에게 이른 것이니라"(1) 합니다.

㉠ "나는 다른 사람에게 비하면 짐승이라 내게는 사람의 총명이 있지 아니 하니라 나는 지혜를 배우지 못하였고 또 거룩하신 자를 아는 지식이 없거니와"(2-3) 합니다. 이를 간추려 드러낼 필요가 있습니다.

㉮ "나는 다른 사람에게 비하면 짐승이다",

㉯ "내게는 사람의 총명이 있지 아니 하다",

㉰ "나는 지혜를 배우지 못하였고",

㉱ "또 거룩하신 자를 아는 지식이 없거니와" 합니다. 어떤 느낌이 듭니까? 이는 타인이 볼 때에는 겸손이지만 본인 자신은 진심에서 하는 고백인 것입니다. 그렇지 않다면 그것은, "온유한 입술에 악한 마음은 낮은 은을 입힌 토기니라"(26:23) 한 가식(假飾)이 되고 마는 것입니다.

㉡ 여호와를 경외하는 자들에게는 이와 같은 "심령의 가난함"이 있기 마련입니다. 사도 바울은 자신을, "만삭되지 못하여 난 자, 사도라 칭함을 받기에 감당치 못할 자(고전 15:8, 9), 죄인 중의 괴수"(딤전 1:15)라고 고백했습니다. 그는 영광스러운 로마서의 교리 부분(1-11장)을 기록한 후에, "깊도다 하나님의 지혜와 지식의 부요함이여 그의 판단은 측량치 못할 것이며 그의 길은 찾지 못할 것이로다"(롬 11:33) 합니다. 이것이 "나는 다른 사람에게 비하면 짐승이라 내게는 사람의 총명이 있지 아니 하니라 나는 지혜를 배우지 못하였고 또 거룩하신 자를 아는 지식이 없거니와" 한 겸손입니다.

② 이렇게 말한 연후에, "하늘에 올라갔다가 내려온 자가 누구인지, 바람을 그 장중에 모은 자가 누구인지, 물을 옷에 싼 자가 누구인지, 땅의 모든 끝을 정한 자가 누구인지, 그 이름이 무엇인지, 그 아들의 이름

이 무엇인지 너는 아느냐"(4) 하고 6번의 질문이 나옵니다.

㉠ 이런 교수법은 하나님께서 욥을 훈련하실 때에도, "너는 대장부처럼 허리를 묶고 내가 네게 묻는 것을 대답할 지니라" 하시면서, "내가 땅의 기초를 놓을 때에 네가 어디 있었느냐 네가 깨달아 알았거든 말할 지니라"(욥 38:3-4) 한 방법입니다. 즉 창조주 하나님 앞에 보잘 것이 없는 피조물인 인간의 나약성을 드러내는 말씀입니다. 선지서에도, "누가 여호와의 회의에 참여하여 그 말을 알아들었으며 누가 귀를 기울여 그 말을 들었느뇨"(렘 23:18) 하고 말씀합니다. 창조사역에, 구속사역에 참여한 자가 누구이겠습니까?

㉡ 그런데 이렇게 한 분이 있습니다. "여호와께서 그 조화의 시작 곧 태초에 일하시기 전에 나를 가지셨으며"(8:22) 한 분입니다. 그 분은, "내가 그 곁에 있어서 창조자가 되어 날마다 그 기뻐하신 바가 되었으며 항상 그 앞에서 즐거워하였으며"(8:30) 합니다. 그래서 본문은, "그 아들의 이름이 무엇인지 너는 아느냐" 하고 묻는 것입니다. 이점을 신약성경에서는, "만물이 그로 말미암아 지은바 되었으니 지은 것이 하나도 그가 없이는 된 것이 없느니라" 말씀하면서, "본래 하나님을 본 사람이 없으되 아버지 품속에 있는 독생하신 하나님이 나타내셨느니라"(요 1:3, 18) 합니다.

㉢ 그렇다면 답은 나온 셈입니다. "말씀이 육신이 되어 우리 가운데 찾아오신" 하나님의 아들을 통해서만이 하나님을 알 수가 있다는 말씀이 됩니다. "그는 보이지 아니하시는 하나님의 형상이요"(골 1:15), 즉 볼 수 없는 하나님을 볼 수 있도록 나타내신 최대의 계시사건이요, 마지막 계시이기 때문입니다.

③ 이런 맥락에서, "하나님의 말씀은 다 순전하며 하나님은 그를 의지하는 자의 방패시니라"(5) 한 말씀은 이해되어야만 합니다.

㉠ 이런 뜻입니다. 4절에서 5번이나, "누구인지, 누구인지, 너는 아

느냐" 한, 하나님 앎은 "순전한 하나님의 말씀"을 통해서만 알 수가 있다는 뜻이 됩니다. 잠언서는 이제까지 수도 없이, "지혜는 얻는 자에게 생명나무라(3:18), 지혜가 제일이니 지혜를 얻으라"(4:7) 하고 촉구했는데, 30장에 이르러 "지혜=말씀"임이 드러나고 있는 것입니다. "하나님의 말씀은 다 순전하며" 했는데 시편에서는, "여호와의 율법은 완전하여 영혼을 소성케 하고 여호와의 증거는 확실하여 우둔한 자로 지혜롭게 하며 여호와의 교훈은 정직하여 마음을 기쁘게 하고 여호와의 계명은 순결하여 눈을 밝게 하도다"(시 19:7-8) 하고 충족된 계시임을 말씀합니다.

㉡ 그러므로 훈계는 필연적으로, "너는 그 말씀에 더하지 말라 그가 너를 책망하시겠고 너는 거짓말 하는 자가 될까 두려우니라"(6) 하고 이어지게 되는 것입니다. "그가 누구인지" 하는 하나님에 대한 앎은, 전적으로 계시(啓示) 의존적(依存的)입니다. 그런데 계시의 말씀을 더하고 제하려는 자들이 있습니다. 그렇게 되면 이는 "다른 하나님"이 되고, "다른 복음"이 되고 마는 것입니다. 그런데 오늘의 실정은 선을 넘고, 도를 지나 치명적인 데까지 이르고 있는 상황입니다.

④ 이렇게 말씀한 후에 기도제목을 말씀하는데, "내가 두 가지 일을 주께 구하였사오니 나의 죽기 전에 주시옵소서"(7) 합니다. 두 가지 일이 무엇인가?

㉠ "곧 허탄과 거짓말을 내게서 멀리 하옵시며"(8상), 이것이 첫째 기도제목입니다. 얼른 듣기에는 기대와는 달리 시시한 것을 구하고 있다는 느낌이 듭니다. 아닙니다. "아굴"은 잠언으로 교훈을 할 위치에 있는 지도자(指導者)라는 점을 유념해야만 합니다. 그렇다면 지도자의 "허탄한 거짓말"이 무엇을 의미하는가 하는 점은 분명해집니다. 하나님의 말씀을 곡해하는 것입니다. "터가 높고 아름다워 온 세계가 즐거워함이여 큰 왕의 성 곧 북방에 있는 시온산이 그러하도다"(시 48:2) 하고

칭송을 받던 예루살렘이 어찌하여 이방 바벨론에 의하여 멸망을 당했는가를 생각해보시기를 바랍니다.

㉡ 그것은 "이 땅에 기괴(奇怪)하고 놀라운 일이 있도다 선지자들은 거짓을 예언하며 제사장들은 자기 권력으로 다스리며 내 백성은 그것을 좋게 여기니 그 결국에는 너희가 어찌하려느냐"(렘 5:30-31) 한 지도자들이 "허탄한 거짓말"을 했기 때문입니다. "선지자로부터 제사장까지 다 거짓을 행함이라 그들이 내 백성의 상처를 심상히 고쳐주며 말하기를 평강하다, 평강하다 하나"(렘 6:13-14), 평강은커녕 도리어 성전이 불에 타고 왕과 백성들이 포로로 끌려가게 되었으니 이것이 "허탄한 거짓말"이 아니고 무엇이겠습니까?

㉢ 둘째 기도제목은, "나로 가난하게도 마옵시고 부하게도 마옵시고 오직 필요한 양식으로 내게 먹이시옵소서"(8하) 한 것입니다. 참으로 탄성을 자아내게 하는 기도제목입니다. 왜냐하면 바리새인들이 하듯이 고상하고 유창한 자랑을 늘어놓았다면 그것은 울리는 꽹과리와 같아서 우리들에게 아무런 감화를 주지 못했을 것입니다. 더욱 이 기도의 묘미는, "혹 내가 배불러서 하나님을 모른다 여호와가 누구냐 할까 하오며 혹 내가 가난하여 도적질하고 내 하나님의 이름을 욕되게 할까 두려워함이니이다"(9) 한 말씀에 나타납니다. 여기 다시 한 번 "하나님의 이름"이 등장합니다. "이름"에는 하나님의 명예가 걸려있는 것입니다.

㉣ 아굴 자신은 말하기를, "다른 사람에 비하면 짐승이요, 지혜를 배우지 못하였고, 거룩하신 자를 아는 지식이 없다" 했는데, 1-9절 안에는 "하나님의 말씀은 다 순전하다, 하나님은 그를 의지하는 자의 방패시라(5), 너는 그 말씀에 더하지 말라(6), 혹 내가 배불러서 하나님을 모른다 여호와가 누구냐 할까 하오며, 하나님의 이름을 욕되게 할까 두려워함이니라"(9)는 말씀이 있습니다. 이것이 참으로 "여호와를 경외"하는 정신이요, 하나님중심의 삶입니다.

둘째 단원(10-33) 듣고 깨달아야할 훈계

첫째 단원이 하나님과의 바른 관계성에 초점이 맞춰져 있다면, 둘째 단원은 사람에 대한 경계입니다. 도표에서 보시는 바대로 "너는", 이렇게 시작이 됩니다. 그리고 "…무리가 있느니라"는 패턴이 4번이나 반복적으로 강조되어 있는데, 그러니까 너는 이런 무리와는 달라야 한다는 경계를 하고 있는 것입니다.

⑤ "너는 종을 그 상전에게 훼방하지 말라 그가 너를 저주하겠고 너는 죄책을 당할까 두려우니라"(10) 합니다. 이는 "악인의 마음은 남의 재앙을 원하나니 그 이웃도 그 앞에서 은혜를 입지 못하느니라"(21:10) 한 말씀과 맥을 같이 합니다.

㉠ "아비를 저주하며 어미를 축복하지 아니하는 무리가 있느니라"(11) 합니다. 17절에서도, "아비를 조롱하며 어미 순종하기를 싫어하는 자의 눈은 골짜기의 까마귀에게 쪼이고 독수리 새끼에게 먹히리라" 하는데, 부모 공경과 하나님 경외는 둘이 아니고 하나이기 때문입니다.

㉡ "스스로 깨끗한 자로 여기면서 오히려 그 더러운 것을 씻지 아니하는 무리가 있느니라"(12) 합니다. 이는 바리새인과 같이 외식하는 자들이요,

㉢ "눈이 심히 높으며 그 눈꺼풀이 높이 들린 무리가 있느니라"(13) 합니다. 이는 "네가 누구를 향하여 소리를 높였으며 눈을 높이 떴느냐"(왕하 19:22) 한 극도의 교만을 가리킵니다.

㉣ "앞니는 장검 같고 어금니는 군도 같아서 가난한 자를 땅에서 삼키며 궁핍한 자를 사람 중에서 삼키는 무리가 있느니라"(14) 합니다. "이 개들은 탐욕이 심하여 족한 줄을 알지 못하는 자요 그들은 몰각한 목자들이라"(사 56:11) 한 탐욕을 가리킵니다. 이것이 4번의 "… 무리가 있느니라"인데, 너는 이런 자들과 같아서는 아니된다는 경계입니다.

⑥ 그런 후에 5번의 "서넛이 있나니" 하는 은유적인 훈계가 나오는데, "거머리에게는 두 딸이 있어 다고 다고 하느니라 족한 줄을 알지 못하여 족하다 하지 아니하는 것 서넛이 있나니"(15) 합니다. "족한 줄을 알지 못한다"는 말이 두 번 거듭나오는데 이는 14절에서 말씀한 탐욕에 대한 계속입니다. 그러면 족한 줄을 모르는 "서넛이" 무엇인가?

㉠ "곧 음부와, 아이 배지 못하는 태와, 물로 채울 수 없는 땅과, 족하다 하지 아니하는 불이니라"(16) 합니다. 불임 여성은 열 명이라도 낳고 싶은 마음일 것이고, 불은 나무를 더할수록 더욱 거세게 타오르는 법입니다.

⑦ "내가 심히 기이히 여기고도 깨닫지 못하는 것 서넛이 있나니"(18) 합니다. 그것이 무엇인가?

㉠ "곧 공중에 날아다니는 독수리의 자취와 반석 위로 기어 다니는 뱀의 자취와 바다로 지나다니는 배의 자취와 남자가 여자와 함께 한 자취며 음녀의 자취도 그러 하니라 그가 먹고 그 입을 씻음 같이 말하기를 내가 악을 행치 아니하였다 하느니라"(19-20) 합니다. 아굴의 잠언은 대조(對照)나 비교와 같은 수사법이 아니라, 은유법(隱喩法)을 구사하여 전형적인 잠언 형식인 것이 특징이기도 합니다. 이 잠언의 핵심은, "내가 악을 행치 아니하였다" 하고 시침을 뗀다는데 있습니다. 그러므로 18절은 감쪽같이 속이려는 "음란죄"에 대한 비난입니다. "내가 심히 기이히 여기고도 깨닫지 못하는 것"이라 말씀하는데, 이는 정말 모른다는 뜻이기 보다는 너희가 하나님도 속일 수 있을 것으로 여기느냐? 하는 은유적인 표현입니다.

⑧ "세상을 진동시키며 세상으로 견딜 수 없게 하는 것 서넛이 있나니"(21) 하는데, 그것이 무엇인가?

㉠ "곧 종이 임금된 것과 미련한 자가 배부른 것과 꺼림을 받는 계집이 시집간 것과 계집종이 주모를 이은 것이니라"(22-23) 합니다. "종

이 임금된 것, 계집종이 주모가 되는 것" 등은 공의로운 일이 아니라 역리(逆理)에 의한 것들입니다. 이 잠언은 반역을 꼬집는 말인데 이를 가리켜서 "세상을 진동시키며 세상으로 견딜 수 없게 하는 것"이라 합니다. 이런 세상을 진동시킬 일이 이제도 벌어지고 있는 것입니다.

⑨ "땅에 작고도 가장 지혜로운 것 넷이 있나니"(24) 합니다. 이는 21-23절에서 말씀한 것과는 상반되는 긍정적인 의미로 하는 잠언입니다.

㉠ "곧 힘이 없는 종류로되 먹을 것을 여름에 예비(豫備)하는 개미와"(25), 이는 "부지런함과, 예비"하는 지혜요,

㉡ "약한 종류로되 집을 바위 사이에 짓는 사반과"(26), 이는 유사시의 안전(安全)을 대비하는 지혜요,

㉢ "임군이 없으되 다 떼를 지어 나아가는 메뚜기와"(27), 이는 "하나님은 어지러움의 하나님이 아니시오"(고전 14:33) 한 질서(秩序)의 지혜요,

㉣ "손에 잡힐만하여도 왕궁에 있는 도마뱀이니라"(28) 합니다. 이는 연약하고 미천한 존재로되 "왕궁"에 거처하고 있다는 "품위"(29)를 나타냅니다. "왕 같은 제사장들"이, "개미, 사반, 메뚜기"의 지혜와 도마뱀만한 긍지도 없어서야 되겠는가?

⑩ "잘 걸으며 위풍 있게 다니는 것 서넛이 있나니"(29) 합니다. 그것이 무엇인가?

㉠ "곧 짐승 중에 가장 강하여 아무 짐승 앞에서도 물러가지 아니하는 사자와"(30),

㉡ "사냥개와 수염소와 및 당할 수 없는 왕이니라"(31) 합니다. 이를 통해서 드러내려는 바는 "위풍당당"한 모습입니다. 사도 바울은 이런 정체성에 대한 각성을, "너희가 하나님의 성전인 것을 알지 못하느냐? 성도가 세상을 판단할 것을 알지 못하느냐? 우리가 천사를 판단할 것을 너희가 알지 못하느냐"(고전 3:16, 6:2-3) 하고 일깨워주고 있습

니다.

⑪ 아굴의 잠언은, "만일 네가 미련하여"(32상) 하는 가정법으로 마치고 있는데, 위에서 경계한 바를 지키지 못하고, "스스로 높은 체 하였거나, 혹 악한 일을 도모하였거든" 어떻게 해야 하는가? "네 손으로 입을 막으라"(32하), 즉 잘못을 솔직히 시인하고 회개하라는 뜻입니다. 자신의 무지를 깨달은 욥도, "나는 미천하오니 무엇이라 주께 대답하리이까 손으로 내 입을 가릴 뿐이로소이다"(욥 40:4) 하고 말합니다. 왜냐하면, "대저 젖을 저으면 뻐터가 되고 코를 비틀면 피가 나는 것 같이 노를 격동하면 다툼이 남이니라"(32-33), 즉 회개하지 않는다면 "노를 격동"시키는 일이요, 궁극적으로는 "하나님의 이름을 욕되게"(9) 하는 일이 되기 때문입니다. 본 받지 말아야 할 점과, 본받아야 할 점을 깨닫게 되었습니까?

⑫ 묵상해보겠습니다.

㉠ "그 이름이 무엇인지, 그 아들의 이름이 무엇인지 너는 아느냐"의 의미에 대해서,

㉡ "두 가지" 기도제목에 대해서,

㉢ 4번이나 반복되고 있는 "…한 무리가 있느니라"에 대해서,

㉣ 5번 반복되는 "…서넛이 있나니"의 의미에 대해서,

㉤ 30장에서 가장 감명 깊은 말씀과 의미에 대해서.

잠언 31장 개관도표

주제 : 공의를 행하는 왕과 현숙한 여인

법을 지키고 공의를 곧게 하라

1-9
1 **르무엘왕**의 말씀한바 곧 그 **어머니가 그를 훈계한 잠언이라**
2 내 아들아 내가 무엇을 말할꼬 내 태에서 난 아들아 내가 무엇을 말할꼬
① **서원대로 얻은 아들아 내가 무엇을 말할꼬**
3 ② **네 힘을 여자들에게 쓰지 말며 왕들을 멸망시키는 일을 행치 말지어다**
4 ③ 르무엘아 **포도주를 마시는 것이 왕에게 마땅치 아니하고**
왕에게 마땅치 아니하며 독주를 찾는 것이 **주권자에게** 마땅치 않도다
5 술을 마시다가 **법을 잊어버리고**
모든 간곤한 백성에게 **공의를 굽게** 할까 두려우니라
6 독주는 죽게 된 자에게, 포도주는 마음에 근심하는 자에게 줄지어다
7 그는 마시고 그 빈궁한 것을 잊어버리겠고 다시 그 고통을 기억지 아니하리라
8 ④ **너는** 벙어리와 고독한 자의 송사를 위하여 **입을 열지니라**
9 **너는 입을 열어 공의로 재판하여** 간곤한 자와 궁핍한 자를 신원할 지니라

여호와를 경외하는 자는 칭찬을 받음

10-31
10 **누가 현숙한 여인을 찾아 얻겠느냐**
그 값은 진주보다 더 하니라
11 ⑤ 그런 자의 **남편의 마음은 그를 믿나니** 산업이 핍절치 아니하겠으며
12 그런 자는 살아 있는 동안에 그 남편에게 선을 행하고 악을 행치 아니 하느니라
13 ⑥ 그는 양털과 삼을 구하여 **부지런히 손으로 일하며**
14 상고의 배와 같아서 먼데서 양식을 가져 오며
15 ⑦ **밤이 새기 전에 일어나서 그 집 사람에게 식물을 나눠주며 여종에게 일을 정하여 맡기며**
16 밭을 간품하여 사며 그 손으로 번 것을 가지고 포도원을 심으며
17 힘으로 허리를 묶으며 그 팔을 강하게 하며
18 자기의 무역하는 것이 이로운 줄을 깨닫고 **밤에 등불을 끄지 아니하고**
19 **손으로** 솜뭉치를 들고 **손가락으로** 가락을 잡으며
20 ⑧ **그는 간곤한 자에게 손을 펴며 궁핍한 자를 위하여 손을 내밀며**
21 ⑨ **그 집 사람들은 다 홍색 옷을 입었으므로** 눈이 와도 그는 집 사람을 위하여 두려워하지 아니하며
22 그는 자기를 위하여 아름다운 방석을 지으며 세마포와 자색 옷을 입으며
23 ⑩ **그 남편은 그 땅의 장로로 더불어 성문에 앉으며** 사람의 아는 바가 되며
24 그는 베로 옷을 지어 팔며 띠를 만들어 상고에게 맡기며
25 능력과 존귀로 옷을 삼고 **후일을 웃으며**
26 ⑪ **입을 열어 지혜를 베풀며 그 혀로 인애의 법을 말하며**
27 그 집안일을 보살피고 게을리 얻은 양식을 먹지 아니하나니
28 **그 자식들은 일어나 사례하며 그 남편은 칭찬하기를**
29 덕행 있는 여자가 많으나 그대는 여러 여자보다 뛰어난다 하느니라
30 ⑫ **고운 것도 거짓되고 아름다운 것도 헛되나 오직 여호와를 경외하는 여자는 칭찬을 받을 것이라**
31 ⑬ **그 손의 열매가 그에게로 돌아갈 것이요 그 행한 일을 인하여 성문에서 칭찬을 받으리라**

31장

공의를 행하는 왕과 현숙한 여인

30 고운 것도 거짓되고 아름다운 것도 헛되나 오직 여호와를 경외하는 여자는 칭찬을 받을 것이라.

잠언 마지막 장에 이르렀습니다. 마지막 장은 "나라와, 가정"이라는 두 가지 주제로 되어있습니다. 나라를 하나님의 뜻대로 다스리기 위해서는 "공의로운 왕"이 있어야 하고, 가정을 하나님의 뜻대로 잘 다스리기 위해서는 "현숙한 여인"이 있어야 한다는 말씀입니다. 이것이 교훈적으로는 나라를 다스리는 지도자와 주부에게 주는 훈계일 수가 있습니다. 그런데 본문을 구속사라는 관점으로 본다면 "너로 하나님의 집에서 어떻게 행하여야 할 것을 알게 하려 함이니 이 집은 살아계신 하나님의 교회요 진리의 기둥과 터이니라"(딤전 3:15)는 말씀으로 적용이 된다 하겠습니다. 왜냐하면 교회는 "하나님의 나라"이면서, "하나님의 집"이기 때문입니다. 그리고 교회가 해야 할 일이 곧 성도들이 해야 할 일이라는 점입니다.

도표를 보시면 먼저 첫째 단원의 "법을 잊어버리고 공의를 굽게 할까 두려우니라"를 중심으로, ① 어머니가 왕을 가리켜 "서원대로 얻은 아들아" 하면서, ② "네 힘을 여자에게 쓰지 말며", ③ "포도주나 독주를 마시는 것이 왕에게 합당치 않다" 하고 말하는데, 왜냐하면 "법을 잊어버리고 공의를 굽게 할" 염려가 있기 때문인데, ④ "너는 입을 열어 공의로 재판하며 궁핍한 자를 신원하라" 합니다. 둘째 단원은 "누가 현숙한 여인을 찾아 얻겠느냐"는 말씀을 중심으로, ⑤ "그런 자의 남편은 그를 믿나니", ⑥ "부지런히 일하며", ⑦ "그 집 사람에게 식물을 나눠주며", ⑧ "궁핍한 자를 위하여 손을 내 밀며", ⑨ "그 집 사람들은 다 홍색 옷을 입었으며", 즉 아름답게 단장을 하고, ⑩ "남편"을 빛나게 하고, ⑪ "입을 열어 지혜를 베푸니", ⑫ 결론을 맺기를 "고운 것도 거짓되고 아름다운 것도 헛되나 오직 여호와를 경외하는 여자는 칭찬을 받을 것이라" 하면서, ⑬ "열매가 그에게로 돌아가고 칭찬을 받으리라" 하고 마칩니다.

첫째 단원(1-9) **법을 지키고 공의를 곧게 하라**
둘째 단원(10-31) **여호와를 경외하는 자는 칭찬을 받음**

주제(主題) : 공의를 행하는 왕과 현숙한 여인

㉠ 서론에서도 말씀을 드렸습니다만 잠언서는 "나라와, 가정"이라는 주제로 마치고 있는데 이는 참으로 합당한 결론입니다. 하나님은 태초에 "나라와, 가정"을 세우셨습니다. 아담과 하와를 짝지어주심으로 이루어진 공동체는 가정이자 하나님의 나라 곧 교회였던 것입니다. 같은 원리로 홍수심판에서 구원을 얻은 노아의 여덟 식구는 가정이자 지상에

존재하게 된 유일한 교회였습니다.

ㄴ 이런 맥락에서 교회와 가정은 둘이 아니라 하나라는 각성이 있어야만 하는 것입니다. 잘못된 가르침은 교회와 가정을 대립(對立)된 위치에 놓고 싸움을 붙입니다. 그래서 성도들은 두 사이에서 갈등을 하게 되고 가정의 불화가 일어나고 심지어 파괴하기까지 합니다.

ㄷ 재창조의 역사란 회복의 역사입니다. 그리고 회복이란 "관계의 회복"임을 유념해야만 합니다. "죄"가 세상에 들어옴으로 야기된 문제는, 하나님과 인간의 관계를 단절시키고, 사람과 사람 사이, 즉 부부간, 부모와 자녀지간, 형제지간, 이웃과의 관계에 갈등을 가져왔습니다. 하나님과의 관계를 회복시키는 요소는 "의로움"(공의를 만족시킨 칭의)이고, 이웃과의 관계를 회복시키는 요소는 사랑입니다.

ㄹ 31장을 주의 깊게 관찰해보면 앞부분(1-9)에는 "공의"(5, 9)가 강조가 되어 있고, 뒷부분에는 26절에서 "인애(仁愛)의 법을 말하며" 한 사랑입니다. 문자적으로는 나타나고 있지 아니하지만 10-31절에는 모든 행사에 사랑이 주도적으로 지배하고 있는 것을 보게 됩니다.

ㅁ 그리고 명심해야할 점은 "하나님의 나라"를 장소(場所)의 개념으로만 생각해서는 아니 되고 "통치"(統治)의 개념으로 보아야 한다는 점입니다. 나라에 하나님의 공의가 시행이 되고 있느냐? 그러면 하나님의 나라가 임하여 있는 것입니다. 가정에서 "재정관리, 시간관리, 건강관리" 등을 먼저 그의 나라와 그의 의에 우선순위를 두고 있느냐? 그러면 그 가정에 하나님의 나라가 임하여 있는 것입니다. 잠언서는 "나라와, 가정"이라는 두 주제를 통해서, 하나님의 나라이자 가정인 교회를 어떻게 섬겨야만, "열매가 그에게로 돌아갈 것이요, 그 행한 일을 인하여 칭찬을 받게"(31) 될 것을 교훈하는 것으로 결론을 삼고 있는 것입니다.

첫째 단원(1-9) 법을 지키고 공의를 곧게 하라

㉠ 31장은 "르무엘왕의 말씀한바 곧 그 어머니가 그를 훈계한 잠언(경고)이라"(1)는 표제가 있습니다. 30장을 기록한 "아굴"이 누구인지 모르는 우리는, "르우엘 왕과 그의 어머니"에 대해서도 아는 바가 없습니다. 이는 성경이 침묵하고 있기 때문인데, 이는 기자를 드러내지 않고 그를 통하여 하시려는 "말씀"에 우리의 관심을 집중시키기 위함으로 여겨집니다. 한 가지 유념할 점은 30장의 "아굴"이 아버지의 입장이라면, 31장은 어머니의 입장에서 훈계를 함으로 균형을 이루고 있다는 점입니다.

㉡ 우리가 추론할 수 있는 것은 "르무엘"이란 의미가, "하나님을 위한 자, 하나님께 바쳐진 자"라는 뜻이라는 점을 통해서 그가 "여호와를 경외하는" 경건한 왕이었음을 짐작할 뿐입니다. 그럴 듯한 추론을 해볼 수 있는 것은 "르무엘"이 솔로몬의 가명(假名)이 아닌가 하는 점입니다. 왜냐하면 1-9절의 "여자와, 술"에 대한 경고를 등한히 했다가 타락하게 된 장본인이 솔로몬이기 때문입니다. 또한 하나님은 솔로몬에게 "여디디야"(삼하 12:25), 즉 "하나님의 사랑하시는 자"라는 이름을 하사하셨는데 "르무엘"과 상통하는 바가 있기 때문이기도 합니다.

① "내 아들아 내가 무엇을 말할꼬 내 태에서 난 아들아 내가 무엇을 말할꼬 서원대로 얻은 아들아 내가 무엇을 말할꼬"(2) 하는 묘사에서 자식에 대한 어머니의 극진한 모성애를 느끼게 합니다.

㉠ 우리는 여기서 멈추는 것이 아니라, "에브라임이여 내가 어찌 너를 놓겠느냐 이스라엘이여 내가 어찌 너를 버리겠느냐 내가 어찌 너를 아드마같이 놓겠느냐 어찌 너를 스보임같이 두겠느냐 내 마음이 내 속에서 돌아서 나의 긍휼이 온전히 불붙듯 하도다"(호 11:8) 하시는, 우리에게 향하신 하나님의 불붙는 사랑을 느껴야만 하는 것입니다.

㉡ 첫 경계가, "네 힘을 여자들에게 쓰지 말며 왕들을 멸망시키는 일을 행치 말지어다"(3)는 여자문제입니다. "너는 네 정력을 여자들에게 소모하지 말아라 왕들이 그것 때문에 망한다"(현대인의 성경)는 뜻입니다. 그렇게 된 대표적인 왕이 솔로몬이었습니다.

② "르무엘아 포도주를 마시는 것이 왕에게 마땅치 아니하고 왕에게 마땅치 아니하며 독주를 찾는 것이 주권자에게 마땅치 않도다"(4) 하는 것이 두 번째 경계입니다.

㉠ "주색"(酒色)은 불가분의 관계입니다. 하나님께서는 일찍이 왕이 된 자는, "아내를 많이 두어서 그 마음이 미혹되게 말 것이며"(신 17:17) 하고 경계하셨고, 제사장들은 "포도주나 독주를 마시지 말아서 너희 사망을 면하라, 그리하여야 너희가 거룩하고 속된 것을 분별하며 부정하고 정한 것을 분별(分別)하고"(레위기 10:9-10) 하셨는데 이는 제사장과 왕이 일반인 것입니다.

③ 그러므로 본문에서도, "술을 마시다가 법을 잊어버리고 모든 간곤한 백성에게 공의를 굽게 할까 두려우니라"(4) 하는 것입니다.

㉠ 나라를 지탱해주는 것은 "법과 공의"입니다. 이점에 확고하기 위해서 좀 더 말씀을 드려야만 하겠습니다. "나라"는 ㉮ 왕과, ㉯ 백성들로 구성이 되는데 왕과 백성, 백성들과 백성들 간의 관계를 유지시켜주는 것이, ㉰ "법"입니다. 이 법이 에덴에서는 "선악을 알게 하는 나무의 실과는 먹지 말라"(창 2:17) 하는 것으로 나타납니다. 다니엘서에 의하면 다리오 왕은 다니엘을 구원하려 하나, "왕의 세우신 금령과 법도는 변개하지 못할 것이니이다"(단 6:15) 하는 공의 앞에 왕이라 하여도 어쩔 수가 없어서 법대로 집행하라 합니다. 하물며 의로우신 하나님이시겠습니까? 하나님은 의로우신 하나님만이 아니라 "사랑의 하나님"도 되십니다. 그리하여 "정녕 죽으리라" 한 법대로 시행하시되 우리 대신 자기 아들에게 집행을 하신 것이 십자가사건입니다.

㉡ 그런데 왕이 주색에 빠져서 "법을 잊어버리고, 공의를 굽게" 한다면 어떻게 되겠는가? 그러므로 선지서를 보면 예루살렘이 멸망당할 무렵의 상황을, "제사장과 선지자도 독주로 인하여 옆걸음 치며 포도주에 빠지며 독주로 인하여 비틀거리며 이상을 그릇 풀며 재판할 때에 실수하나니"(사 28:7) 합니다. 여기서 멈춘다면 나와는 상관이 없다 할 것입니다. 그러므로 좀 더 나아가야만 합니다. "너희는 놀라고 놀라라 너희는 소경이 되고 소경이 되라 그들의 취함이 포도주로 취함이 아니며 그들의 비틀거림이 독주로 인함이 아니라 대저 여호와께서 깊이 잠들게 하는 신(神)을 너희에게 부어주사 너희의 눈을 감기셨음이니"(사 29:9) 하고, 제사장이나 선지자의 취함이 영적인 취함이라고 말씀하고 있습니다.

㉢ 이 말씀의 거울에 비춰 본다면 현대교회 지도자들은 "법을 잊어버리지 않았고, 공의를 굽게 하지 않고 있으며, 비틀걸음을 치고 있지 않다"고 말할 수가 있단 말인가?

④ "너는 벙어리와 고독한 자의 송사를 위하여 입을 열지니라 너는 입을 열어 공의로 재판하여 간곤한 자와 궁핍한 자를 신원할 지니라"(8-9) 합니다.

㉠ 여기서 주목할 점은 "너는, 입을 열지어다(8), 너는 입을 열어"(9) 하고 "입"이 강조되어 있다는 점입니다. 그렇다면 둘째 단원에서는 무엇이 강조되어 있는지 아십니까? "손"입니다. 손이란 말이 7번이나 등장하는데 모든 내용이 손으로 하는 것들입니다. 그런데 첫째 단원의 왕은 손으로 일을 하는 것이 아니라 "입"으로 "법과, 공의"를 집행한다는 말씀입니다. 그러면 제사장은 어떠한가? "대저 제사장의 입술은 지식을 지켜야 하겠고 사람들이 그 입에서 율법을 구하게 되었어야 할 것이니 제사장은 만군의 여호와의 사자가 됨이어늘"(말 2:7) 합니다.

㉡ 이사야 선지자는 "화로다 나여 망하게 되었도다 나는 입술이 부

정한 사람이요 입술이 부정한 백성 중에 거하면서"(사 6:5), 아시겠습니까? 목회자에겐 부지런한 "손과, 발"이 필요합니다. 그러나 사활적으로 중요한 것은 "입"이 부정하지 않은가? 입을 열어 공의를, 복음진리를 선포하고 있는가 하는 점입니다. 그러므로 본문은 르무엘 왕의 어머니가 아들에게 하는 경계가 아니라 "성령께서 교회들에게 하시는 말씀"으로 받아야 할 말씀입니다.

둘째 단원(10-31) 여호와를 경외하는 자는 칭찬을 받음

㉠ 둘째 단원의 중심점은, "누가 현숙한 여인을 찾아 얻겠느냐"(10상)는데 있습니다. 먼저 생각할 점은 이처럼 "현숙한 여인"으로 잠언서를 끝맺는 하나님의 마음, 의도가 어디에 있는가 하는 점입니다. 앞에서도 "여인"에 관한 경계는 여러 번 있었으나 10-31절까지 무려 수물두절을 할애하여, 그것도 잠언서의 마지막을 장식하고 있다는 것은 예사로운 일이 아닌 것입니다. 그러므로 본문 내용을 통해서 깨닫게 되는 것은 집안 살림을 맡은 "현숙한 여인"을 통해서 하나님의 집(교회)을 위임 맡아서 섬겨야하는 목회를 생각한다는 점은 자연스러운 일입니다. 한 가정의 행복은 주모(主母)가 어떠하냐에 따라서 좌우되듯이, 한 교회의 바르고 잘못됨은 목회자에 따라 좌우되기 때문입니다. 그러므로 14:1절에서는, "무릇 지혜로운 여인은 그 집을 세우되 미련한 여인은 자기 손으로 그것을 허느니라" 하고 말씀했던 것입니다.

㉡ 그렇다면 한 가정을 세우느냐, 허느냐 하는 것은 아내보다는 남편이 더 큰 영향을 미치리라고 여겨지는데 어찌하여 잠언에서는 "여인"에 대해서만, 그것도 5번(14:1, 21:9, 19, 25:24, 31:10)이나 언급하고 있는가 하는 점입니다. 이는 당시의 가부장적인 시대상을 반영하는 것

으로 볼 수도 있습니다만 이를 구속사라는 관점으로 보면, "내가 그들의 남편이 되었어도"(렘 31:32) 하신, 하나님이 남편이시라면 현숙한 아내는 성도들이라는 깨달음을 얻게 되는 것입니다.

㉢ 그러므로 본문이 교훈적으로는 "현숙한 아내"에 대한 말씀이지만, 구속사적으로는 그리스도의 신부된 성도들, 특히 주님의 몸 된 교회를 섬겨야할 목회자들에게 하시는 말씀으로 받을 수가 있다는 말씀입니다. 그러면 어떤 여인이 "현숙한 여인"인가? "고운 것도 거짓되고 아름다운 것도 헛되나 오직 여호와를 경외하는 여자는 칭찬을 받을 것이라"(30) 합니다. "그 값은 진주보다 더 하니라"(10하) 합니다. 이를 구체적으로 살펴보면,

⑤ "그런 자의 남편의 마음은 그를 믿나니 산업이 핍절치 아니하겠으며"(11) 합니다.

㉠ 본장에는 "남편"이라는 말이 3번 등장하는데, "현숙한 여인"은 첫째로 "신실한 아내"입니다. "남편은 그의 마음을 믿나니" 했는데 이는 아내에 대한 신뢰를 나타냅니다. 하나님은 다윗을 가리켜서, "내가 이새의 아들 다윗을 만나니 내 마음에 합한 사람이라 내 뜻을 다 이루게 하리라"(행 13:22) 하셨는데 이것이 "그를 믿나니"의 뜻이 아니겠는가? "그런 자는 살아 있는 동안에 그 남편에게 선을 행하고 악을 행치 아니하느니라"(12) 합니다.

⑥ "그는 양털과 삼을 구하여 부지런히 손으로 일하며"(13) 합니다.

㉠ 둘째로 "현숙한 여인"은 "부지런한 아내"입니다. 부지런의 반대는 "게으름"인데 잠언서에는 "게으름"에 대한 경계가 20번 이상 나옵니다. "게으른 자는 그 부리는 자에게 마치 이에 초 같고 눈에 연기 같으니라"(10:26) 합니다. 24:30절에서, "내가 증왕에 게으른 자의 밭과 지혜 없는 자의 포도원을 지나며 본즉" 한 묘사는 본문과 좋은 대비가 됩니다.

⑦ "밤이 새기 전에 일어나서 그 집 사람에게 식물을 나눠주며 여종에게 일을 정하여 맡기며"(15) 합니다.

㉡ "현숙한 여인"은 셋째로, "그 집 사람에게 식물을 나눠주는" 자입니다. 이 말씀은 주님께서 친히 말씀하신, "충성되고 지혜 있는 종이 되어 주인에게 그 집 사람들을 맡아 때를 따라 양식을 나눠 줄 자가 누구뇨 주인이 이를 때에 그 종의 이렇게 하는 것을 보면 그 종이 복이 있으리로다 내가 진실로 너희에게 이르노니 주인이 (그를 믿기에) 그 모든 소유를 저에게 맡기리라"(마 24:45-47) 한 말씀을 연상하게 합니다. 본문 31장도, "그 손의 열매가 그에게로 돌아갈 것이요 그 행한 일을 인하여 성문에서 칭찬을 받으리라"(31:31) 하고 마치고 있습니다.

㉢ 또한 현숙한 여인은 넷째로, "여종에게 일을 정하여 맡길 줄" 아는 사람입니다. 즉 일꾼을 세워서 일을 분담하는 자라는 말씀입니다. "밭을 간품하여 사며 그 손으로 번 것을 가지고 포도원을 심으며 힘으로 허리를 묶으며 그 팔을 강하게 하며 자기의 무역하는 것이 이로운 줄을 깨닫고 밤에 등불을 끄지 아니하고"(16-18) 합니다.

⑧ "그는 간곤한 자에게 손을 펴며 궁핍한 자를 위하여 손을 내밀며"(20) 합니다.

㉠ "현숙한 여인"은 다섯째로, 궁핍한 자를 위하여 "손을 펴며, 손을 내미는 자"라고 말씀합니다. 다시 상기시킵니다만 첫째 단원이 하나님과의 올바른 관계성이라면 둘째 단원은 이웃과의 바른 관계를 나타내고 있습니다. 이를 달리 표현하면 "하나님 사랑과, 이웃 사랑"입니다.

⑨ "그 집 사람들은 다 홍색 옷을 입었으므로 눈이 와도 그는 집 사람을 위하여 두려워하지 아니하며"(21) 합니다.

㉠ "현숙한 여인"은 여섯째로, 가족을 아름답게 단장하는 자라고 말씀합니다. "눈이 와도 두려워하지 않는다"는 뜻은 따뜻한 옷을 입었기 때문이라는 뜻이겠으나 이것이 전부라면 "홍색 옷"이란 말을 취하지 않

았을 것입니다. 홍색 옷은 아무나 입는 옷이 아니라 왕적인 높은 지위(地位)를 상징합니다. 그리고 "두려워하지 아니하며" 했는데, 그리스도인들은 계절(季節)의 겨울을 대비하는 자들이 아니라, 인생의 겨울을 준비하는 자들입니다. "능력과 존귀로 옷을 삼고 후일(後日)을 웃으며" 한 25절이 이점을 나타내고 있습니다.

㉡ 그리고 한 걸음 더 나아가기를, "그는 자기를 위하여 아름다운 방석을 지으며 세마포와 자색 옷을 입으며"(22) 합니다. 이 말씀에는 홍색 옷에 "세마포"가 추가로 언급이 되고 있습니다. "홍색 옷"이 왕적인 것이라면 "세마포"는 제사장적인 옷이라 하겠습니다. 그러므로 "현숙한 여인"은 일곱째로, 자기를 위한 "자색 옷과 세마포"를 준비하는 자입니다. 어떤 분들은 지나친 비약이라고 말할 것입니다. 저도 그 점을 조심하고 있습니다. 그러면, "네 양떼의 형편을 부지런히 살피며 네 소떼에 마음을 두라"(27:23) 한 말씀을 "양과 소"를 위한 말씀으로 여기고 나와는 상관이 없다 할 것인가? 이런 말씀들을 밝히 드러난 신약의 빛 아래에서 본다면 신령한 의미를 간과할 수는 없을 것입니다.

⑩ "그 남편은 그 땅의 장로로 더불어 성문에 앉으며 사람의 아는 바가 되며"(23) 합니다

㉠ "현숙한 여인"은 여덟째로, 남편을 높이고 그의 얼굴을 빛나게 하는 자입니다. 어찌하여 우리는 "현숙한 여인"과 같아야만 하는가? "이는 범사에 우리 구주 하나님의 교훈을 빛나게 하려 함이라(딛 2:10), 너희 착한 행실을 보고 하늘에 계신 너희 아버지께 영광을 돌리게"(마 5:16) 하기 위해서입니다.

⑪ "입을 열어 지혜를 베풀며 그 혀로 인애의 법을 말하며"(26) 합니다.

㉠ "현숙한 여인"은 아홉째로, "지혜와 인애"(仁愛)를 말하는 자라고 합니다. 이제까지 현숙한 여인은 부지런히 일하는 여인상으로만 나타났

으나 본문에서는 "가르치는 자"로 등장합니다. 무엇을 전해주고 있는가? "인애의 법", 즉 사랑과 진리입니다.

ⓛ 열 번째로 현숙한 여인은, "그 자식들은 일어나 사례하며 그 남편은 칭찬하기를(28), 덕행 있는 여자가 많으나 그대는 여러 여자보다 뛰어난다 하느니라"(29) 하고 칭찬을 듣는 자라합니다.

⑫ 그리하여 총 결론을 맺기를, "고운 것도 거짓되고 아름다운 것도 헛되나 오직 여호와를 경외하는 여자는 칭찬을 받을 것이라"(30) 합니다. 10-29절은 이 한 말씀을 하기 위한 도입부분이라 해도 과언이 아닙니다. 그리고 말씀은 여기서 멈추는 것이 아니라,

⑬ "그 손의 열매가 그에게로 돌아갈 것이요 그 행한 일을 인하여 성문에서 칭찬을 받으리라"(31) 하고, "현숙한 여인"에게 주어질 상급을 약속하심으로 끝을 맺고 있습니다. 성경의 마지막 책 마지막 장에서도, "보라 내가 속히 오리니 내가 줄 상이 내게 있어 각 사람에게 그의 일한 대로 갚아 주리라"(계 22:12) 하는 약속으로 끝을 맺고 있습니다.

㉠ 이제 잠언서를 마치기 전에 다시 한 번 상기 시켜야만 하겠습니다. 잠언서의 중심주제는, "여호와를 경외하는 것이 지식의 근본이다"(1:7) 하는 말씀으로 시작하여, "여호와를 경외하는 것은 사람으로 생명에 이르게 하는 것이라"(19:23) 말씀하고, "여호와를 경외하는 여자는 칭찬을 받을 것이라"(31:30) 하고 마치고 있는데 이것이 중심주제입니다.

ⓛ 그리고 잠언의 구조는 "아들"을 중심으로 "지혜와 음부"가 소유하기 위한 대결을 하는 구도라는 점입니다. 명심해야 할 점은, "예수의 증거는 대언(代言)의 영이라"(계 19:10) 한 대로, "보냄을 받은 자"를 통한 대리전이라는 사실입니다. 그러므로 잠언서를 통한 총 결론은, 우선적으로 자신이 여호와를 경외하는 자가 되고, 다음은 "현숙한 여인"처럼 가정과 교회를 잘 섬기는 자가 되어야 한다는 말씀입니다. 형제에게 칭

찬이 있게 되시기를 기원합니다.

⑭ 묵상해보겠습니다.

㉠ 잠언서의 마지막을 "나라와 가정, 왕과 현숙한 여인"으로 끝맺는 의도에 대해서,

㉡ 왕과 결부된 "법과 공의"에 대해서,

㉢ 현숙한 여인의 열 가지 특성에 대해서,

㉣ 마지막 장에서 가장 감명 깊은 말씀과 의미에 대해서,

㉤ 잠언서를 마치는 소감과 도전에 대해서.